# OEUVRES COMPLÈTES

DE M. LE VICOMTE

# DE CHATEAUBRIAND.

TOME XIX.

DE L'IMPRIMERIE DE CRAPELET,
RUE DE VAUGIRARD, N° 9.

# ŒUVRES COMPLÈTES

DE M. LE VICOMTE

# DE CHATEAUBRIAND,

MEMBRE DE L'ACADÉMIE FRANÇOISE.

TOME DIX-NEUVIEME.

## LES MARTYRS.

TOME I.

PARIS.

POURRAT FRÈRES, ÉDITEURS.

M. DCCC. XXXVI.

# PRÉFACE.

## DE L'ÉDITION DE 1826.

Voici un ouvrage que j'ai cru tombé pendant quelque temps, non qu'en ma conscience je le trouvasse plus mauvais que mes précédents ouvrages; mais la violence de la critique avoit ébranlé ma foi d'auteur, et j'avois fini par être convaincu que je m'étois trompé. Quelques amis ne me consoloient pas, parce qu'au fond je n'étois pas affligé, et que je fais bon marché de mes livres; mais ils soutenoient que la condamnation n'étoit pas assez justifiée, et que le public, tôt ou tard, porteroit un autre arrêt. M. de Fontanes surtout n'hésitoit pas : je n'étois pas Racine, mais il pouvoit être Boileau, et il ne cessoit de me dire : « Ils y reviendront. » Sa persuasion à cet égard étoit si profonde, qu'elle lui inspira les stances charmantes :

« Le Tasse errant de ville, etc. »

sans crainte de compromettre son goût et l'autorité de son jugement.

En effet, *les Martyrs* se sont relevés seuls; ils ont obtenu l'honneur de quatre éditions consécutives; ils ont même joui auprès des gens de lettres d'une faveur particulière : on m'a su gré d'un ouvrage qui témoigne de quelque travail de style, d'un grand respect pour la langue et d'un goût sincère de l'antiquité.

Quant à la critique du fond, elle a été promptement abandonnée. Dire que j'avois mêlé le profane au sacré, parce que j'avois peint deux religions qui existoient ensemble, et dont chacune avoit ses croyances, ses autels, ses prêtres, ses cérémonies, c'étoit dire que j'aurois dû renoncer à l'histoire, ou plutôt choisir un autre sujet. Pour qui mouroient les Martyrs? Pour Jésus-Christ. A qui les immoloit-on? Aux *Dieux* de l'empire. Il y avoit donc deux cultes.

La question philosophique, savoir si sous Dioclétien les Romains et les Grecs croyoient aux dieux d'Homère, et si le culte public avoit subi des altérations, cette question comme *poëte* ne me regarderoit pas, et comme *historien* j'aurois eu beaucoup de choses à dire.

Il ne s'agit plus de tout cela. *Les Martyrs* sont restés, contre ma première attente, et je n'ai eu qu'à m'occuper du soin d'en revoir le texte.

Au reste, cet ouvrage me valut un redoublement de persécutions sous Buonaparte : les allusions étoient si frappantes dans le portrait de Galérius et dans la peinture de la cour de Dioclétien, qu'elles ne pouvoient échapper à la police impériale, d'autant plus que le traducteur anglois, qui n'avoit pas de ménagements à garder, et à qui il étoit fort égal de me compromettre, avoit fait, dans sa préface, remarquer les allusions. Mon malheureux cousin, Armand de Chateaubriand, fut fusillé à l'apparition des *Martyrs :* en vain je sollicitai sa grâce; la colère que j'avois excitée s'en prenoit même à mon nom. N'est-ce pas une chose curieuse, que je sois aujourd'hui un chrétien *douteux* et un royaliste *suspect?*

# PRÉFACE

## DE LA PREMIÈRE ET DE LA SECONDE ÉDITION.

J'ai avancé, dans un premier ouvrage, que la religion chrétienne me paroissoit plus favorable que le paganisme au développement des caractères et au jeu des passions dans l'épopée. J'ai dit encore que le *merveilleux* de cette religion pouvoit peut-être lutter contre le *merveilleux* emprunté de la mythologie. Ce sont ces opinions, plus ou moins combattues, que je cherche à appuyer par un exemple.

Pour rendre le lecteur juge impartial de ce grand procès littéraire, il m'a semblé qu'il falloit chercher un sujet qui renfermât dans un même cadre le tableau des deux religions, la morale, les sacrifices, les pompes des deux cultes; un sujet où le langage de la Genèse pût se faire entendre auprès de celui de l'*Odyssée;* où le *Jupiter* d'Homère vînt se placer à côté du *Jehovah* de Milton, sans blesser la piété, le goût et la vraisemblance des mœurs.

Cette idée conçue, j'ai trouvé facilement l'époque historique de l'alliance des deux religions.

La scène s'ouvre au moment de la persécution excitée par Dioclétien, vers la fin du troisième siècle. Le christianisme n'étoit point encore la religion dominante de l'empire romain; mais ses autels s'élevoient auprès des autels des idoles.

Les personnages sont pris dans les deux religions: je fais d'abord connoître ces personnages; le récit montre ensuite l'état du christianisme dans le monde connu, à l'époque de l'action; le reste de l'ouvrage développe cette action, qui se rattache par la catastrophe au massacre général des chrétiens.

Je me suis peut-être laissé éblouir par le sujet : il m'a semblé fécond. On voit, en effet, au premier coup d'œil, qu'il met à ma disposition l'antiquité profane et sacrée. En outre, j'ai trouvé moyen, par le récit et par le cours des événements, d'amener la peinture des différentes provinces de l'empire romain ; j'ai conduit le lecteur chez les Francs et les Gaulois, au berceau de nos ancêtres. La Grèce, l'Italie, la Judée, l'Égypte, Sparte, Athènes, Rome, Naples, Jérusalem, Memphis, les vallons de l'Arcadie, les déserts de la Thébaïde, sont les autres points de vue ou les perspectives du tableau.

Les personnages sont presque tous historiques. On sait quel monstre fut Galérius. J'ai fait Dioclétien un peu meilleur et un peu plus grand qu'il ne le paroît dans les auteurs de son temps ; en cela j'ai prouvé mon impartialité. J'ai rejeté tout l'odieux de la persécution sur Galérius et sur Hiéroclès.

Lactance dit en propres mots :

*Deinde..... in Hieroclem, ex vicario præsidem, qui auctor et consiliarius ad faciendam persecutionem fuit* [1].

« ........ Hiéroclès, qui fut l'instigateur et l'auteur de « la persécution. »

Tillemont, après avoir parlé du conseil où l'on mit en délibération la mort des chrétiens, ajoute :

« Dioclétien consentit à remettre la chose au conseil, « afin de se décharger de la haine de cette résolution « sur ceux qui l'avoient conseillée. On appela à cette « délibération quelques officiers de justice et de guerre,

---

[1] *De Mortib. persec.*, cap. XVI.

« lesquels, soit par inclination propre, soit par com-
« plaisance, appuyèrent le sentiment de Galérius. Hié-
« roclès fut un des plus ardents à conseiller la persé-
« cution [1]. »

Ce gouverneur d'Alexandrie fit souffrir des maux affreux à l'Église, selon le témoignage de toute l'histoire. Hiéroclès étoit sophiste, et, en massacrant les chrétiens, il publia contre eux un ouvrage intitulé *Philaléthès* ou *Ami de la vérité*. Eusèbe [2] en a réfuté une partie dans un Traité que nous avons encore; c'est aussi pour y répondre que Lactance a composé ses *Institutions* [3]. Pearson [4] a cru que l'Hiéroclès persécuteur des chrétiens étoit le même que l'auteur du *Commentaire* sur les vers dorés de Pythagore. Tillemont [5] semble se ranger à l'avis du savant évêque de Chester; et Jonsius [6], qui veut retrouver dans l'Hiéroclès de la *Bibliothèque* de Photius l'Hiéroclès réfuté par Eusèbe [7], sert plutôt à confirmer qu'à détruire l'opinion de Pearson. Dacier, qui, comme l'observe Boileau, veut toujours faire un sage de l'écrivain qu'il traduit [8], combat le sentiment du savant Pearson; mais les raisons de Dacier sont foibles, et il est probable que Hiéroclès, persécuteur et auteur du *Philaléthès*, est aussi l'auteur du *Commentaire*.

---

[1] *Mém. ecclés.*, tom. v, pag. 20, édit. in-4°. Paris.

[2] Eusebii Cæsariensis *in Hieroclem liber, cum Philostrato editus*. Paris, 1608.

[3] Lact., *Instit.*, lib. v, cap. II.

[4] Dans ses prolégomènes sur les ouvrages d'Hiéroclès, imprimés en 1673, tom. II, p. 3-19.

[5] *Mém. ecclés.*, tom. v, 2ᵉ édit., in-4°. Paris, 1702.

[6] *De Scriptoribus historiæ philosophicæ*. Francof., 1659, lib. III, cap. XVIII.

[7] Pour soutenir son opinion, Jonsius est obligé de dire que cet Eusèbe n'est pas celui de Césarée.

[8] *Bolæana*.

D'abord vicaire des préfets, Hiéroclès devint ensuite gouverneur de la Bithynie. Les Ménées [1], saint Épiphane [2], et les actes du martyre de saint Édèse [3] prouvent que Hiéroclès fut aussi gouverneur de l'Égypte, où il exerça de grandes cruautés.

Fleury, qui suit ici Lactance en parlant d'Hiéroclès, parle encore d'un autre sophiste qui écrivoit dans le même temps contre les chrétiens. Voici le portrait qu'il fait de ce sophiste inconnu :

« Dans le même temps que l'on abattoit l'église de Ni-
« comédie, il y eut deux auteurs qui publièrent des écrits
« contre la religion chrétienne. L'un étoit philosophe de
« profession, mais dont les mœurs étoient contraires à
« la doctrine : en public il commandoit la modération,
« la frugalité, la pauvreté ; mais il aimoit l'argent, le
« plaisir et la dépense, et faisoit meilleure chère chez
« lui qu'au palais : tous ses vices se couvroient par
« l'extérieur de ses cheveux et de son manteau........
« Il publia trois livres contre la religion chrétienne. Il
« disoit d'abord qu'il étoit du devoir d'un philosophe
« de remédier aux erreurs des hommes....., qu'il vou-
« loit montrer la lumière de la sagesse à ceux qui ne
« la voyoient pas, et les guérir de cette obstination qui
« les faisoit souffrir inutilement tant de tourments. Afin
« que l'on ne doutât pas du motif qui l'excitoit, il s'éten-
« doit sur les louanges des princes, relevoit leur piété
« et leur sagesse, qui se signaloient même dans la dé-
« fense de la religion, en réprimant une superstition
« impie et puérile [4]. »

La lâcheté de ce sophiste, qui attaquoit les chrétiens

---

[1] *Menæa magna Græcorum*, pag. 177, Venet., 1525.
[2] Epiphanii *Panarium adversus hæreses*, pag. 717. Lutetiæ, 1622.
[3] *De Martyr. Palæst.*, cap. IV. Euseb.
[4] *Hist. eccl.*, liv. VIII, tom. II, pag. 420, édit. in-8°. Paris, 1717.

tandis qu'ils étoient sous le fer du bourreau, révolta les païens mêmes, et il ne reçut pas des empereurs la récompense qu'il en attendoit [1].

Ce caractère, tracé par Lactance, prouve que je n'ai donné à Hiéroclès que les mœurs de son temps. Hiéroclès étoit lui-même sophiste, écrivain, orateur et persécuteur.

« L'autre auteur, dit Fleury, étoit du nombre des
« juges, et un de ceux qui avaient conseillé la persécu-
« tion. On croit que c'étoit Hiéroclès, né en une petite
« ville de Carie, et depuis gouverneur d'Alexandrie.
« Il écrivit deux livres qu'il intitula *Philaléthès*, c'est-
« à-dire *Ami de la vérité*, et adressa son discours aux
« chrétiens mêmes, pour ne pas paroître les attaquer,
« mais leur donner de salutaires conseils. Il s'efforçoit
« de montrer de la contradiction dans les Écritures
« saintes, et en paroissoit si bien instruit, qu'il sem-
« bloit avoir été chrétien [2]. »

Je n'ai donc point calomnié Hiéroclès. Je respecte et honore la vraie philosophie. On pourra même observer que le mot de philosophe et de philosophie n'est pas une seule fois pris en mauvaise part dans mon ouvrage. Tout homme dont la conduite est noble, les sentiments élevés et généreux, qui ne descend jamais à des bassesses, qui garde au fond du cœur une légitime indépendance, me semble respectable, quelles que soient d'ailleurs ses opinions. Mais les sophistes de tous les pays et de tous les temps sont dignes de mépris, parce qu'en abusant des meilleures choses, ils font prendre en horreur ce qu'il y a de plus sacré parmi les hommes.

Je viens aux anachronismes. Les plus grands hommes que l'Église ait produits ont presque tous paru entre

[1] Lact., *Instit.*, lib. v, cap. iv, pag. 470.
[2] *Hist. eccl.*, lib. viii, tom. ii, in-8º.

la fin du troisième siècle et le commencement du quatrième. Pour faire passer ces illustres personnages sous les yeux du lecteur, j'ai été obligé de presser un peu les temps; mais ces personnages, la plupart placés, ou même simplement nommés dans le récit, ne jouent point de rôles importants; ils sont purement épisodiques, et ne tiennent presque point à l'action; ils ne sont là que pour rappeler de beaux noms et réveiller de nobles souvenirs. Je crois que les lecteurs ne seront pas fâchés de rencontrer à Rome saint Jérôme et saint Augustin, de les voir, emportés par l'ardeur de la jeunesse, tomber dans ces fautes qu'ils ont pleurées si long-temps, et qu'ils ont peintes avec tant d'éloquence. Après tout, entre la mort de Dioclétien et la naissance de saint Jérôme, il n'y a que vingt-huit ans. D'ailleurs, en faisant parler et agir saint Jérôme et saint Augustin, j'ai toujours peint fidèlement les mœurs historiques. Ces deux grands hommes parlent et agissent dans *les Martyrs* comme ils ont parlé et comme ils ont agi, peu d'années après, dans les mêmes lieux et dans des circonstances semblables.

Je ne sais si je dois rappeler ici l'anachronisme de Pharamond et de ses fils. On voit, par Sidoine Apollinaire, par Grégoire de Tours, par l'*Épitome de l'histoire des Francs,* attribué à Frédégaire, par les *Antiquités* de Montfaucon, qu'il y a eu plusieurs Pharamond, plusieurs Clodion, plusieurs Mérovée. Les rois Francs dont j'ai parlé ne seront donc pas, si l'on veut, ceux que nous connoissons sous ces noms, mais d'autres rois, leurs ancêtres.

J'ai placé la scène à Rome, et non pas à Nicomédie, séjour habituel de Dioclétien. Un lecteur moderne ne se représente guère un empereur romain autre part qu'à Rome. Il y a des choses que l'imagination ne peut séparer. Racine a observé avec raison, dans la préface d'*Andromaque*, qu'on ne sauroit donner un fils étranger à la veuve d'Hector. Au reste, l'exemple de Virgile, de Fénelon et de Voltaire me servira d'excuse et d'autorité auprès de ceux qui blâmeroient ces anachronismes.

On m'avoit engagé à mettre des notes à mon ouvrage : peu de livres, en effet, en seroient plus susceptibles. J'ai trouvé dans les auteurs que j'ai consultés des choses généralement inconnues, et dont j'ai fait mon profit. Le lecteur qui ignore les sources pourroit prendre ces choses extraordinaires pour des visions de l'auteur : c'est ce qui est déjà arrivé au sujet d'*Atala*.

Voici quelques exemples de ces faits singuliers.

En ouvrant le sixième livre des *Martyrs*, on lit :

« La France est une contrée sauvage et couverte de forêts, qui commence au-delà du Rhin, etc. »

Je m'appuie ici de l'autorité de saint Jérôme dans la *Vie de saint Hilarion*. J'ai de plus la carte de Peutinger [1], et je crois même qu'Ammien Marcellin donne le nom de France au pays des Francs.

Je fais mourir les deux Décius en combattant contre les Francs : ce n'est pas l'opinion commune ; mais je suis la *Chronique d'Alexandrie* [2].

Dans un autre endroit, je parle du port de Nîmes. J'adopte alors pour un moment l'opinion de ceux qui croient que la Tour-Magne étoit un phare.

Pour le cercueil d'Alexandre, on peut consulter Quinte-Curce, Strabon, Diodore de Sicile, etc. La couleur des yeux des Francs, la peinture verte dont les Lombards couvroient leurs joues, sont des faits puisés dans les lettres et dans les poésies de Sidoine.

Pour la description des fêtes romaines, les prostitu-

[1] *Peutingeriana Tabula itineraria*. Vienne, 1753, in-fol.
[2] *Chronicon Paschale*. Parisiis, 1688, in-fol.

tions publiques, le luxe de l'amphithéâtre, les cinq cents lions, l'eau safranée, etc., on peut lire Cicéron, Suétone, Tacite, Florus ; les écrivains de l'Histoire Auguste sont remplis de ces détails.

Quant aux curiosités géographiques touchant les Gaules, la Grèce, la Syrie, l'Égypte, elles sont tirées de Jules César, de Diodore de Sicile, de Pline, de Strabon, de Pausanias, de l'*Anonyme* de Ravenne, de Pomponius Méla, de la Collection des panégyristes, de Libanius dans son Discours à Constantin, et dans son livre intitulé *Basilicus,* de Sidoine Apollinaire, enfin de mes propres ouvrages.

Pour les mœurs des Francs, des Gaulois et des autres Barbares, j'ai lu avec attention, outre les auteurs déjà cités, la *Chronique* d'Idace, Priscus, Panitès (*Fragments sur les ambassades*), Julien (première *Oraison* et le livre *des Césars*), Agathias et Procope sur les armes des Francs, Grégoire de Tours et *les Chroniques,* Salvien, Orose, le vénérable Bède, Isidore de Séville, Saxo Grammaticus, l'*Edda,* l'introduction à l'Histoire de Charles-Quint, les Remarques de Blair sur Ossian, Peloutier, *Histoire des Celtes,* divers articles de Du Cange, Joinville et Froissard.

Les mœurs des chrétiens primitifs, la formule des actes des martyrs, les différentes cérémonies, la description des églises, sont tirées d'Eusèbe, de Socrate, de Sozomène, de Lactance, des Apologistes, des *Actes des Martyrs,* de tous les Pères, de Tillemont et de Fleury.

Je prie donc le lecteur, quand il rencontrera quelque chose qui l'arrêtera, de vouloir bien supposer que cette chose n'est pas de mon invention, et que je n'ai eu d'autre vue que de rappeler un trait de mœurs curieux, un monument remarquable, un fait ignoré. Quelquefois aussi, en peignant un personnage de l'époque que j'ai choisie, j'ai fait entrer dans ma peinture un mot, une pensée, tirés des écrits de ce même personnage : non que ce mot et cette pensée fussent dignes d'être cités comme un modèle de beauté et de goût, mais parce qu'ils fixent les temps et les caractères. Tout cela auroit pu, sans doute, servir de matière à des notes. Mais avant de grossir les volumes, il faut d'abord savoir si mon livre sera lu, et si le public ne le trouvera pas déjà trop long.

J'ai commencé *les Martyrs* à Rome, dès l'année 1802, quelques mois après la publication du *Génie du Christianisme*. Depuis cette époque je n'ai pas cessé d'y travailler. Les dépouillements que j'ai faits de divers auteurs sont si considérables, que, pour les seuls livres des Francs et des Gaulois, j'ai rassemblé les matériaux de deux gros volumes. J'ai consulté des amis de goûts différents et de différents principes en littérature. Enfin, non content de toutes ces études, de tous ces sacrifices, de tous ces scrupules, je me suis embarqué, et j'ai été voir les sites que je voulois peindre. Quand mon ouvrage n'auroit d'ailleurs aucun autre mérite, il auroit du moins l'intérêt d'un voyage fait aux lieux les plus fameux de l'histoire. J'ai commencé mes courses aux ruines de Sparte, et je ne les ai finies qu'aux débris de Carthage, en passant par Argos, Corinthe, Athènes, Constantinople, Jérusalem et Memphis. Ainsi, en lisant les descriptions qui se trouvent dans *les Martyrs*, le lecteur peut être assuré que ce sont des portraits ressemblants, et non des descriptions vagues et ambitieuses. Quelques-unes de ces descriptions sont même tout-à-fait nouvelles : aucun voyageur moderne, du moins que je sache [1], n'a donné le tableau de la Mes-

---

[1] Coronelli, Pellegrin, La Guilletière, et plusieurs autres Vénitiens, ont parlé de Lacédémone, mais de la manière la plus vague

sénie, d'une partie de l'Arcadie et de la vallée de la Laconie. Chandler, Wheler, Spon, Le Roy, M. de Choiseul, n'ont point visité Sparte ; M. Fauvel et quelques Anglois ont dernièrement pénétré jusqu'à cette ville célèbre, mais ils n'ont point encore publié le résultat de leurs travaux. La peinture de Jérusalem et de la mer Morte est également fidèle. L'église du Saint-Sépulcre, la Voie douloureuse (*Via dolorosa*), sont telles que je les représente. Le fruit que mon héroïne cueille au bord de la mer Morte, et dont on a nié l'existence, se trouve partout à deux ou trois lieues au midi de Jéricho ; l'arbre qui le porte est une espèce de citronnier. J'ai moi-même apporté plusieurs de ces fruits en France [1].

Voilà ce que j'ai fait pour rendre *les Martyrs* un peu moins indignes de l'attention publique. Heureux si le souffle poétique qui anime les ruines d'Athènes et de Jérusalem se fait sentir dans mon ouvrage ! Je n'ai

---

et la moins satisfaisante. M. de Pouqueville, excellent pour tout ce qu'il a vu, paroît avoir été trompé sur Misitra, qui n'est point Sparte. Misitra est bâtie à deux lieues de l'Eurotas, sur une croupe du Taygète. Les ruines de Sparte se trouvent à un village appelé Magoula.

[1] Ce voyage, uniquement entrepris pour voir et peindre les lieux où je voulois placer la scène des *Martyrs*, m'a nécessairement fourni une foule d'observations étrangères à mon sujet : j'ai recueilli des faits importants sur la géographie de la Grèce, sur l'emplacement de Sparte, sur Argos, Mycènes, Corinthe, Athènes, etc. Pergame, dans la Mysie, Jérusalem, la mer Morte, l'Égypte, Carthage, dont les ruines sont beaucoup plus curieuses qu'on ne le croit généralement, occupent une partie considérable de mon journal. Ce journal, dépouillé des descriptions qui se trouvent dans *les Martyrs*, pourroit encore avoir quelque intérêt. Je le publierai peut-être un jour sous le titre d'*Itinéraire de Paris à Jérusalem et de Jérusalem à Paris*, en passant par la Grèce, et revenant par l'Égypte, la Barbarie et l'Espagne.

point parlé de mes études et de mes voyages par une vaine ostentation, mais pour montrer la juste défiance que j'ai de mes talents, et les soins que je prends d'y suppléer par tous les moyens qui sont à ma disposition. On doit voir aussi dans ces travaux mon respect pour le public, et l'importance que j'attache à tout ce qui concerne de près ou de loin les intérêts de la religion.

Il ne me reste plus qu'à parler du genre de cet ouvrage. Je ne prendrai aucun parti dans une question si long-temps débattue; je me contenterai de rapporter les autorités.

On demande s'il peut y avoir des poëmes en prose? question qui, au fond, pourroit bien n'être qu'une dispute de mots.

Aristote, dont les jugements sont des lois, dit positivement que l'épopée peut être écrite *en prose ou en vers :*

Ἡ δὲ Ἐποποιία μόνον τοῖς λόγοις ψιλοῖς, ἢ τοῖς μέτροις [1].

Et, ce qu'il y a de remarquable, c'est qu'il donne au vers homérique, ou vers simple, un nom qui le rapproche de la prose, ψιλομετρία, comme il dit de la prose poétique, ψιλοὶ λόγοι.

Denys d'Halicarnasse, dont l'autorité est également respectée, dit :

« Il est possible qu'un discours en prose ressemble
« à un beau poëme ou à de doux vers; un poëme et
« des chants lyriques peuvent ressembler à une prose
« oratoire. »

Πῶς γράφεται λέξις ἄμετρος ὁμοία καλῷ ποιήματι ἢ μέλει, καὶ πῶς ποίημα γε ἢ μέλος πεζῇ λέξει καλῇ παραπλήσιον [2].

[1] Arist., *de Art. poet.*, pag. 2. Paris, 1645, in-8°.
[2] Dion. Halic., tom. II, pag. 51; cap. xxv.

Le même auteur cite des vers charmants de Simonide sur Danaé, et il ajoute :

« Ces vers paroissent tout-à-fait semblables à une « belle prose [1]. »

Strabon confond de la même manière les vers et la prose [2].

Le siècle de Louis XIV, nourri de l'antiquité, paroît avoir adopté le même sentiment sur l'épopée en prose. Lorsque le *Télémaque* parut, on ne fit aucune difficulté de lui donner le nom de poëme. Il fut connu d'abord sous le titre des *Aventures de Télémaque*, ou Suite du IV$^e$ livre de l'*Odyssée*. Or, la suite d'un poëme ne peut être qu'un poëme. Boileau, qui, d'ailleurs, juge le *Télémaque* avec une rigueur que la postérité n'a point sanctionnée, le compare à l'*Odyssée*, et appelle Fénelon un poëte.

« Il y a, dit-il, de l'agrément dans ce livre, et une « imitation de l'*Odyssée* que j'approuve fort. L'avidité « avec laquelle on le lit fait bien voir que si l'on tra-« duisoit Homère en beaux mots il feroit l'effet qu'il « doit faire et qu'il a toujours fait...... Le Mentor du « *Télémaque* dit de fort bonnes choses, quoique un peu « hardies, et enfin M. de Cambrai me paroît beaucoup « meilleur *poëte* que théologien [3]. »

Dix-huit mois après la mort de Fénelon, Louis de Sacy, donnant son approbation à une édition du *Télémaque*, appelle cet ouvrage *un poëme épique, quoique en prose*.

Ramsay lui donne le même nom.

L'abbé de Chanterac, cet ami intime de Fénelon, écrivant au cardinal Gabrieli, s'exprime de la sorte :

---

[1] Dion. Halic., tom. II, pag. 60.
[2] Strab., lib. I, pag. 12, fol. 1597.
[3] *Lettres de Boileau et de Brossette*, tom. I, pag. 46.

« Notre prélat avoit autrefois composé cet ouvrage
« (le *Télémaque*) en suivant le même plan qu'Homère
« dans son *Iliade* et son *Odyssée*, ou Virgile dans son
« *Énéide*. Ce livre pourroit être regardé comme un
« poëme : il n'y manque que le rhythme. L'auteur avoit
« voulu lui donner le *charme et l'harmonie du style poé-*
« *tique* [1]. »

Enfin, écoutons Fénelon lui-même :

« Pour *Télémaque*, c'est une narration fabuleuse en
« forme de poëme héroïque, comme ceux d'Homère et
« de Virgile [2]. »

Voilà qui est formel [3].

Faydit [4] et Gueudeville [5] furent les premiers critiques

---

[1] *Histoire de Fénelon*, par M. DE BEAUSSET, tom. II, pag. 194.

[2] *Id.*, pag. 196, *Manuscrits de Fénelon*.

[3] A ces autorités, je joindrai ici celle de Blair : elle n'est pas sans appel pour des François ; mais elle constate l'opinion des étrangers sur le *Télémaque*; elle est d'un très grand poids dans tout ce qui concerne la littérature ancienne ; et enfin le docteur Blair est de tous les critiques anglois celui qui se rapproche le plus de notre goût et de nos jugements littéraires.

« In reviewing the epic poets, it were unjust to make no mention of the amiable author of the *Adventures of Telemachus*. His work, though not composed in verse, is justly entitled to be held a poem. The measured poetical prose in which it is written, is remarkably harmonious ; and gives the style nearly as much elevation as the french language is capable of supporting, even in regular verses. »

« En passant en revue les poëtes épiques, il seroit injuste de ne
« pas faire mention de l'aimable auteur des *Aventures de Télémaque*.
« Quoique son ouvrage ne soit pas composé en vers, on peut, à
« juste titre, le regarder comme un poëme. La prose poétique et
« mesurée du *Télémaque* est singulièrement harmonieuse, et elle
« donne au style presque autant d'élévation que la langue fran-
« çoise peut en supporter, même en vers [*]. »

[4] *La Télémacomanie.*

[5] *Critique générale du Télémaque.*

[*] *Lect. on Rhet.*, by H. BLAIR, tom. III, pag. 276.

qui contestèrent au *Télémaque* le titre de poëme contre l'autorité d'Aristote et de leur siècle : c'est un fait assez singulier. Depuis cette époque, Voltaire et La Harpe ont déclaré qu'il n'y avoit point de poëme en prose : ils étoient fatigués et dégoûtés par les imitations que l'on avoit faites du *Télémaque*. Mais cela est-il bien juste ? Parce qu'on fait tous les jours de mauvais vers, faut-il condamner tous les vers ? et n'y a-t-il pas des épopées en vers d'un ennui mortel ?

Si le *Télémaque* n'est pas un poëme, que sera-t-il ? Un roman ? Certainement le *Télémaque* diffère encore plus du roman que du poëme, dans le sens où nous entendons aujourd'hui ces deux mots.

Voilà l'état de la question : je laisse la décision aux habiles. Je passerai, si l'on veut, condamnation sur le genre de mon ouvrage ; je répèterai volontiers ce que j'ai dit dans la préface d'*Atala* : vingt beaux vers d'Homère, de Virgile ou de Racine, seront toujours incomparablement au-dessus de la plus belle prose du monde. Après cela, je prie les poëtes de me pardonner d'avoir invoqué les Filles de Mémoire pour m'aider à chanter *les Martyrs*. Platon, cité par Plutarque, dit qu'il emprunte le nombre à la poésie, comme un char pour s'envoler au ciel. J'aurois bien voulu monter aussi sur ce char, mais j'ai peur que la divinité qui m'inspire ne soit une de ces Muses inconnues sur l'Hélicon, qui n'ont point d'ailes, et qui vont à pied, comme dit Horace, *Musa pedestris*.

# LES MARTYRS

OU

# LE TRIOMPHE

DE LA RELIGION CHRETIENNE.

# LES MARTYRS.

## LIVRE PREMIER.

### SOMMAIRE.

Invocation. Exposition. Dioclétien tient les rênes de l'empire romain. Sous le gouvernement de ce prince, les temples du vrai Dieu commencent à disputer l'encens aux temples des idoles. L'Enfer se prépare à livrer un dernier combat pour renverser les autels du Fils de l'Homme. L'Éternel permet aux démons de persécuter l'Église, afin d'éprouver les fidèles; mais les fidèles sortiront triomphants de cette épreuve; l'étendard du salut sera placé sur le trône de l'univers; le monde devra cette victoire à deux victimes que Dieu a choisies. Quelles sont ces victimes? Apostrophe à la muse qui les va faire connoître. Famille d'Homère. Démodocus, dernier descendant des Homérides, prêtre d'Homère au temple de ce poëte, sur le mont Ithome, en Messénie. Description de la Messénie. Démodocus consacre au culte des Muses sa fille unique, Cymodocée, afin de la dérober aux poursuites d'Hiéroclès, proconsul d'Achaïe, et favori de Galérius. Cymodocée va seule avec sa nourrice à la fête de Diane-Limmatide: elle s'égare; elle rencontre un jeune homme endormi au bord d'une fontaine. Eudore reconduit Cymodocée chez Démodocus. Démodocus part avec sa fille pour aller offrir des présents à Eudore, et remercier la famille de Lasthénès.

Je veux raconter les combats des chrétiens et la victoire que les fidèles remportèrent sur les esprits de l'abîme par les efforts glorieux de deux époux martyrs.

Muse céleste, vous qui inspirâtes le poëte de Sorrente et l'aveugle d'Albion, vous qui placez votre trône solitaire sur le Thabor, vous qui vous plaisez aux pensées sévères, aux méditations graves et sublimes, j'implore à présent votre secours. Enseignez-moi sur la harpe de David les chants que je dois faire entendre; donnez surtout à mes yeux quelques-unes de ces larmes que Jérémie versoit sur les malheurs de Sion : je vais dire les douleurs de l'Église persécutée!

Et toi, vierge du Pinde, fille ingénieuse de la Grèce, descends à ton tour du sommet de l'Hélicon : je ne rejetterai point les guirlandes de fleurs dont tu couvres les tombeaux, ô riante divinité de la Fable, toi qui n'as pu faire de la mort et du malheur même une chose sérieuse ! Viens, Muse des mensonges; viens lutter avec la Muse des vérités. Jadis on lui fit souffrir en ton nom des maux cruels : orne aujourd'hui son triomphe par ta défaite, et confesse qu'elle étoit plus digne que toi de régner sur la lyre.

Neuf fois l'Église de Jésus-Christ avoit vu les esprits de l'abîme conjurés contre elle; neuf fois ce vaisseau, qui ne doit point périr, étoit échappé au naufrage. La terre reposoit en paix. Dioclétien tenoit dans ses mains habiles le sceptre du monde. Sous la protection de ce grand prince, les chrétiens jouissoient d'une tranquillité qu'ils n'avoient point connue jusqu'alors. Les autels du vrai Dieu commençoient à disputer l'encens aux autels des idoles; le troupeau des fidèles augmentoit chaque jour; les honneurs, les richesses et la gloire n'étoient plus le seul partage des adorateurs de Jupiter : l'enfer, menacé de perdre son empire, voulut interrompre le cours des victoires célestes. L'Éternel, qui voyoit les vertus des chrétiens s'affoiblir dans la prospérité, permit aux démons de susciter une persécution nouvelle; mais, par cette dernière et terrible épreuve, la croix devoit être enfin placée sur le trône de l'univers, et les temples des faux dieux alloient rentrer dans la poudre.

Comment l'antique ennemi du genre humain fit-il servir à ses projets les passions des hommes, et surtout l'ambition et l'amour? Muse, daignez m'en instruire. Mais, auparavant, faites-moi connoître la vierge innocente et le pénitent illustre qui brillèrent dans ce jour de triomphe et de deuil : l'une fut choisie du ciel chez les idolâtres, l'autre parmi le peuple fidèle, pour être les victimes expiatoires des chrétiens et des gentils.

Démodocus étoit le dernier descendant d'une de ces familles Homérides qui habitoient autrefois l'île de Chio, et qui prétendoient tirer leur origine d'Homère. Ses parents l'avoient uni, dans sa jeunesse, à la fille de Cléobule de Crète, Épicharis, la plus belle des vierges qui dansoient sur les gazons fleuris, au pied du mont Talée, chéri de Mercure. Il avoit suivi son épouse à Gortynes, ville bâtie par le fils de Rhadamante, au bord du Léthé, non loin du platane qui couvrit les amours d'Europe et de Jupiter. Après que la lune eût éclairé neuf fois les antres des Dactyles, Epicharis alla visiter ses troupeaux sur le mont Ida. Saisie tout à coup des douleurs maternelles, elle mit au jour Cymodocée, dans le bois sacré où les trois vieillards de Platon s'étoient assis pour discourir sur les lois : les augures déclarèrent que la fille de Démodocus deviendroit célèbre par sa sagesse.

Bientôt après, Épicharis perdit la douce lumière des cieux. Alors Démodocus ne vit plus les eaux du Léthé qu'avec douleur; toute sa consolation étoit de prendre sur ses genoux le fruit unique de son hymen, et de regarder, avec un sourire mêlé de larmes, cet astre charmant qui lui rappeloit la beauté d'Épicharis.

Or, dans ce temps-là les habitants de la Messénie faisoient élever un temple à Homère; ils proposèrent à Démodocus d'en être le grand-prêtre. Démodocus accepta leur offre avec joie, content d'abandonner un séjour que la colère céleste lui avoit rendu insupportable. Il fit un sacrifice aux mânes de son épouse, aux fleuves nés de Jupiter, aux nymphes hospitalières de l'Ida, aux divinités protectrices de Gortynes, et il partit avec sa fille, emportant ses pénates et une petite statue d'Homère.

Poussé par un vent favorable, son vaisseau découvre bientôt le promontoire du Ténare, et suivant les côtes d'OEtylos, de Thalames et de Leuctres, il vient jeter l'ancre à l'ombre du bois de Chœrius. Les Messéniens, peuple instruit par le malheur, reçurent Démodocus comme le descendant d'un dieu. Ils le conduisirent en triomphe au sanctuaire consacré à son divin aïeul.

On y voyoit le poëte représenté sous la figure d'un grand fleuve, où d'autres fleuves venoient remplir leurs urnes. Le temple dominoit la ville d'Épaminondas ; il étoit bâti dans un vieux bois d'oliviers, sur le mont Ithome, qui s'élève isolé, comme un vase d'azur, au milieu des champs de la Messénie. L'oracle avoit ordonné de creuser les fondements de l'édifice au même lieu qu'Aristomène avoit choisi pour enterrer l'urne d'airain à laquelle le sort de sa patrie étoit attaché. La vue s'étendoit au loin sur des campagnes plantées de hauts cyprès, entrecoupées de collines, et arrosées par les flots de l'Amphise, du Pamysus et du Balyra, où l'aveugle Tamyris laissa tomber sa lyre. Le laurier rose et l'arbuste aimé de Junon bordoient de toutes parts le lit des torrents et le cours des sources et des fontaines : souvent, au défaut de l'onde épuisée, ces buissons parfumés dessinoient dans les vallons comme des ruisseaux de fleurs, et remplaçoient la fraîcheur des eaux par celle de l'ombre. Des cités, des monuments des arts, des ruines, se montroient dispersés çà et là sur le tableau champêtre : Andanies témoin des pleurs de Mérope, Tricca qui vit naître Esculape, Gérénie qui conserve le tombeau de Machaon, Phères, où le prudent Ulysse reçut d'Iphitus l'arc fatal aux amants de Pénélope, et Stényclare retentissant des chants de Tyrtée. Ce beau pays, jadis soumis au sceptre de l'antique Nélée, présentoit ainsi, du haut de l'Ithome et du péristyle du temple d'Homère, une corbeille de verdure de plus de huit cents stades de tour. Entre le couchant et le midi, la mer de Messénie formoit une brillante barrière ; à l'orient et au septentrion, la chaîne du Taygète, les sommets du Lycée et les montagnes de l'Élide arrêtoient les regards. Cet horizon, unique sur la terre, rappeloit le triple souvenir de la vie guerrière, des mœurs pastorales et des fêtes d'un peuple qui comptoit les malheurs de son histoire par les époques de ses plaisirs.

Quinze ans s'étoient écoulés depuis la dédicace du temple. Démodocus vivoit paisiblement retiré à l'autel d'Homère. Sa fille Cymodocée croissoit sous ses yeux, comme un jeune olivier qu'un jardinier élève avec soin au bord d'une fontaine, et qui est l'amour de la terre et du ciel. Rien n'auroit troublé la joie de Démodocus s'il avoit pu trouver pour sa fille un époux qui l'eût traitée avec toute sorte d'égards, après l'avoir emmenée dans une maison pleine de richesses ; mais aucun gendre n'osoit se présenter, parce que Cymodocée avoit eu le malheur d'inspirer de l'amour à Hiéroclès, proconsul d'Achaïe et favori de Galérius. Hiéroclès avoit demandé Cymodocée pour épouse ; la jeune Messénienne avoit supplié son père de ne point la livrer à ce Romain impie, dont le seul regard la faisoit frémir. Démodocus avoit aisément cédé aux prières de sa fille : il ne pouvoit confier le sort de Cymodocée à un barbare soupçonné de plusieurs crimes, et qui, par des traitements inhumains, avoit précipité une première épouse au tombeau.

Ce refus, en blessant l'orgueil du proconsul,

n'avoit fait qu'irriter sa passion : il avoit résolu
d'employer, pour saisir sa proie, tous les moyens
que donne la puissance unie à la perversité. Démodocus, afin de dérober sa fille à l'amour d'Hiéroclès, l'avoit consacrée aux Muses. Il l'instruisoit
de tous les usages des sacrifices : il lui montroit à
choisir la génisse sans tache, à couper le poil sur le
front des taureaux, à le jeter dans le feu, à répandre
l'orge sacrée ; il lui apprenoit surtout à toucher la
lyre, charme des infortunés mortels. Souvent assis
avec cette fille chérie sur un rocher élevé, au bord
de la mer, ils chantoient quelques morceaux choisis
de *l'Iliade* et de *l'Odyssée* : la tendresse d'Andromaque, la sagesse de Pénélope, la modestie de
Nausicaa ; ils disoient les maux qui sont le partage
des enfants de la terre ; Agamemnon sacrifié par
son épouse ; Ulysse demandant l'aumône à la porte
de son palais ; ils s'attendrissoient sur le sort de
celui qui meurt loin de sa patrie, sans avoir revu
la fumée de ses foyers paternels ; et vous aussi,
jeunes hommes, ils vous plaignoient, vous qui gardiez les troupeaux des rois vos pères, et qu'une occupation si innocente ne put sauver des terribles
mains d'Achille !

Nourrie des plus beaux souvenirs de l'antiquité
dans la docte familiarité des Muses, Cymodocée développoit chaque jour de nouveaux charmes. Démodocus, consommé dans la sagesse, cherchoit à
tempérer cette éducation toute divine, en inspirant
à sa fille le goût d'une aimable simplicité. Il aimoit
à la voir quitter son luth pour aller remplir une

urne à la fontaine, ou laver les voiles du temple au courant d'un fleuve. Pendant les jours de l'hiver, lorsque, adossée contre une colonne, elle tournoit ses fuseaux à la lueur d'une flamme éclatante, il lui disoit:

« Cymodocée, j'ai cherché dès ton enfance à t'enrichir de vertus et de tous les dons des Muses, car il faut traiter notre âme, à son arrivée dans notre corps, comme un céleste étranger que l'on reçoit avec des parfums et des couronnes. Mais, ô fille d'Épicharis, craignons l'exagération, qui détruit le bon sens : prions Minerve de nous accorder la raison, qui produira dans notre naturel cette modération, sœur de la vérité, sans laquelle tout est mensonge. »

Ainsi de belles images et de sages propos charmoient et instruisoient Cymodocée. Quelque chose des Muses auxquelles elle étoit consacrée avoit passé sur son visage, dans sa voix et dans son cœur. Quand elle baissoit ses longues paupières, dont l'ombre se dessinoit sur la blancheur de ses joues, on eût cru voir la sérieuse Melpomène; mais, quand elle levoit les yeux, vous l'eussiez prise pour la riante Thalie. Ses cheveux noirs ressembloient à la fleur d'hyacinthe, et sa taille au palmier de Délos. Un jour elle étoit allée au loin cueillir le dictame avec son père. Pour découvrir cette plante précieuse, ils avoient suivi une biche blessée par un archer d'OEchalie ; on les aperçut sur le sommet des montagnes : le bruit se répandit aussitôt que Nestor et la plus jeune de ses filles, la belle

Polycaste, étoient apparus à des chasseurs dans les bois d'Ira.

La fête de Diane-Limnatide approchoit, et l'on se préparoit à conduire la pompe accoutumée sur les confins de la Messénie et de la Laconie. Cette pompe, cause funeste des guerres antiques de Lacédémone et de Mécène, n'attiroit plus que de paisibles spectateurs. Cymodocée fut choisie des vieillards pour conduire le chœur des jeunes filles qui devoient présenter les offrandes à la chaste sœur d'Apollon. Dans la naïveté de sa joie, elle s'applaudissoit de ces honneurs, parce qu'ils rejaillissoient sur son père : pourvu qu'il entendît les louanges qu'on donnoit à sa fille, qu'il touchât les couronnes qu'elle avoit gagnées, il ne demandoit pas d'autre gloire ni d'autre bonheur.

Démodocus, retenu par un sacrifice qu'un étranger étoit venu offrir à Homère, ne put accompagner sa fille à Limné. Elle se rendit seule à la fête avec sa nourrice Euryméduse, fille d'Alcimédon de Naxos. Le vieillard étoit sans inquiétude, parce que le proconsul d'Achaïe se trouvoit alors à Rome auprès de César Galérius. Le temple de Diane s'élevoit à la vue du golfe de Messénie, sur une croupe du Taygète, au milieu d'un bois de pins, aux branches desquels les chasseurs avoient suspendu la dépouille des bêtes sauvages. Les murs de l'édifice avoient reçu du temps cette couleur de feuilles séchées que le voyageur observe encore aujourd'hui dans les ruines de Rome et d'Athènes. La statue de Diane, placée sur un autel au milieu du temple, étoit le chef-d'œuvre d'un sculpteur célèbre. Il avoit représenté la fille de Latone debout, un pied en avant, saisissant de la main droite une flèche dans son carquois suspendu à ses épaules, tandis que la biche Cérynide, aux cornes d'or et aux pieds d'airain, se réfugioit sous l'arc que la déesse tenoit dans sa main gauche abaissée.

Au moment où la lune, au milieu de sa course, laissa tomber ses rayons sur le temple, Cymodocée, à la tête de ses compagnes, égales en nombre aux nymphes Océanies, entonna l'hymne à la Vierge Blanche. Une troupe de chasseurs répondoit à la voix des jeunes filles :

« Formez, formez la danse légère ! Doublez, ra« menez le chœur, le chœur sacré !

« Diane, souveraine des forêts, recevez les vœux « que vous offrent des vierges choisies, des enfants « chastes, instruits par les vers de la Sibylle. Vous « naquîtes sous un palmier, dans la flottante Délos. « Pour charmer les douleurs de Latone, des cygnes « firent sept fois en chantant le tour de l'île har« monieuse. Ce fut en mémoire de leurs chants que « votre divin frère inventa les sept cordes de la lyre.

« Formez, formez la danse légère ! Doublez, ra« menez le chœur, le chœur sacré !

« Vous aimez les rives des fleuves, l'ombrage des « bois, les forêts du Cragus verdoyant, du frais Al« gide et du sombre Érymanthe. Diane, qui portez « l'arc redoutable ; Lune, dont la tête est ornée du « croissant ; Hécate, armée du serpent et du glaive, « faites que la jeunesse ait des mœurs pures, la

« vieillesse, du repos, et la race de Nestor, des fils,
« des richesses et de la gloire !

« Formez, formez la danse légère ! Doublez, ra-
« menez le chœur, le chœur sacré ! »

En achevant cet hymne, les jeunes filles ôtèrent
leurs couronnes de laurier, et les suspendirent à
l'autel de Diane, avec les arcs des chasseurs. Un cerf
blanc fut immolé à la reine du silence. La foule se
sépara, et Cymodocée, suivie de sa nourrice, prit
un sentier qui la devoit conduire chez son père.

C'étoit une de ces nuits dont les ombres transparentes semblent craindre de cacher le beau ciel de
la Grèce : ce n'étoient point des ténèbres, c'étoit seulement l'absence du jour. L'air étoit doux comme
le lait et le miel, et l'on sentoit à le respirer un
charme inexprimable. Les sommets du Taygète, les
promontoires opposés de Colonides et d'Acritas,
la mer de Messénie, brilloient de la plus tendre lumière ; une flotte ionienne baissoit ses voiles pour
entrer au port de Coronée, comme une troupe de
colombes passagères ploie ses ailes pour se reposer
sur un rivage hospitalier ; Alcyon gémissoit doucement sur son nid, et le vent de la nuit apportoit à
Cymodocée les parfums du dictame et la voix lointaine de Neptune ; assis dans la vallée, le berger
contemploit la lune au milieu du brillant cortége
des étoiles, et il se réjouissoit dans son cœur.

La jeune prêtresse des Muses marchoit en silence
le long des montagnes. Ses yeux erroient avec ravissement sur ces retraites enchantées, où les anciens avoient placé le berceau de Lycurgue et celui

de Jupiter, pour enseigner que la religion et les lois doivent marcher ensemble et n'ont qu'une même origine. Remplie d'une frayeur religieuse, chaque mouvement, chaque bruit devenoit pour elle un prodige; le vague murmure des mers étoit le sourd rugissement des lions de Cybèle descendue dans le bois d'OEchalie; et les rares gémissements du ramier étoient les sons du cor de Diane chassant sur les hauteurs de Thuria.

Elle avance, et d'aimables souvenirs, en remplaçant ses craintes, viennent occuper sa mémoire : elle se rappelle les antiques traditions de l'île fameuse où elle reçut la lumière, le Labyrinthe, dont la danse des jeunes Crétoises imitoit encore les détours, l'ingénieux Dédale, l'imprudent Icare, Idoménée et son fils, et surtout les deux sœurs infortunées, Phèdre et Ariadne. Tout à coup elle s'aperçoit qu'elle a perdu le sentier de la montagne et qu'elle n'est plus suivie de sa nourrice : elle pousse un cri qui se perd dans les airs; elle implore les dieux des forêts, les napées, les dryades; ils ne répondent point à sa voix, et elle croit que ces divinités absentes sont rassemblées dans les vallons du Ménale, où les Arcadiens leur offrent des sacrifices solennels. Cymodocée entend de loin le bruit des eaux : aussitôt elle court se mettre sous la protection de la naïade jusqu'au retour de l'aurore.

Une source d'eau vive, environnée de hauts peupliers, tomboit à grands flots d'une roche élevée; au-dessus de cette roche, on voyoit un autel dédié aux nymphes, où les voyageurs offroient des vœux et des sacrifices. Cymodocée alloit embrasser l'autel et supplier la divinité de ce lieu de calmer les inquiétudes de son père, lorsqu'elle aperçut un jeune homme qui dormoit appuyé contre un rocher. Sa tête inclinée sur sa poitrine, et penchée sur son épaule gauche, étoit un peu soutenue par le bois d'une lance; sa main, jetée négligemment sur cette lance, tenoit à peine la laisse d'un chien qui sembloit prêter l'oreille à quelque bruit; la lumière de l'astre de la nuit, passant entre les branches de deux cyprès, éclairoit le visage du chasseur : tel un successeur d'Apelles a représenté le sommeil d'Endymion. La fille de Démodocus crut, en effet, que ce jeune homme étoit l'amant de la reine des forêts : une plainte du zéphyr lui parut être un soupir de la déesse, et elle prit un rayon fugitif de la lune dans le bocage pour le bord de la tunique blanche de Diane qui se retiroit. Épouvantée, craignant d'avoir troublé les mystères, Cymodocée tombe à genoux et s'écrie :

« Redoutable sœur d'Apollon, épargnez une
« vierge imprudente; ne la percez pas de vos flèches !
« Mon père n'a qu'une fille, et jamais ma mère, déjà
« tombée sous vos coups, ne fut orgueilleuse de ma
« naissance! »

A ces cris le chien aboie, le chasseur se réveille. Surpris de voir cette jeune fille à genoux, il se lève précipitamment :

« Comment! dit Cymodocée confuse et toujours à genoux, est-ce que tu n'es pas le chasseur Endymion? »

«Et vous, dit le jeune homme non moins interdit, est-ce que vous n'êtes pas un ange?»

« Un ange ! » reprit la fille de Démodocus.

Alors l'étranger, plein de trouble :

«Femme, levez-vous; on ne doit se prosterner que devant Dieu.»

Après un moment de silence, la prêtresse des Muses dit au chasseur :

«Si tu n'es pas un dieu caché sous la forme d'un mortel, tu es sans doute un étranger que les satyres ont égaré comme moi dans les bois. Dans quel port est entré ton vaisseau? Viens-tu de Tyr, si célèbre par la richesse de ses marchands? Viens-tu de la charmante Corinthe, où tes hôtes t'auront fait de riches présents? Es-tu de ceux qui trafiquent sur les mers jusqu'aux colonnes d'Hercule? Suis-tu le cruel Mars dans les combats, ou plutôt n'es-tu pas le fils d'un de ces mortels jadis décorés du sceptre, qui régnoient sur un pays fertile en troupeaux et chéri des dieux?»

L'étranger répondit :

«Il n'y a qu'un Dieu, maître de l'univers, et je ne suis qu'un homme plein de trouble et de foiblesse. Je m'appelle Eudore; je suis fils de Lasthénès. Je revenois de Thalames, je retournois chez mon père; la nuit m'a surpris : je me suis endormi au bord de cette fontaine. Mais vous, comment êtes-vous seule ici? Que le ciel vous conserve la pudeur, la plus belle des craintes après celle de Dieu!»

Le langage de cet homme confondoit Cymodocée. Elle sentoit devant lui un mélange d'amour et de respect, de confiance et de frayeur. La gravité de sa parole et la grâce de sa personne formoient à ses yeux un contraste extraordinaire. Elle entrevoyoit comme une nouvelle espèce d'hommes, plus noble et plus sérieuse que celle qu'elle avoit connue jusqu'alors. Croyant augmenter l'intérêt qu'Eudore paroissoit prendre à son malheur, elle lui dit :

« Je suis fille d'Homère aux chants immortels. »

L'étranger se contenta de répliquer :

« Je connois un plus beau livre que le sien. »

Déconcertée par la brièveté de cette réponse, Cymodocée dit en elle-même :

« Ce jeune homme est de Sparte. »

Puis elle raconta son histoire. Le fils de Lasthénès dit :

« Je vais vous reconduire chez votre père. »

Et il se mit à marcher devant elle.

La fille de Démodocus le suivoit; on entendoit le frémissement de son haleine, car elle trembloit. Pour se rassurer un peu, elle essaya de parler : elle hasarda quelques mots sur les charmes de la Nuit sacrée, épouse de l'Érèbe, et mère des Hespérides et de l'Amour. Mais son guide l'interrompant :

« Je ne vois que des astres qui racontent la gloire du Très-Haut. »

Ces paroles jetèrent de nouveau la confusion dans le cœur de la prêtresse des Muses. Elle ne savoit plus que penser de cet inconnu, qu'elle avoit pris d'abord pour un immortel. Étoit-ce un impie qui erroit la nuit sur la terre, haï des hommes et poursuivi par les dieux? Etoit-ce un pirate descendu de quelque vaisseau pour ravir les enfants à leurs pères? Cymodocée commençoit à sentir une vive frayeur, qu'elle n'osoit toutefois laisser paroître. Son étonnement n'eut plus de bornes lorsqu'elle vit son guide s'incliner devant un esclave délaissé qu'ils trouvèrent au bord d'un chemin, l'appeler son frère et lui donner son manteau pour couvrir sa nudité.

« Étranger, dit la fille de Démodocus, tu as cru sans doute que cet esclave étoit quelque dieu caché sous la figure d'un mendiant pour éprouver le cœur des mortels? »

« Non, répondit Eudore, j'ai cru que c'étoit un homme. »

Cependant un vent frais se leva du côté de l'orient. L'aurore ne tarda pas à paroître. Bientôt sortant des montagnes de la Laconie, sans nuage et dans une simplicité magnifique, le soleil agile et rayonnant monta dans les cieux. A l'instant même, s'élançant d'un bois voisin, Euryméduse les bras ouverts, se précipite vers Cymodocée.

« O ma fille! s'écrie-t-elle, quelle douleur tu m'as causée! J'ai rempli l'air de mes sanglots. J'ai cru que Pan t'avoit enlevée. Ce dieu dangereux est toujours errant dans les forêts; et quand il a dansé avec le vieux Sylène, rien ne peut égaler son audace. Comment aurois-je pu reparoître sans toi devant mon cher maître! Hélas! j'étois encore dans ma première jeunesse, lorsque, me jouant sur le rivage de Naxos, ma patrie, je fus tout à coup enlevée par une troupe de ces hommes qui parcourent l'empire de Thétys à main armée, et qui font un riche butin! ils me vendirent à un port de Crète, éloigné de Gortynes de tout l'espace qu'un homme, en marchant avec vitesse, peut parcourir entre la troisième veille et le milieu du jour. Ton père étoit venu à Lébène pour échanger des blés de Théodosie contre les tapis de Milet. Il m'acheta des mains des pirates : le prix fut deux taureaux qui n'avoient pas encore tracé les sillons de Cérès. Dans la nuit, ayant reconnu ma fidélité, il me plaça aux portes de sa chambre nuptiale. Lorsque les cruelles Ilithyes eurent fermé les yeux d'Épicharis, Démodocus te remit entre mes bras afin que je te servisse de mère. Que de peines ne m'as-tu point causées dans ton enfance! Je passois les nuits auprès de ton berceau, je te balançois sur mes genoux; tu ne voulois prendre de nourriture que de ma main, et quand je te quittois un instant, tu poussois des cris. »

En prononçant ces mots, Euryméduse serroit Cymodocée dans ses bras, et ses larmes mouilloient la terre. Cymodocée, attendrie par les caresses de sa nourrice, l'embrassoit aussi en pleurant; et elle disoit :

« Ma mère, c'est Eudore, le fils de Lasthénès. »

Le jeune homme, appuyé sur sa lance, regardoit cette scène avec un sourire; le sérieux naturel de son visage avoit fait place à un doux attendrissement. Mais tout à coup rappelant sa gravité :

« Fille de Démodocus, dit-il, voilà votre nourrice ; l'habitation de votre père n'est pas éloignée. Que Dieu ait pitié de votre âme ! »

Sans attendre la réponse de Cymodocée, il part comme un aigle. La prêtresse des Muses, instruite dans l'art des augures, ne douta plus que le chasseur ne fût un des immortels : elle détourna la tête, dans la crainte de voir le dieu et de mourir. Ensuite elle se hâta de gravir le mont Ithome, et passant les fontaines d'Arsinoé et de Clepsydra, elle frappe au temple d'Homère. Le vieux pontife avoit erré toute la nuit dans les bois ; il avoit envoyé des esclaves à Leuctres, à Phères, à Limné. L'absence du proconsul d'Achaïe ne suffisoit plus pour rassurer la tendresse paternelle : Démodocus craignoit à présent les violences d'Hiéroclès, bien que cet impie fût à Rome, et il n'entrevoyoit que des maux pour sa chère Cymodocée. Lorsqu'elle arriva avec sa nourrice, ce père malheureux étoit assis à terre près du foyer ; la tête couverte d'un pan de sa robe, il arrosoit les cendres de ses pleurs. A l'apparition subite de sa fille, il est près de mourir de joie. Cymodocée se jette dans ses bras ; et, pendant quelques moments, on n'entendit que des sanglots entrecoupés : tels sont les cris dont retentit le nid des oiseaux lorsque la mère apporte la nourriture à ses petits. Enfin, suspendant ses larmes :

« O mon enfant, dit Démodocus, quel dieu t'a rendue à ton père ? Comment t'avois-je laissée aller seule au temple ? J'ai craint nos ennemis ; j'ai craint les satellites d'Hiéroclès, qui méprise les dieux et se rit des larmes des pères. Mais j'aurois traversé la mer; je serois allé me jeter aux pieds de César; je lui aurois dit : « Rends-moi ma Cymodocée, ou ôte-moi la vie. » On auroit vu ton père, racontant sa douleur au soleil, et te cherchant par toute la terre, comme Cérès lorsqu'elle redemandoit sa fille que Pluton lui avoit ravie. La destinée d'un vieillard qui meurt sans enfants est digne de pitié. On s'éloigne de son corps, objet de la dérision de la jeunesse : « Ce vieillard, dit-on, étoit un impie, les « dieux ont retranché sa race; il n'a pas laissé de « fils pour l'ensevelir. »

Alors Cymodocée, flattant son vieux père de ses belles mains, et caressant sa barbe argentée :

« Mon père, chantre divin des immortels, nous nous sommes égarées dans les bois; un jeune homme, ou plutôt un dieu, nous a ramenées ici. »

A ces mots, Démodocus se levant, et écartant sa fille de son sein :

« Quoi ! s'écria-t-il, un étranger t'a rendue à ton père, et tu ne l'as pas présenté à nos foyers; toi, prêtresse des Muses et fille d'Homère ! Que fût devenu ton divin aïeul, si l'on n'eût pas mieux exercé envers lui les devoirs de l'hospitalité ? Que dira-t-on dans toute la Grèce ? Démodocus l'Homéride a fermé sa porte à un suppliant ! Ah ! je ne sentirois pas un chagrin plus mortel quand on cesseroit de m'appeler le père de Cymodocée ! »

Euryméduse voyant le courroux de Démodocus, et voulant excuser Cymodocée :

« Démodocus, dit-elle, mon cher maître, garde-toi de condamner ta fille. Je te parlerai dans toute la sincérité de mon cœur. Si nous n'avons pas invité l'étranger à suivre nos pas, c'est qu'il étoit jeune et beau comme un immortel, et nous avons craint les soupçons qui s'élèvent trop souvent dans le cœur des enfants de la terre. »

« Euryméduse, repartit Démodocus, quelles paroles sont échappées à tes lèvres ! Jusqu'à présent tu n'avois pas paru manquer de sagesse ; mais je vois qu'un dieu a troublé ta raison. Sache que je n'ouvre point mon cœur aux défiances injustes, et je ne hais rien tant que l'homme qui soupçonne toujours le cœur de l'homme. »

Cymodocée conçut alors le dessein d'apaiser Démodocus.

« Pontife sacré, lui dit-elle, calme, je t'en supplie, les transports de ta colère : la colère, comme la faim, est mère des mauvais conseils. Nous pouvons encore réparer ma faute. Le jeune homme m'a dit son nom. Tu connoîtras peut-être son antique race : il se nomme Eudore, il est fils de Lasthénès. »

La douce persuasion porta ces paroles adroites au fond du cœur de Démodocus : il embrassa tendrement Cymodocée.

« Ma fille, lui dit-il, ce n'est pas en vain que j'ai pris soin d'instruire ta jeunesse : il n'y a point de vierge de ton âge que tu ne surpasses par la solidité de ton esprit ; et les Grâces seules sont plus habiles que toi à broder des voiles. Mais qui pourroit égaler les Grâces, surtout la plus jeune, la divine Pasithée! Il est vrai, ma fille, je connois la race antique d'Eudore, fils de Lasthénès. Je ne le cède à personne dans la science de la généalogie des dieux et des hommes; jadis même je n'aurois été vaincu que par Orphée, Linus, Homère, ou le vieillard d'Ascrée : car les hommes d'autrefois étoient très supérieurs à ceux d'aujourd'hui. Lasthénès est un des principaux habitants de l'Arcadie. Il est issu du sang des dieux et des héros, puisqu'il descend du fleuve Alphée, et qu'il compte parmi ses aïeux le grand Philopœmen et Polybe aimé de Calliope, fille de Saturne et d'Astrée. Il a lui-même triomphé dans les jeux sanglants du dieu de la guerre; il est chéri de nos princes; on l'a vu revêtu des plus grandes charges de l'État et de l'armée. Demain, aussitôt que Dicé, Irène et Eunomie, aimables Heures, auront ouvert les portes du jour, nous monterons sur un char, et nous irons offrir des présents à Eudore, dont la renommée publie la sagesse et la valeur. »

En achevant ces mots, Démodocus, suivi de sa fille et d'Euryméduse, entra dans les bâtiments du temple, où brilloient l'ambre, l'airain et l'écaille de tortue. Un esclave, tenant une aiguière d'or et un bassin d'argent, verse une eau pure sur les mains du prêtre d'Homère. Démodocus prend une coupe, la purifie par la flamme, y mêle l'eau et le vin, et répand à terre la libation sacrée, afin d'apaiser les dieux lares. Cymodocée se retire dans son appartement; et après avoir joui des délices du bain, elle se couche sur des tapis de Lydie, recouverts

du fin lin de l'Égypte; mais elle ne put goûter les
dons du sommeil, et ce fut en vain qu'elle pria la
Nuit de lui verser la douceur de ses ombres.

L'aube avoit à peine blanchi l'orient, qu'on entendit retentir la voix de Démodocus : il appeloit
ses intelligents esclaves. Aussitôt Évémon, fils de
Boëtoüs, ouvre le lieu qui renfermoit l'appareil des
chars. Il emboîte l'essieu dans des roues bruyantes
à huit rayons fortifiés par des bandes d'airain; il
suspend un char orné d'ivoire sur des courroies
flexibles; il joint le timon au char, et attache à son
extrémité le joug éclatant. Hestionée d'Épire, habile à élever les coursiers, amène deux fortes mules
d'une blancheur éblouissante; il les conduit bon-
dissantes sous le joug, et achève de les couvrir de
leurs harnois étincelants d'or. Euryméduse, pleine
de jours et d'expérience, apporte le pain et le vin,
la force de l'homme; elle place aussi sur le char le
présent destiné au fils de Lasthénès : c'étoit une
coupe de bronze à double fond, merveilleux ouvrage où Vulcain avoit gravé le nom d'Hercule
délivrant Alceste pour prix de l'hospitalité qu'il
avoit reçue de son époux. Ajax avoit donné cette
coupe à Tychius d'Hylé, armurier célèbre, en
échange du bouclier recouvert de sept peaux de
taureaux, que le fils de Télamon portoit au siége de
Troie. Un descendant de Tychius recueillit chez lui
le chantre d'Ilion, et lui fit présent de la superbe
coupe. Homère, étant allé dans l'île de Samos, fut
admis aux foyers de Créophyle, et il lui laissa en
mourant sa coupe et ses poëmes. Dans la suite, le

roi Lycurgue de Sparte, cherchant partout la sagesse, visita les fils de Créophyle : ceux-ci lui offrirent, avec la coupe d'Homère, les vers qu'Apollon avoit dictés à ce poëte immortel. A la mort de Lycurgue, le monde hérita des chants d'Homère, mais la coupe fut rendue aux Homérides : elle parvint ainsi à Démodocus, dernier descendant de cette race sacrée, qui la destine aujourd'hui au fils de Lasthénès.

Cependant Cymodocée, dans un chaste asile, laisse couler à ses pieds son vêtement de nuit, mystérieux ouvrage de la pudeur. Elle revêt une robe semblable à la fleur du lis, que les Grâces décentes attachent elles-mêmes autour de son sein. Elle croise sur ses pieds nus des bandelettes légères, et rassemble sur sa tête, avec une aiguille d'or, les tresses parfumées de ses cheveux. Sa nourrice lui apporte le voile blanc des Muses, qui brilloit comme le soleil, et qui étoit placé sous tous les autres dans une cassette odorante. Cymodocée couvre sa tête de ce tissu virginal, et sort pour aller trouver son père. Dans ce moment même le vieillard s'avançoit, vêtu d'une longue robe que rattachoit une ceinture ornée de franges de pourpre, de la valeur d'une hécatombe. Il portoit sur sa tête une couronne de papyrus, et tenoit à la main le rameau sacré d'Apollon. Il monte sur le char, et Cymodocée s'assied à ses côtés. Évémon saisit les rênes, et presse du fouet retentissant le flanc des mules sans tache. Les mules s'élancent, et les roues rapides marquent à peine sur la poussière la trace qu'un léger vaisseau laisse en fuyant sur les mers.

« O ma fille, dit le pieux Démodocus, tandis que le char vole, nous préserve le ciel de manquer de reconnoissance ! Les portes des enfers sont moins odieuses à Jupiter que les ingrats : ils vivent peu, et sont toujours livrés à une furie : mais une divinité favorable se tient toujours auprès de ceux qui ne perdent point la mémoire des bienfaits : les dieux voulurent naître parmi les Égyptiens, parce qu'ils sont les plus reconnoissants des hommes. »

# LIVRE DEUXIÈME.

## SOMMAIRE.

Arrivée de Démodocus et de Cymodocée en Arcadie. Rencontre d'un vieillard au tombeau d'Aglaüs de Psophis; ce vieillard conduit Démodocus au champ où la famille de Lasthénès fait la moisson. Cymodocée reconnoît Eudore. Démodocus découvre que la famille de Lasthénès est chrétienne. On retourne chez Lasthénès. Mœurs chrétiennes. Prière du soir. Arrivée de Cyrille, confesseur et martyr, évêque de Lacédémone. Il vient prier Eudore de lui raconter ses aventures. Repas du soir. La famille et les étrangers vont, après le repas, s'asseoir dans le verger au bord de l'Alphée. Démodocus invite Cymodocée à chanter sur la lyre. Chant de Cymodocée. Eudore chante à son tour. Les deux familles vont goûter le repos. Songe de Cyrille. Prière du saint évêque.

Tant que le soleil monta dans les cieux, les mules emportèrent le char d'une course ardente. A l'heure où le magistrat fatigué quitte avec joie son tribunal pour aller prendre son repas, le prêtre d'Homère arriva sur les confins de l'Arcadie, et vint se reposer à Phigalée, célèbre par le dévouement des Oresthasiens. Ce noble Ancée, descendant d'Agapénor, qui commandoit les Arcadiens au siége de Troie, donna l'hospitalité à Démodocus. Les fils d'Ancée détachent du joug les mules fumantes, lavent leurs flancs poudreux dans une eau pure, et mettent devant elles une herbe tendre coupée sur le bord de la Néda. Cymodocée est conduite au bain par de jeunes Phrygiennes qui ont perdu leur douce liberté; l'hôte de Démodocus le revêt d'une fine tunique et d'un manteau précieux; le prince de la jeunesse, l'aîné des fils d'Ancée, couronné d'une branche de peuplier blanc, immole à Hercule un sanglier nourri dans les bois d'Érymanthe; les parties de la victime destinées à l'offrande sont recouvertes de graisse, et consumées avec des libations sur des charbons embrasés. Un long fer à cinq rangs présente à la flamme bruyante le reste des viandes sacrées; le dos succulent de la victime et les morceaux les plus délicats sont servis aux voyageurs; Démodocus reçoit une part trois fois plus grande que celle des autres convives. Un vin odorant gardé pendant dix années coule en flots de pourpre dans une coupe d'or; et les dons de Cérès, que Triptolème fit connoître aux pieux Arcas, remplacent le gland dont se nourrissoient jadis les Pélasges, premiers habitants de l'Arcadie.

Cependant Démodocus ne peut goûter avec joie les honneurs de l'hospitalité; il brûle d'arriver chez Lasthénès. Déjà la nuit couvroit les chemins de son ombre : on sépare la langue de la victime, on fait les dernières libations à la mère des songes, ensuite on conduit le prêtre d'Homère et la prêtresse des Muses sous un portique sonore, où des esclaves avoient préparé de molles toisons.

Démodocus attend avec impatience le retour de la lumière.

« Ma fille, disoit-il à Cymodocée qu'une puissance inconnue privoit aussi du sommeil, malheur à ceux que la pitié ou une vive reconnoissance n'arracha jamais au pouvoir de Morphée. Il n'est pas permis d'entrer dans les temples des dieux avec du fer; on n'entrera point dans l'Élysée avec un cœur d'airain. »

Aussitôt que l'aurore eut éclairé de ses premiers rayons l'autel de Jupiter qui couronne le mont Lycée, Démodocus fit attacher les mules à son char. En vain le généreux Ancée veut retenir son hôte : le prêtre d'Homère part avec sa fille. Le char roule à grand bruit hors des portiques; il prend sa course vers le temple d'Eurynome caché dans un bois de cyprès; il franchit le mont Élaïus; il dépasse la grotte où Pan retrouva Cérès qui refusoit ses bienfaits aux laboureurs, et qui pourtant se laissa fléchir par les Parques, une seule fois favorables aux mortels.

Les voyageurs traversent l'Alphée au-dessous du confluent du Gorthynius, et descendent jusqu'aux eaux limpides du Ladon. Là se présente une tombe antique, que les nymphes des montagnes avoient environnée d'ormeaux : c'étoit celle de cet Arcadien pauvre et vertueux, d'Aglaüs de Psophis, que l'oracle de Delphes déclara plus heureux que le roi de Lydie. Deux chemins partoient de cette tombe : l'un serpentoit le long de l'Alphée, l'autre s'élevoit dans la montagne.

Tandis qu'Évémon délibéroit en lui-même s'il suivroit l'une ou l'autre route, il aperçut un homme déjà sur l'âge, assis auprès du tombeau d'Aglaüs. La robe dont cet homme étoit vêtu ne différoit de celle des philosophes grecs que parce qu'elle étoit d'une étoffe blanche commune : il avoit l'air d'attendre les voyageurs dans ce lieu, mais il ne paroissoit ni curieux ni empressé.

Lorsqu'il vit le char s'arrêter, il se leva, et s'adressant à Démodocus :

« Voyageur, dit-il, demandez-vous votre chemin, ou venez-vous visiter Lasthénès ? Si vous voulez vous reposer chez lui, il en éprouvera beaucoup de joie. »

« Étranger, répondit Démodocus, Mercure ne vint pas plus heureusement à la rencontre de Priam, lorsque le père d'Hector se rendoit au camp des Grecs. Ta robe annonce un sage, et tes propos sont courts, mais pleins de sens. Je te dirai la vérité : nous cherchons le riche Lasthénès, que ses grands biens font passer pour un homme très heureux. Il habite sans doute ce palais que j'aperçois au bord du Ladon, et qu'on prendroit pour le temple du dieu de Cyllène ?

« Ce palais, répondit l'inconnu, appartient à Hiéroclès, proconsul d'Achaïe. Vous êtes arrivés à l'enclos de l'hôte que vous cherchez, et le toit de chaume que vous entrevoyez sur la croupe de la montagne est la demeure de Lasthénès. »

En achevant ces mots, l'étranger ouvrit une barrière, prit les mules par le frein, et fit entrer le char dans l'enclos.

« Seigneur, dit-il alors à Démodocus, on fait aujourd'hui la moisson : si votre serviteur veut conduire vos mules à l'habitation prochaine, je vous montrerai le champ où vous trouverez la famille de Lasthénès. »

Démodocus et Cymodocée descendirent du char, et marchèrent avec l'étranger. Ils suivirent quelque temps un sentier tracé au milieu des vignes, sur un terrain penchant où croissoient çà et là quelques hêtres d'une grosseur démesurée. Ils aperçurent bientôt un champ hérissé de faisceaux de gerbes, et couvert d'hommes et de femmes qui s'empressoient, les uns à charger des chariots, les autres à couper et à lier des épis. En arrivant au milieu des moissonneurs, l'inconnu s'écria :

« Le Seigneur soit avec vous ! »

Et les moissonneurs répondirent :

« Dieu vous donne sa bénédiction ! »

Et ils chantoient, en travaillant, un cantique sur un air grave. Des glaneuses les suivoient en cueillant les nombreux épis qu'ils laissoient exprès derrière eux : leur maître l'avoit ordonné ainsi, afin que ces pauvres femmes pussent ramasser un peu de blé sans honte. Cymodocée reconnut de loin le jeune homme de la forêt; il était assis, avec sa mère et ses sœurs, sur des gerbes, à l'ombre d'un andrachné. La famille se leva et s'avança vers les étrangers.

« Séphora, dit le guide de Démodocus, ma chère épouse, remercions la Providence qui nous envoie des voyageurs. »

« Comment ! s'écria le père de Cymodocée, c'était là le riche Lasthénès, et je ne l'ai pas reconnu ! Ah ! combien les dieux se jouent du discernement des hommes ! Je t'ai pris pour l'esclave chargé par son maître d'exercer les devoirs de l'hospitalité. »

Lasthénès s'inclina.

Eudore, les yeux baissés, et donnant sa main à la plus jeune de ses sœurs, se tenoit respectueusement derrière sa mère.

« Mon hôte, dit Démodocus, et vous, sage épouse de Lasthénès, semblable à la mère de Télémaque, votre fils vous a sans doute appris ce qu'il a fait pour ma fille, que les faunes avoient égarée dans les bois. Montrez-moi le noble Eudore, que je l'embrasse comme mon fils ! »

« Voilà Eudore, derrière sa mère, répondit Lasthénès. J'ignore ce qu'il a fait pour vous : il ne nous en a pas parlé. »

Démodocus resta confondu.

« Quoi ! pensoit-il en lui-même, ce simple pasteur est le guerrier qui triompha de Carrausius, le tribun de la légion britannique, l'ami du prince Constantin ! »

Revenu enfin de son premier étonnement, le prêtre d'Homère s'écria :

« J'aurois dû reconnoître Eudore à sa taille de héros, moins haute cependant que celle de Lasthénès, car les enfants n'ont plus la force de leurs pères. O toi qui pourrois être le plus jeune de mes fils, que les dieux t'accordent ce que tu désires ! Je t'apporte une coupe d'un prix inestimable : mon esclave l'ôtera de mon char, et tu la recevras de mes mains. Jeune et vaillant guerrier, Méléagre étoit moins beau que toi lorsqu'il charma les yeux d'Atalante ! Heureux ton père, heureuse ta mère, mais plus heureuse encore celle qui doit partager ta couche ! Si la vierge qu'on a retrouvée n'étoit pas consacrée aux chastes Muses... »

Les deux jeunes gens se sentirent troublés par les paroles de Démodocus. Eudore se hâta de répondre :

« J'accepterai le présent que vous m'offrez, s'il n'a pas servi à vos sacrifices. »

Le jour n'étant pas encore à sa fin, la famille invita les deux étrangers à se reposer avec elle au bord d'une source. Les sœurs d'Eudore, assises aux pieds de leurs parents, tressoient des couronnes de fleurs rouges et bleues pour une fête prochaine. On voyoit un peu plus loin les urnes et les coupes des moissonneurs ; et, à l'ombre de quelques gerbes plantées debout, un enfant étoit endormi dans un berceau.

« Mon hôte, dit Démodocus à Lasthénès, tu me sembles mener ici la vie du divin Nestor. Je ne me souviens pas d'avoir vu la peinture d'une scène pareille, si ce n'est sur le bouclier d'Achille. Vulcain y avoit gravé un roi au milieu des moissonneurs ; ce pasteur des peuples, plein de joie, tenoit en silence son sceptre levé au milieu des sillons. Il ne manque ici que le sacrifice du taureau sous le chêne de Jupiter. Quelle abondante moisson ! Que d'esclaves laborieux et fidèles ! »

« Ces moissonneurs ne sont plus mes esclaves, répliqua Lasthénès ; ma religion me défend d'en avoir ; je leur ai donné la liberté. »

« Lasthénès, dit alors Démodocus, je commence à comprendre que la renommée, cette voix de

Jupiter, m'avoit appris la vérité : tu auras sans doute embrassé cette secte nouvelle qui adore un Dieu inconnu à nos ancêtres.

Lasthénès répondit :

« Je suis chrétien. »

Le descendant d'Homère demeura quelque temps interdit; puis, reprenant la parole :

« Mon hôte, dit-il, pardonne à ma franchise : j'ai toujours obéi à la vérité, fille de Saturne et mère de la vertu. Les dieux sont justes : comment pourrois-je concilier la prospérité qui t'environne, et les impiétés dont on accuse les chrétiens? »

Lasthénès répondit :

« Voyageur, les chrétiens ne sont point des impies, et vos dieux ne sont ni justes ni injustes : ils ne sont rien. Si mes champs et mes troupeaux prospèrent entre les mains de ma famille, c'est qu'elle est simple de cœur et soumise à la volonté de celui qui est le seul et véritable Dieu. Le ciel m'a donné la chaste épouse que vous me voyez ; je ne lui ai demandé qu'une constante amitié, l'humilité et la chasteté d'une femme. Dieu a béni mes intentions; il m'a donné des enfants soumis, qui sont la couronne des vieillards. Ils aiment leurs parents, et ils sont heureux parce qu'ils sont attachés au toit de leur père. Mon épouse et moi nous avons vieilli ensemble; et, quoique mes jours n'aient pas toujours été bons, elle a dormi trente ans à mes côtés sans révéler les soucis de ma couche et les tribulations cachées de mon cœur. Que Dieu lui rende sept fois la paix qu'elle m'a donnée! Elle ne sera jamais aussi heureuse que je le désire! »

Ainsi le cœur de ce chrétien des anciens jours s'épanouissoit en parlant de son épouse. Cymodocée l'écoutoit avec amour : la beauté de ces mœurs pénétroit l'âme de cette jeune infidèle; et Démodocus lui-même avoit besoin de se rappeler Homère et tous ses dieux pour n'être pas entraîné par la force de la vérité.

Après quelques moments, le père de Cymodocée dit à Lasthénès:

« Tu me sembles tout-à-fait des temps antiques, et cependant je n'ai point vu tes paroles dans Homère! Ton silence a la dignité du silence des sages. Tu t'élèves à des sentiments pleins de majesté, non sur les ailes d'or d'Euripide, mais sur les ailes célestes de Platon. Au milieu d'une douce abondance, tu jouis des grâces de l'amitié; rien n'est forcé autour de toi : tout est contentement, persuasion, amour. Puisses-tu conserver long-temps ton bonheur et tes richesses! »

« Je n'ai jamais cru, répondit Lasthénès, que ces richesses fussent à moi : je les recueille pour mes frères les chrétiens, pour les gentils, pour les voyageurs, pour tous les infortunés; Dieu m'en a donné la direction; Dieu me l'ôtera peut-être : que son saint nom soit béni! »

Comme Lasthénès achevoit de prononcer ces paroles, le soleil descendit sur les sommets du Pholoë, vers l'horizon éclatant d'Olympie; l'astre agrandi parut un moment immobile, suspendu au-

4.

dessus de la montagne, comme un large bouclier d'or. Les bois de l'Alphée et du Ladon, les neiges lointaines du Telphusse et du Lycée se couvrirent de roses; les vents tombèrent, et les vallées de l'Arcadie demeurèrent dans un repos universel. Les moissonneurs quittèrent alors leur ouvrage: la famille, accompagnée des étrangers, reprit le chemin de la maison. Les maîtres et les serviteurs marchoient pêle-mêle, portant les divers instruments du labourage; ils étoient suivis de mulets au pied sûr, chargés de bois coupé sur les hauteurs, et de bœufs traînant lentement les équipages champêtres renversés, ou les chariots tremblants sous le poids des gerbes.

En arrivant à la maison, on entendit le son d'une cloche.

« Nous allons faire la prière du soir, dit Lasthénès à Démodocus; nous permettrez-vous de vous quitter un moment, ou préférez-vous nous suivre? »

« Me préservent les dieux de mépriser les prières, s'écria Démodocus, ces filles boiteuses de Jupiter, qui peuvent seules apaiser la colère d'Até! »

On s'assemble aussitôt dans une cour entourée de granges et des étables des troupeaux. Quelques ruches d'abeilles y répandoient une agréable odeur mêlée au parfum du lait des génisses qui revenoient des pâturages. Au milieu de cette cour, on voyoit un puits dont les deux poteaux, couverts de lierre, étoient surmontés de deux aloès qui croissoient dans des corbeilles. Un noyer, planté par l'aïeule de Lasthénès, couvroit le puits de son ombre. Lasthénès, la tête nue et le visage tourné vers l'orient, se plaça debout sous l'arbre domestique. Les bergers et les moissonneurs se mirent à genoux sur du chaume nouveau, autour de leur maître. Le père de famille prononça à haute voix cette prière, qui fut répétée par ses enfants et par ses serviteurs :

« Seigneur, daignez visiter cette demeure pen-
« dant la nuit, et en écarter les vains songes. Nous
« allons quitter les vêtements du jour, couvrez-nous
« de la robe d'innocence et d'immortalité que nous
« avons perdue par la désobéissance de nos pre-
« miers pères. Lorsque nous serons endormis dans
« le sépulcre, ô Seigneur, faites que nos âmes re-
« posent avec vous dans le ciel ! »

Quand cela fut fait, on entra dans la maison, où se préparoit le repas de l'hospitalité. Un homme et une femme parurent, portant deux grands vases d'airain pleins d'une eau échauffée par la flamme. Le serviteur lava les pieds de Démodocus; la servante, ceux de la fille de Démodocus; et, après les avoir oints d'une huile de parfums d'un grand prix, elle les essuya avec un lin blanc. La fille aînée de Lasthénès, du même âge que Cymodocée, descendit dans un souterrain frais et voûté. On conservoit dans ce lieu toutes sortes de choses pour la vie de l'homme. Sur des planches de chêne attachées aux parois du mur, on voyoit des outres remplies d'une huile aussi douce que celle de l'Attique; des mesures de pierre en forme d'autel, ornées de têtes de lion, et qui contenoient la fine fleur du froment; des vases de miel de Crète, moins blanc, mais plus parfumé que celui d'Hybla; et des amphores pleines d'un vin de Chio devenu comme un baume par le long travail des ans. La fille de Lasthénès remplit une urne de cette liqueur bienfaisante, propre à réjouir le cœur de l'homme dans l'aimable familiarité d'un repas.

Cependant les serviteurs ne savoient s'ils devoient apprêter le festin sous la vigne, ou sous le figuier comme dans un jour de réjouissance. Ils vont consulter leur maître. Lasthénès leur ordonne de dresser dans la salle des Agapes une table d'un buis éclatant. Ils la lavent avec une éponge, et la couvrent de corbeilles d'osier, pleines d'un pain sans levain, cuit sous la cendre. Ils apportent ensuite, dans des plats d'une simple argile, des racines, quelques volatiles et des poissons du lac Stymphale, nourriture destinée à la famille; mais on servit pour les étrangers un chevreau qui avoit à peine goûté l'arbousier du mont Aliphère, et le cytise du vallon de Ménélée.

Au moment où les convives alloient s'approcher de la mense hospitalière, une servante vint dire à Lasthénès qu'un vieillard, monté sur un âne, et tout semblable à l'époux de Marie, s'avançoit par l'avenue des cèdres. On vit bientôt entrer un homme d'un visage vénérable, portant, sous un manteau blanc, un habit de pasteur. Il n'étoit pas naturellement chauve; mais sa tête avoit été jadis dépouillée par la flamme, et son front montroit encore les cicatrices du martyre qu'il avoit éprouvé sous Valérien. Une barbe blanche lui descendoit jusqu'à la ceinture. Il s'appuyoit sur un bâton en forme de houlette, que lui avoit envoyé l'évêque de Jérusalem : simple présent que se faisoient les premiers Pères de l'Église, comme l'emblème de leur fonction pastorale et du pèlerinage de l'homme ici-bas.

C'étoit Cyrille, évêque de Lacédémone : laissé pour mort par les bourreaux dans une persécution contre les chrétiens, il avoit été élevé malgré lui au sacerdoce. Il se cacha long-temps pour se dérober à la dignité épiscopale; mais son humilité lui fut inutile : Dieu révéla aux fidèles la retraite de son serviteur. Lasthénès et sa famille le reçurent avec les marques du plus profond respect. Ils se prosternèrent devant lui, baisèrent ses pieds sacrés, chantèrent Hosanna, et le saluèrent du nom de très saint, de très cher à Dieu.

« Par Apollon, s'écria Démodocus, agitant sa branche de laurier entourée de bandelettes, voilà le plus auguste vieillard qui se soit jamais offert à mes yeux! O toi qui es chargé de jours, quel est ce sceptre que tu portes? Es-tu un roi, ou un prêtre consacré aux autels des dieux? Apprends-moi le nom de la divinité que tu sers, afin que je lui immole des victimes. »

Cyrille regarda quelque temps avec surprise Démodocus ; puis, laissant échapper un aimable sourire :

« Seigneur, répondit-il, ce sceptre est la houlette qui me sert à conduire mon troupeau : car je ne suis point un roi, mais un pasteur. Le Dieu qui reçoit mon sacrifice est né parmi les bergers dans une crèche. Si vous voulez, je vous apprendrai à le connoître : pour toute victime, il ne vous demandera que l'offrande de votre cœur. »

Cyrille se tournant alors vers Lasthénès :

« Vous savez le sujet qui m'amène. La pénitence publique de notre Eudore remplit nos frères d'admiration; chacun en veut pénétrer la cause. Il m'a promis de me raconter son histoire; et, dans les deux journées que je viens passer avec vous, j'espère qu'il voudra me satisfaire. »

Les serviteurs approchèrent alors les siéges de la table. Le prêtre d'Homère prit sa place à côté du prêtre du Dieu de Jacob. La famille se rangea autour du festin. Démodocus, saisissant une coupe, alloit faire une libation aux pénates de Lasthénès; l'évêque de Lacédémone l'arrêtant avec bénignité :

« Notre religion nous défend ces signes d'idolâtrie : vous ne voudriez pas nous affliger. »

La conversation fut tranquille et pleine de cordialité. Eudore lut, pendant une partie du repas, quelques instructions tirées de l'*Évangile* et des *Épîtres des Apôtres;* Cyrille commenta, de la manière la plus affectueuse, ce que dit saint Paul sur les devoirs des époux. Cymodocée trembloit; des larmes rouloient, comme des perles, le long de ses joues virginales; Eudore éprouvoit le même charme; les maîtres et les serviteurs étoient attendris. Ceci, avec l'action de grâces, fut le repas du soir chez les chrétiens.

Le repas fini, on alla s'asseoir à la porte du verger, sur un banc de pierre qui servoit de tribunal à Lasthénès, lorsqu'il rendoit la justice à ses serviteurs.

Ainsi qu'un simple pasteur que le sort destine à la gloire, l'Alphée rouloit au bas de ce verger, sous une ombre champêtre, des flots que les palmes de Pise alloient bientôt couronner. Descendu du bois de Vénus et du tombeau de la nourrice d'Esculape, le Ladon serpentoit dans les riantes prairies, et venoit mêler son cristal pur au cours de l'Alphée. Les profondes vallées, arrosées par les deux fleuves, étoient plantées de myrtes, d'aunes et de sycomores. Un amphithéâtre de montagnes terminoit le cercle entier de l'horizon. La cime de ces montagnes étoit couverte d'épaisses forêts peuplées d'ours, de cerfs, d'ânes sauvages et de monstrueuses tortues, dont l'écaille servoit à faire des lyres. Vêtus d'une peau de sanglier, des pasteurs conduisoient, parmi les roches et les pins, de grands troupeaux de chèvres. Ces légers animaux étoient consacrés au dieu d'Épidaure, parce que leur toison étoit chargée de gomme qui s'attachoit à leur barbe et à leur soie lorsqu'ils broutoient le ciste sur des hauteurs inaccessibles.

Tout étoit grave et riant, simple et sublime dans ce tableau. La lune décroissante paroissoit au milieu du ciel, comme les lampes demi-circulaires que les premiers fidèles allumoient aux tombeaux des martyrs. La famille de Lasthénès, qui contemploit cette scène solitaire, n'étoit point alors occupée des vaines curiosités de la Grèce. Cyrille s'humilioit devant la puissance qui cache des sources dans le sein des rochers, et dont les pas font tressaillir les montagnes comme l'agneau timide ou le bélier bondissant. Il admiroit cette sagesse, qui s'élève comme un cèdre sur le Liban, comme un plane aux bords des eaux. Mais Démodocus, qui désiroit faire éclater les talents de sa fille, interrompit ces méditations :

« Jeune élève des Muses, dit-il à Cymodocée, charme tes vénérables hôtes. Une douce complaisance fait toute la grâce de la vie, et Apollon retire ses dons aux esprits orgueilleux. Montre-nous que tu descends d'Homère. Les poëtes sont les législateurs des hommes et les précepteurs de la sagesse. Lorsque Agamemnon partit pour les rivages de Troie, il laissa un chantre divin auprès de Clytemnestre, afin de lui rappeler la vertu. Cette reine perdit l'idée de ses devoirs; mais ce fut après qu'Égisthe eut transporté le nourrisson des Muses dans une île déserte. »

Ainsi parla Démodocus. Eudore va chercher une lyre, et la présente à la jeune Grecque, qui prononça quelques mots confus, mais d'une merveilleuse douceur. Elle se leva ensuite, et après avoir préludé sur des tons divers, elle fit entendre sa voix mélodieuse.

Elle commença par l'éloge des Muses.

« C'est vous, dit-elle, qui avez tout enseigné aux
« hommes, vous êtes l'unique consolation de la vie;
« vous prêtez des soupirs à nos douleurs, et des har-
« monies à nos joies. L'homme n'a reçu du ciel qu'un
« talent, la divine poésie, et c'est vous qui lui avez

« fait ce présent inestimable. O filles de Mnémosyne,
« qui chérissez les bois de l'Olympe, les vallons de
« Tempé et les eaux de Castalie, soutenez la voix
« d'une vierge consacrée à vos autels ! »

Après cette invocation, Cymodocée chanta la naissance des dieux. Jupiter sauvé de la fureur de son père, Minerve sortie du cerveau de Jupiter, Hébé fille de Junon, Vénus née de l'écume des flots, et les Grâces dont elle fut la mère. Elle dit aussi la naissance de l'homme animé par le feu de Prométhée, Pandore et sa boîte fatale, le genre humain reproduit par Deucalion et Pyrrha. Elle raconta les métamorphoses des dieux et des hommes, les Héliades changées en peupliers, et l'ambre de leurs pleurs roulé par les flots de l'Éridan. Elle dit Daphné, Baucis, Clytie, Philomèle, Atalante, les larmes de l'Aurore devenues la rosée, la couronne d'Ariadne attachée au firmament. Elle ne vous oublia point, fontaines, et vous, fleuves nourriciers des beaux ombrages. Elle nomma avec honneur le vieux Pénée, l'Ismène et l'Érymanthe, le Méandre qui fait tant de détours, le Scamandre si fameux, le Sperchius aimé des poëtes, l'Eurotas chéri de l'épouse de Tyndare, et le fleuve que les cygnes de Méonie ont tant de fois charmé par la douceur de leurs chants.

Mais comment auroit-elle passé sous silence les héros célébrés par Homère! S'animant d'un feu nouveau, elle chanta la colère d'Achille, qui fut si pernicieuse aux Grecs, Ulysse, Ajax et Phœnix dans la tente de l'ami de Patrocle, Andromaque aux portes Scées, Priam aux genoux du meurtrier d'Hector. Elle dit les chagrins de Pénélope, la reconnoissance de Télémaque et d'Ulysse chez Eumée, la mort du chien fidèle, le vieux Laërte sarclant son jardin des champs, et pleurant à l'aspect des treize poiriers qu'il avoit donnés à son fils.

Cymodocée ne put chanter les vers de son immortel aïeul sans consacrer quelques accents à sa mémoire. Elle représenta la pauvre et vertueuse mère de Mélésigènes rallumant sa lampe et prenant ses fuseaux au milieu de la nuit, afin d'acheter du prix de ses laines un peu de blé pour nourrir son fils. Elle dit comment Mélésigènes devint aveugle et reçut le nom d'Homère, comment il alloit de ville en ville demandant l'hospitalité, comment il chantoit ses vers sous le peuplier d'Hylé. Elle raconta ses longs voyages, sa nuit passée sur le rivage de l'île de Chio, son aventure avec les chiens de Glaucus. Enfin, elle parla des jeux funèbres du roi d'Eubée, où Hésiode osa disputer à Homère le prix de la poésie; mais elle supprima le jugement des vieillards qui couronnèrent le chantre des *Travaux et des Jours*, parce que ses leçons étoient plus utiles aux hommes.

Cymodocée se tut: sa lyre, appuyée sur son sein, demeura muette entre ses beaux bras. La prêtresse des Muses étoit debout; ses pieds nus fouloient le gazon, et les zéphyrs du Ladon et de l'Alphée faisoient voltiger ses cheveux noirs autour des cordes de sa lyre. Enveloppée dans ses voiles blancs, éclairée par les rayons de la lune, cette jeune fille sembloit une apparition céleste. Démodocus, ravi, demandoit en vain une coupe pour faire une libation au dieu des vers. Voyant que les chrétiens gardoient le silence, et ne donnoient pas à sa Cymodocée les éloges qu'elle sembloit mériter :

« Mes hôtes, s'écria-t-il, ces chants vous seroient-ils désagréables ? Les mortels et les dieux se laissent pourtant toucher à l'harmonie. Orphée charma l'inexorable Pluton ; les Parques même, vêtues de blanc, et assises sur l'essieu d'or du monde, écoutent la mélodie des sphères : ainsi le raconte Pythagore, qui commerçoit avec l'Olympe. Les hommes des anciens temps, renommés par leur sagesse, trouvoient la musique si belle qu'ils lui donnèrent le nom de Loi. Pour moi, une divinité me contraint de l'avouer, si cette prêtresse des Muses n'étoit pas ma fille, j'aurois pris sa voix pour celle de la colombe qui portoit, dans les forêts de la Crète, l'ambroisie à Jupiter. »

« Ce ne sont pas les chants mêmes, mais le sujet des chants de cette jeune femme qui cause notre silence, répondit Cyrille. Un jour viendra, peut-être, que les mensonges de la naïve antiquité ne seront plus que des fables ingénieuses, objets des chansons du poëte. Mais aujourd'hui ils offusquent votre esprit, ils vous tiennent pendant la vie sous un joug indigne de la raison de l'homme, et perdent votre âme après la mort. Ne croyez pas toutefois que nous soyons insensibles au charme d'une douce musique. Notre religion n'est-elle pas harmonie et amour ? Combien votre aimable fille, que vous comparez si justement à une colombe, trouveroit des soupirs plus touchants encore, si la pudeur du sujet répondoit à l'innocence de la voix ! Pauvre tourterelle délaissée, allez sur la montagne où l'épouse attendoit l'époux ; envolez-vous vers ces bois mystiques, où les filles de Jérusalem prêteront l'oreille à vos plaintes. »

Cyrille s'adressant alors au fils de Lasthénès :

« Mon fils, montrez à Démodocus que nous ne méritons pas le reproche qu'il nous fait. Chantez-nous ces fragments des livres saints que nos frères les Apollinaires ont arrangés pour la lyre, afin de prouver que nous ne sommes point ennemis de la belle poésie et d'une joie innocente. Dieu s'est souvent servi de nos cantiques pour toucher les cœurs infidèles. »

Aux branches d'un saule voisin étoit suspendue une lyre plus forte et plus grande que la lyre de Cymodocée : c'étoit un cinnor hébreu. Les cordes en étoient détendues par la rosée de la nuit. Eudore détacha l'instrument ; et, après l'avoir accordé, il parut au milieu de l'assemblée, comme le jeune David, prêt à chasser, par les sons de sa harpe, l'esprit qui s'étoit emparé du roi Saül. Cymodocée alla s'asseoir auprès de Démodocus. Alors Eudore, levant les yeux vers le firmament chargé d'étoiles, entonna son noble cantique.

Il chanta la naissance du chaos, la lumière qu'une parole a faite, la terre produisant les arbres et les animaux, l'homme créé à l'image de Dieu et animé d'un souffle de vie, Ève tirée du côté d'Adam, la joie et la douleur de la femme à son premier enfantement, les holocaustes de Caïn et d'Abel, le meurtre d'un frère, et le sang de l'homme criant pour la première fois vers le ciel.

Passant aux jours d'Abraham, et adoucissant les sons de sa lyre, il dit le palmier, le puits, le chameau, l'onagre du désert, le patriarche voyageur assis devant sa tente, les troupeaux de Galaad, les vallées du Liban, les sommets d'Hermon, d'Oreb et de Sinaï, les rosiers de Jéricho, les cyprès de Cadès, les palmes de l'Idumée, Éphraïm et Sichem, Sion et Solyme, le torrent des Cèdres et les eaux sacrées du Jourdain. Il dit les juges assemblés aux portes de la ville, Booz au milieu des moissonneurs, Gédéon battant son blé et recevant la visite d'un ange, le vieux Tobie allant au-devant de son fils annoncé par le chien fidèle, Agar détournant la tête pour ne pas voir mourir Ismaël. Mais, avant de chanter Moïse chez les pasteurs de Madian, il raconta l'aventure de Joseph reconnu par ses frères, ses larmes, celles de Benjamin, Jacob présenté à Pharaon, et le patriarche porté après sa mort à la cave de Membré pour y dormir avec ses pères.

Changeant encore le mode de sa lyre, Eudore répéta le cantique du saint roi Ézéchias et celui des Israélites exilés au bord des fleuves de Babylone ; il fit gémir la voix de Rama, et soupirer le fils d'Amos :

« Pleurez, portes de Jérusalem ! O Sion, tes prê-
« tres et tes enfants sont emmenés en esclavage ! »

Il chanta les nombreuses vanités de l'homme : vanité des richesses, vanité de la science, vanité de la gloire, vanité de l'amitié, vanité de la vie, vanité de la postérité! Il signala la fausse prospérité de l'impie, et préféra le juste mort au méchant qui lui survit. Il fit l'éloge du pauvre vertueux et de la femme forte.

« Elle a cherché la laine et le lin, elle a travaillé
« avec des mains sages et ingénieuses; elle se lève
« pendant la nuit pour distribuer l'ouvrage à ses
« domestiques, et le pain à ses servantes; elle est
« revêtue de beauté. Ses fils se sont levés, et ont
« publié qu'elle étoit heureuse; son mari s'est levé,
« et l'a louée.

« O Seigneur! s'écria le jeune chrétien enflammé
« par ces images, c'est vous qui êtes le véritable
« souverain du ciel; vous avez marqué son lieu à
« l'aurore. A votre voix, le soleil s'est levé dans
« l'orient; il s'est avancé comme un géant superbe,
« ou comme l'époux radieux qui sort de la couche
« nuptiale. Vous appelez le tonnerre, et le tonnerre
« tremblant vous répond : « Me voici. » Vous abaissez
« la hauteur des cieux; votre esprit vole dans les
« tourbillons; la terre tremble au souffle de votre
« colère; les morts épouvantés fuient de leurs tom-
« beaux! O Dieu, que vous êtes grand dans vos œu-
« vres! et qu'est-ce que l'homme, pour que vous y
« attachiez votre cœur? Et pourtant il est l'objet
« éternel de votre complaisance inépuisable! Dieu
« fort, Dieu clément, Essence incréée, Ancien des
« jours, gloire à votre puissance, amour à votre
« miséricorde! »

Ainsi chante le fils de Lasthénès. Cet hymne de

Sion retentit au loin dans les antres de l'Arcadie, surpris de répéter, au lieu des sons efféminés de la flûte de Pan, les mâles accords de la harpe de David. Démodocus et sa fille étoient trop étonnés pour donner des marques de leur émotion. Les vives clartés de l'Écriture avoient comme ébloui leurs cœurs accoutumés à ne recevoir qu'une lumière mêlée d'ombres; ils ne savoient quelles divinités Eudore avoit célébrées, mais ils le prirent lui-même pour Apollon, et ils lui vouloient consacrer un trépied d'or que la flamme n'avoit point touché. Cymodocée se souvenoit surtout de l'éloge de la femme forte, et elle se promettoit d'essayer ce chant sur la lyre. D'une autre part, la famille chrétienne étoit plongée dans les pensées les plus sérieuses; ce qui n'étoit pour les étrangers qu'une poésie sublime, étoit pour elle de profonds mystères et d'éternelles vérités. Le silence de l'assemblée auroit duré long-temps, s'il n'avoit été interrompu tout à coup par les applaudissements des bergers. Le vent avoit porté à ces pasteurs la voix de Cymodocée et d'Eudore : ils étoient descendus en foule de leurs montagnes pour écouter ces concerts; ils crurent que les Muses et les Sirènes avoient renouvelé au bord de l'Alphée le combat qu'elles s'étoient livré jadis, quand les filles de l'Achéloüs, vaincues par les doctes sœurs, furent contraintes de se dépouiller de leurs ailes.

La nuit avoit passé le milieu de son cours. L'évêque de Lacédémone invite ses hôtes à la retraite. Comme le vigneron fatigué au bout de sa journée, il appelle trois fois le Seigneur, et adore. Alors les chrétiens, après s'être donné le baiser de paix, rentrent sous leur toit, chastement recueillis.

Démodocus fut conduit par un serviteur au lieu qu'on avoit préparé pour lui, non loin de l'appartement de Cymodocée. Cyrille, après avoir médité la parole de vie, se jeta sur une couche de roseaux. Mais à peine avoit-il fermé les yeux, qu'il eut un songe : il lui sembla que les blessures de son ancien martyre se rouvroient, et qu'avec un plaisir ineffable il sentoit de nouveau son sang couler pour Jésus-Christ. En même temps il vit une jeune femme et un jeune homme resplendissants de lumière, monter de la terre aux cieux : avec la palme qu'ils tenoient à la main, ils lui faisoient signe de les suivre; mais il ne put distinguer leur visage, parce que leur tête étoit voilée. Il se réveilla plein d'une sainte agitation; il crut reconnoître dans ce songe quelque avertissement pour les chrétiens. Il se mit à prier avec abondance de larmes, et on l'entendit plusieurs fois s'écrier dans le silence de la nuit :

« O mon Dieu, s'il faut encore des victimes, pre« nez-moi pour le salut de votre peuple! »

# LIVRE TROISIÈME.

## SOMMAIRE.

La prière de Cyrille monte au trône du Tout-Puissant. Le ciel. Les anges, les saints. Tabernacle de la Mère du Sauveur. Sanctuaire du Fils et du Père. L'Esprit-Saint. La Trinité. La prière de Cyrille se présente devant l'Éternel : l'Éternel la reçoit, mais il déclare que l'évêque de Lacédémone n'est point la victime qui doit racheter les chrétiens. Eudore est la victime choisie. Motifs de ce choix. Les milices célestes prennent les armes. Cantique des saints et des anges.

Les dernières paroles de Cyrille montèrent au trône de l'Éternel. Le Tout-Puissant agréa le sacrifice, mais l'évêque de Lacédémone n'étoit point la victime que Dieu, dans sa colère et dans sa miséricorde, avoit choisie pour expier les fautes des chrétiens.

Au centre des mondes créés, au milieu des astres innombrables qui lui servent de remparts, d'avenues et de chemins, flotte cette immense cité de Dieu, dont la langue d'un mortel ne sauroit raconter les merveilles. L'Éternel en posa lui-même les douze fondements, et l'environna de cette muraille de jaspe que le disciple bien aimé vit mesurer par l'ange avec une toise d'or. Revêtue de la gloire du Très-Haut, l'invisible Jérusalem est parée comme une épouse pour son époux. Loin d'ici, monuments de la terre, vous n'approchez point de ces monuments de la cité sainte ! La richesse de la matière y dispute le prix à la perfection des formes. Là règnent suspendues des galeries de saphirs et de diamants, foiblement imitées par le génie de l'homme dans les jardins de Babylone; là s'élèvent des arcs de triomphe formés des plus brillantes étoiles; là s'enchaînent des portiques de soleils, prolongés sans fin à travers les espaces du firmament, comme les colonnes de Palmyre dans les sables du désert. Cette architecture est vivante. La cité de Dieu est intelligente elle-même. Rien n'est matière dans les demeures de l'Esprit; rien n'est mort dans les lieux de l'éternelle existence. Les paroles grossières que la Muse est forcée d'employer nous trompent : elles revêtent d'un corps ce qui n'existe que comme un songe divin dans le cours d'un heureux sommeil.

Des jardins délicieux s'étendent autour de la radieuse Jérusalem. Un fleuve découle du trône du Tout-Puissant; il arrose le céleste Éden, et roule dans ses flots l'amour pur et la sapience de Dieu. L'onde mystérieuse se partage en divers canaux qui s'enchaînent, se divisent, se rejoignent, se quittent encore, et font croître, avec la vigne immortelle, le lis semblable à l'épouse, et les fleurs qui parfument la couche de l'époux. L'arbre de vie s'élève sur la colline de l'encens; un peu plus loin, l'arbre de science étend de toutes parts ses racines profondes et ses rameaux innombrables : il porte, cachés sous son feuillage d'or, les secrets de la Divinité, les lois occultes de la nature, les réalités morales et intellectuelles, les immuables principes du bien et du mal. Ces connoissances qui nous enivrent font la nourriture des élus; car, dans l'empire de la souveraine sagesse, le fruit de science ne donne plus la mort. Les deux grands ancêtres du genre humain viennent souvent verser des larmes (telles que les justes en peuvent répandre) à l'ombre de cet arbre merveilleux.

La lumière qui éclaire ces retraites fortunées se compose des roses du matin, de la flamme du midi et de la pourpre du soir; toutefois, aucun astre ne paroît sur l'horizon resplendissant; aucun soleil ne se lève, aucun soleil ne se couche dans les lieux où rien ne finit, où rien ne commence; mais une clarté ineffable, descendant de toutes parts comme une tendre rosée, entretient le jour éternel de la délectable éternité.

C'est dans les parvis de la cité sainte, et dans les champs qui l'environnent, que sont à la fois réunis ou partagés les chœurs des chérubins et des séraphins, des anges et des archanges, des trônes et des dominations : tous sont les ministres des ouvrages et des volontés de l'Éternel. A ceux-ci a été donné tout pouvoir sur le feu, l'air, la terre et l'eau; à ceux-là appartient la direction des saisons, des vents et des tempêtes : ils font mûrir les moissons, ils élèvent la jeune fleur, ils courbent le vieil arbre vers la terre. Ce sont eux qui soupirent dans les antiques forêts, qui parlent dans les flots de la mer, et qui versent les fleuves du haut des montagnes. Les uns gardent les vingt mille chariots de guerre de Sabaoth et d'Élohé; les autres veillent au carquois du Seigneur, à ses foudres inévitables, à ses coursiers terribles, qui portent la peste, la guerre, la famine et la mort. Un million de ces génies ardents règlent les mouvements des astres, et se relèvent tour à tour dans ces emplois magnifiques, comme les sentinelles vigilantes d'une grande armée. Nés du souffle de Dieu, à différentes époques, ces anges n'ont pas la même vieillesse dans les générations de l'éternité : un nombre infini d'entre eux fut créé avec l'homme pour soutenir ses vertus, diriger ses passions, et le défendre contre les attaques de l'enfer.

Là sont aussi rassemblés à jamais les mortels qui ont pratiqué la vertu sur la terre; les patriarches, assis sous des palmiers d'or; les prophètes, au front étincelant de deux rayons de lumière; les apôtres, portant sur leur cœur les saints Évangiles; les docteurs, tenant à la main une plume immortelle; les solitaires, retirés dans des grottes célestes; les martyrs, vêtus de robes éclatantes; les vierges, couronnées de roses d'Éden; les veuves, la tête ornée de longs voiles, et toutes ces femmes pacifiques qui, sous de simples habits de lin, se firent les consolatrices de nos pleurs et les servantes de nos misères.

Est-ce l'homme infirme et malheureux qui pourroit parler des félicités suprêmes? Ombres fugitives et déplorables, savons-nous ce que c'est que le bonheur? Lorsque l'âme du chrétien fidèle abandonne son corps, comme un pilote expérimenté quitte le fragile vaisseau que l'Océan engloutit, elle seule connoît la vraie béatitude. Le souverain bien des élus est de savoir que ce bien sans mesure sera sans terme; ils sont incessamment dans l'état délicieux d'un mortel qui vient de faire une action vertueuse ou héroïque, d'un génie sublime qui enfante une grande pensée, d'un homme qui sent les transports d'un amour légitime, ou les charmes d'une amitié long-temps éprouvée par le malheur. Ainsi les nobles passions ne sont point éteintes dans le cœur des justes, mais seulement purifiées : les frères, les époux, les amis, continuent de s'aimer; et ces attachements, qui vivent et se concentrent dans le sein de la Divinité même, prennent quelque chose de la grandeur et de l'éternité de Dieu.

Tantôt ces âmes satisfaites se reposent ensemble au bord du fleuve de la Sapience et de l'Amour. La beauté et la toute-puissance du Très-Haut sont leur perpétuel entretien :

« O Dieu, disent-elles, quelle est donc votre
« grandeur! Tout ce que vous avez fait naître est
« renfermé dans les limites du temps; et le temps,
« qui s'offre aux mortels comme une mer sans bor-
« nes, n'est qu'une goutte imperceptible de l'océan
« de votre éternité! »

Tantôt les prédestinés, pour mieux glorifier le Roi des rois, parcourent son merveilleux ouvrage : la création, qu'ils contemplent des divers points de l'univers, leur présente des spectacles ravissants : tels, si l'on peut comparer les grandes choses aux petits objets, tels se montrent aux yeux du voyageur les champs superbes de l'Indus, les riches vallées du Delhi et de Cachemire, rivages couverts de perles et parfumés d'ambre, où les flots tranquilles viennent expirer au pied des cannelliers en fleur. La couleur des cieux, la disposition et la grandeur des sphères, qui varient selon les mouvements et les distances, sont pour les esprits bienheureux une source inépuisable d'admiration. Ils aiment à connoître les lois qui font rouler avec tant de légèreté ces corps pesants dans l'éther fluide ; ils visitent cette lune paisible qui, pendant le calme des nuits, éclaira leurs prières ou leurs amitiés ici-bas. L'astre humide et tremblant qui précède les pas du matin, cette autre planète qui paroît comme un diamant dans la chevelure d'or du soleil, ce globe à la longue année qui ne marche qu'à la lueur de quatre torches pâlissantes, cette terre en deuil qui, loin des rayons du jour, porte un anneau ainsi qu'une veuve inconsolable, tous ces flambeaux errants de la maison de l'homme, attirent les méditations des élus. Enfin, les âmes prédestinées volent jusqu'à ces mondes dont nos étoiles sont les soleils, et elles entendent les concerts inconnus de la Lyre et du Cygne célestes. Dieu, de qui s'écoule une création non interrompue, ne laisse point reposer leur curiosité sainte, soit qu'aux bords les plus reculés de l'espace il brise un antique univers, soit que, suivi de l'armée des anges, il porte l'ordre et la beauté jusque dans le sein du chaos.

Mais l'objet le plus étonnant offert à la contemplation des saints, c'est l'homme. Ils s'intéressent encore à nos peines et à nos plaisirs ; ils écoutent nos vœux ; ils prient pour nous ; ils sont nos patrons et nos conseils ; ils se réjouissent sept fois lorsqu'un pécheur retourne au bercail ; ils tremblent d'une charitable frayeur lorsque l'ange de la mort amène une âme craintive aux pieds du souverain Juge. Mais s'ils voient nos passions à découvert, ils ignorent toutefois par quel art tant d'éléments opposés sont confondus dans notre sein : Dieu, qui permet aux bienheureux de pénétrer les lois de l'univers, s'est réservé le merveilleux secret du cœur de l'homme.

C'est dans cette extase d'admiration et d'amour, dans ces transports d'une joie sublime, ou dans ces mouvements d'une tendre tristesse, que les élus répètent ce cri de trois fois Saint, qui ravit éternellement les cieux. Le roi-prophète règle la mélodie divine ; Asaph, qui soupira les douleurs de David, conduit les instruments animés par le souffle ; et les fils de Coré gouvernent les harpes, les lyres et les psaltérions qui frémissent sous la main des anges. Les six jours de la création, le repos du Seigneur, les fêtes de l'ancienne et de la nouvelle loi sont célébrés tour à tour dans les royaumes incorruptibles. Alors les dômes sacrés se couronnent d'une auréole plus vive ; alors, du trône de Dieu, de la lumière même répandue dans les demeures intellectuelles, s'échappent des sons si suaves et si délicats, que nous ne pourrions les entendre sans mourir. Muse, où trouveriez-vous des images pour peindre ces solennités angéliques ! Seroit-ce sous les pavillons des princes de l'Orient, lorsque assis sur un trône étincelant de pierreries, le monarque assemble sa pompeuse cour? Ou bien, ô Muse! rappelleriez-vous le souvenir de la terrestre Jérusalem, quand Salomon voulut dédier au Seigneur le sanctuaire du peuple fidèle? Le bruit éclatant des trompettes ébranloit les sommets de Sion; les lévites redisoient en chœur le cantique des degrés; les anciens d'Israël marchoient avec Salomon devant les tables de Moïse; le grand sacrificateur immoloit des victimes sans nombre; les filles de Juda formoient des pas cadencés autour de l'arche d'alliance; leurs danses, aussi pieuses que leurs hymnes, étoient des louanges au Créateur.

Les concerts de la Jérusalem céleste retentissent surtout au tabernacle très pur qu'habite dans la cité de Dieu l'adorable Mère du Sauveur. Environnée du chœur des veuves, des femmes fortes et des vierges sans tache, Marie est assise sur un trône de candeur. Tous les soupirs de la terre montent vers ce trône par des routes secrètes; la Consolatrice des affligés entend le cri de nos misères les plus cachées; elle porte aux pieds de son Fils, sur l'autel des parfums, l'offrande de nos pleurs; et, afin de rendre l'holocauste plus efficace, elle y mêle quelques-unes de ses larmes divines. Les esprits gardiens des hommes viennent sans cesse implorer, pour leurs amis mortels, la Reine des miséricordes. Les doux séraphins de la grâce et de la charité la servent à genoux; autour d'elle se réunissent encore les personnages touchants de la crèche, Gabriel, Anne et Joseph; les bergers de Bethléem, et les mages de l'Orient. On voit aussi s'empresser dans ce lieu les enfants morts en entrant à la vie, et qui, transformés en petits anges, semblent être devenus les compagnons du Messie au berceau. Ils balancent devant leur mère céleste des encensoirs d'or, qui s'élèvent et retombent avec un bruit harmonieux, et d'où s'échappent en vapeur légère les parfums d'amour et d'innocence.

Des tabernacles de Marie on passe au sanctuaire du Sauveur des hommes : c'est là que le Fils conserve par ses regards les mondes que le Père a créés : il est assis à une table mystique : vingt-quatre vieillards, vêtus de robes blanches et portant des couronnes d'or, sont placés sur des trônes à ses côtés. Près de lui est son char vivant, dont les roues lancent des foudres et des éclairs. Lorsque le Désiré des nations daigne se manifester aux élus dans une vision intime et complète, les élus tombent comme morts devant sa face; mais il étend sa droite, et leur dit :

« Relevez-vous, ne craignez rien, vous êtes les « bénis de mon Père; regardez-moi; je suis le Pre- « mier et le Dernier. »

Par-delà le sanctuaire du Verbe s'étendent sans fin des espaces de feu et de lumière. Le Père habite au fond de ces abîmes de vie. Principe de tout ce qui fut, est et sera, le passé, le présent et l'avenir se confondent en lui. Là sont cachées les sources des vérités incompréhensibles au ciel même : la liberté de l'homme et la prescience de Dieu; l'être qui peut tomber dans le néant et le néant qui peut devenir l'être; là surtout s'accomplit, loin de l'œil des anges, le mystère de la Trinité. L'esprit qui remonte et descend sans cesse du Fils au Père, et du Père au Fils, s'unit avec eux dans ces profondeurs impénétrables. Un triangle de feu paroît alors à l'entrée du Saint des saints : les globes s'arrêtent de respect et de crainte, l'Hosanna des anges est suspendu, les milices immortelles ne savent quels seront les décrets de l'Unité vivante ; elles ne savent si le trois fois Saint ne va point changer sur la terre et dans le ciel les formes matérielles et divines, ou si, rappelant à lui les principes des êtres, il ne forcera point les mondes à rentrer dans le sein de son éternité.

Les essences primitives se séparent, le triangle de feu disparoît : l'oracle s'entr'ouvre, et l'on aperçoit les trois Puissances. Porté sur un trône de nuées, le Père tient un compas à la main ; un cercle est sous ses pieds ; le Fils, armé de la foudre, est assis à sa droite ; l'Esprit s'élève à sa gauche comme une colonne de lumière. Jéhovah fait un signe, et les temps rassurés reprennent leurs cours, et les frontières du chaos se retirent, et les astres poursuivent leurs chemins harmonieux. Les cieux prêtent alors une oreille attentive à la voix du Tout-Puissant, qui déclare quelques-uns de ses desseins sur l'univers.

A l'instant où la prière de Cyrille parvint au trône éternel, les trois Personnes se montroient ainsi aux yeux éblouis des anges. Dieu vouloit couronner la vertu de Cyrille, mais le saint prélat n'étoit point la victime de prédilection désignée pour la persécution nouvelle; il avoit déjà souffert au nom du Sauveur, et la justice du Tout-Puissant demandoit une hostie entière.

A la voix de son vénérable martyr, le Christ s'inclina devant l'Arbitre des humains, et fit trembler dans l'immensité de l'espace tout ce qui n'étoit pas le marchepied de Dieu. Il ouvre ses lèvres, où respire la loi de clémence, pour présenter à l'Ancien des jours le sacrifice de l'évêque de Lacédémone. Les accents de sa voix sont plus doux que l'huile de justice dont Salomon fut sacré, plus purs que la fontaine de Samarie, plus aimables que le murmure des oliviers en fleur balancés au soufle du printemps, dans les jardins de Nazareth, ou dans les vallons du Thabor.

Imploré par le Dieu de mansuétude et de paix en faveur de l'Église menacée, le Dieu fort et terrible fit connoître aux cieux ses desseins sur les fidèles. Il ne prononça qu'une parole, mais une de ces paroles qui fécondent le néant, qui font naître la lumière, ou qui renferment la destinée des empires.

Cette parole dévoile soudain aux légions des anges, aux chœurs des vierges, des saints, des rois, des martyrs, le secret de la sagesse. Ils voient dans le mot du souverain Juge, ainsi que dans un rayon limpide du jour, les conceptions du passé, les préparations du présent et les événements de l'avenir.

Le moment est arrivé où les peuples, soumis aux lois du Messie, vont enfin goûter sans mélange la douceur de ces lois propices. Assez long-temps l'idolâtrie éleva ses temples auprès des autels du Fils de l'Homme ; il faut qu'elle disparoisse du monde. Déjà est né le nouveau Cyrus qui brisera les derniers simulacres des esprits de ténèbres, et mettra le trône des Césars à l'ombre des saints tabernacles. Mais les chrétiens, invincibles sous le fer et dans les flammes, se sont laissé amollir aux délices de la paix. Afin de les mieux éprouver, la Providence a permis qu'ils connussent les richesses et les honneurs : ils n'ont pu résister à la persécution de la prospérité. Il faut, avant que le monde passe sous leur puissance, qu'ils soient dignes de leur gloire ; ils ont allumé le feu de la colère du Seigneur, ils n'obtiendront point grâce à ses yeux qu'ils n'aient été purifiés. Satan sera déchaîné sur la terre ; une dernière épreuve va commencer pour les fidèles : les chrétiens sont tombés ; ils seront punis. Celui qui doit expier leurs crimes par un sacrifice volontaire est depuis long-temps marqué dans la pensée de l'Éternel.

Tels sont les premiers conseils que découvrent, dans la parole de Dieu, les habitants des demeures célestes. O parole divine ! quelle longue et foible succession de temps et d'idées la parole humaine est obligée d'employer pour te rendre ! Tu fais tout voir, tout comprendre aux élus dans un moment ; et moi, ton indigne interprète, je développe péniblement dans un langage de mort les mystères contenus dans un langage de vie! Avec quelle sainte admiration, avec quelle piété sublime, les justes connoissent ensuite l'holocauste demandé et les conditions qui le rendent agréable au Très-Haut! Cette victime qui doit vaincre l'enfer par la vertu des souffrances et des mérites du sang de Jésus-Christ, cette victime qui marchera à la tête de mille autres victimes, n'a point été choisie parmi les princes et les rois. Né dans un rang obscur pour mieux imiter le Sauveur du monde, cet homme, aimé du ciel, descend toutefois d'illustres aïeux. En lui la religion va triompher du sang des héros païens et des sages de l'idolâtrie; en lui seront honorés par un martyre oublié de l'histoire, ces pauvres ignorés du monde, qui vont souffrir pour la loi, ces humbles confesseurs qui, ne prononçant à la mort que le nom de Jésus-Christ, laisseront leurs propres noms inconnus aux hommes. Ame de tous les projets des fidèles, soutien du prince qui renversera les autels des faux dieux, il faut encore que ce chrétien appelé ait scandalisé l'Église, et qu'il ait pleuré ses erreurs, ainsi que le premier apôtre, afin d'encourager au repentir ses frères coupables. Déjà, pour lui donner les vertus nécessaires au jour du combat, l'ange du Seigneur l'a conduit par la main chez les nations de la terre; il a vu l'Évangile s'établissant de toutes parts. Dans le cours de ses voyages, utiles aux desseins de Dieu, les démons ont tenté le nouveau prédestiné, non encore rentré dans les voies du ciel. Une grande et dernière faute, en le jetant dans un grand malheur, l'a fait sortir des ombres de la mort. Les larmes de sa pénitence ont commencé à couler; alors un solitaire, inspiré de Dieu, lui a révélé une partie de ses fins. Bientôt il sera digne de la palme qu'on lui prépare. Telle est la victime dont l'immolation désarmera le courroux du Seigneur, et replongera Lucifer dans l'abîme.

Tandis que les saints et les anges pénètrent les desseins annoncés par la parole du Très-Haut, cette même parole découvre un autre miracle de la grâce aux chœurs des femmes bienheureuses. Les païens auront aussi leur hostie ; car les chrétiens et les idolâtres vont se réunir à jamais au pied du Calvaire. Cette victime sera dérobée au troupeau innocent des vierges, afin d'expier l'impureté des mœurs païennes. Fille des beaux-arts qui séduisent les foibles mortels, elle fera passer sous le joug de la croix les charmes et le génie de la Grèce. Elle n'est point immédiatement demandée par un décret irrévocable; elle n'aura ni le mérite, ni l'éclat du premier holocauste ; mais, épouse désignée du martyr, et par lui arrachée aux temples des idoles, elle augmentera l'efficacité du principal sacrifice, en multipliant les épreuves. Dieu cependant n'abandonnera pas sans secours ses serviteurs à la rage de satan : il veut que les légions fidèles se revêtent de leurs armes, qu'elles soutiennent et consolent le chrétien persécuté ; il leur confie l'exercice de sa miséricorde, en se réservant celui de sa justice : le Christ lui-même soutiendra le confesseur dévoué au salut de tous ; et Marie prendra sous sa protection la vierge timide qui doit accroître les douleurs, les joies et la gloire du martyr.

Ces destinées de l'Église, divulguées aux élus par un seul mot du Tout-Puissant, interrompirent les concerts, et suspendirent les fonctions des anges; il se fit dans le ciel une demi-heure de silence, comme au moment redoutable où Jean vit briser le septième sceau du livre mystérieux; les milices divines, frappées du son de la parole éternelle, restoient dans un muet étonnement : ainsi, lorsque la foudre commence à gronder sur de nombreux bataillons, près de se livrer un combat furieux, le signal est suspendu : moitié dans la lumière du soleil, moitié sous l'ombre croissante, les cohortes demeurent immobiles; aucun souffle de l'air ne fait flotter les drapeaux, qui retombent affaissés sur la main qui les porte; les mèches embrasées fument inutiles auprès du bronze muet, et les guerriers, sillonnés du feu de l'éclair, écoutent en silence la voix des orages.

L'Esprit, qui garde l'étendard de la croix, élevant tout à coup la bannière triomphante, fit cesser l'immobilité des armées du Seigneur. Tout le ciel abaisse aussitôt les yeux vers la terre; Marie, du haut du firmament, laisse tomber un premier regard d'amour sur la tendre victime confiée à ses soins. Les palmes des confesseurs reverdissent dans leurs mains, l'escadron ardent ouvre ses rangs glorieux pour faire place aux époux martyrs, entre Félicité et Perpétue, entre l'illustre Étienne et les grands Machabées. Le vainqueur de l'antique dragon, Michel, prépare sa lance redoutable ; autour de lui ses immortels compagnons se couvrent de leurs cuirasses étincelantes. Les boucliers de diamant et d'or, le carquois du Seigneur, les épées flamboyantes, sont détachés des portiques éternels ; le char d'Emmanuel s'ébranle sur son essieu de foudre et d'éclairs ; les chérubins roulent leurs ailes impétueuses, et allument la fureur de leurs yeux. Le Christ redescend à la table des vieillards, qui présentent à sa bénédiction deux robes nouvellement blanchies dans le sang de l'Agneau ; le Père tout-puissant se renferme dans les profondeurs de son éternité, et l'Esprit-Saint verse tout à coup des flots d'une lumière si vive, que la création semble rentrée dans la nuit. Alors les chœurs des saints et des anges entonnent le cantique de gloire :

« Gloire à Dieu, dans les hauteurs du ciel !

« Goûtez sur la terre des jours pacifiques, vous
« qui marchez parmi les sentiers de la bonté et
« de la douceur ! Agneau de Dieu, vous effacez les
« péchés du monde ! O miracle de candeur et de
« modestie, vous permettez à des victimes sorties du
« néant de vous imiter, de se dévouer pour le salut
« des pécheurs ! Serviteurs du Christ que le monde
« persécute, ne vous troublez point à cause du bon-
« heur des méchants : ils n'ont point, il est vrai, de
« langueurs qui les traînent à la mort ; ils semblent
« ignorer les tribulations humaines ; ils portent l'or-
« gueil à leur cou comme un carcan d'or ; ils s'eni-
« vrent à des tables sacriléges ; ils rient, ils dorment,
« comme s'ils n'avoient point fait de mal ; ils meu-

« rent tranquillement sur la couche qu'ils ont ravie
« à la veuve et à l'orphelin ; mais où vont-ils ?

« L'insensé a dit dans son cœur : « Il n'y a point
« de Dieu ! » Que Dieu se lève ! que ses ennemis
« soient dissipés ! Il s'avance : les colonnes du ciel
« sont ébranlées ; le fond des eaux et les entrailles
« de la terre sont mis à nu devant le Seigneur. Un
« feu dévorant sort de sa bouche ; il prend son vol,
« monté sur les chérubins, il lance de toutes parts
« ses flèches embrasées ! Où sont-ils les enfants des
« impies ? Sept générations se sont écoulées depuis
« l'iniquité des pères, et Dieu vient visiter les en-
« fants dans sa fureur ; il vient au temps marqué
« punir un peuple coupable ; il vient réveiller les
« méchants dans leurs palais de cèdre et d'aloès, et
« confondre le fantôme de leur rapide félicité.

« Heureux celui qui, passant avec larmes dans les
« vallées, cherche Dieu comme la source des béné-
« dictions ! Heureux celui à qui les iniquités sont
« pardonnées, et qui trouve la gloire dans la péni-
« tence ! Heureux celui qui élève en silence l'édifice
« de ses bonnes œuvres, comme le temple de Salo-
« mon, où l'on n'entendoit ni les coups de la cognée,
« ni le bruit du marteau, tandis que l'ouvrier res-
« pectueux bâtissoit la maison du Seigneur. Vous
« tous qui mangez sur la terre le pain des larmes,
« répétez à la louange du Très-Haut le saint can-
« tique :

« Gloire à Dieu, dans les hauteurs du ciel ! »

6.

# LIVRE QUATRIÈME.

## SOMMAIRE.

Cyrille, la famille chrétienne, Démodocus et Cymodocée, se rassemblent dans une île au confluent du Ladon et de l'Alphée, pour entendre le fils de Lasthénès raconter ses aventures. Commencement du récit d'Eudore. Origine de la famille de Lasthénès. Elle s'oppose aux Romains lors de l'invasion de la Grèce. L'aîné de la famille de Lasthénès est obligé de se rendre en otage à Rome. La famille de Lasthénès embrasse le christianisme. Enfance d'Eudore. Il part à seize ans pour remplacer son père à Rome. Tempête. Description de l'Archipel. Arrivée d'Eudore en Italie. Description de Rome. Eudore contracte une étroite amitié avec Jérôme, Augustin et le prince Constantin, fils de Constance. Caractères de Jérôme, d'Augustin et de Constantin. Eudore est introduit à la cour. Dioclétien. Galérius. Cour de Dioclétien. Le sophiste Hiéroclès, proconsul d'Achaïe, et favori de Galérius. Inimitié d'Eudore et d'Hiéroclès. Eudore tombe dans tous les désordres de la jeunesse et oublie sa religion. Marcellin, évêque de Rome. Il menace Eudore de l'excommunier, s'il ne rentre dans le sein de l'Église. Excommunication lancée contre Eudore. Amphithéâtre de Titus. Pressentiment.

Eudore et Cymodocée, cachés dans un obscur vallon, au fond des bois de l'Arcadie, ignoroient qu'en ce moment les saints et les anges avoient les regards attachés sur eux, et que le Tout-Puissant lui-même s'occupoit de leur destinée : ainsi les pasteurs de Chanaan étoient visités par le Dieu de Nachor, au milieu des troupeaux qui paissoient à l'occident de Bethel.

Aussitôt que le gazouillement des hirondelles eut annoncé à Lasthénès le lever du jour, il se hâte de quitter sa couche, il s'enveloppe dans un manteau filé par sa diligente épouse, et doublé d'une laine amie des vieillards. Il sort précédé de deux chiens de Laconie, sa garde fidèle, et s'avance vers le lieu où devoit reposer l'évêque de Lacédémone; mais il aperçoit le saint prélat au milieu de la campagne, offrant sa prière à l'Éternel. Les chiens de Lasthénès courent vers Cyrille, et baissant la tête d'un air caressant, ils sembloient lui porter l'obéissance et le respect de leur maître. Les deux vénérables chrétiens se saluèrent avec gravité, et se promenèrent ensuite sur le penchant des monts, en s'entretenant de la sagesse antique : tel l'Arcadien Évandre conduisit Anchise aux bois de Phénée, lorsque Priam, alors heureux, vint chercher sa sœur Hésione à Salamine; ou tel le même Évandre, exilé au bord du Tibre, reçut l'illustre fils de son ancien hôte, quand la fortune eut rassasié de malheurs le monarque d'Ilion.

Démodocus ne tarda pas à paroître; il étoit suivi de Cymodocée, plus belle que la lumière naissante sur les coteaux de l'orient.

Dans le flanc de la montagne qui dominoit la demeure de Lasthénès s'ouvroit une grotte, retraite accoutumée des passereaux et des colombes : c'étoit là qu'à l'imitation des solitaires de la Thébaïde, Eudore se renfermoit pour verser les larmes de la pénitence. On voyoit suspendu au mur de cette grotte un crucifix, et au pied de ce crucifix, des armes, une couronne de chêne obtenue dans les combats, et des décorations triomphales. Eudore commençoit à sentir renaître au fond de son cœur un trouble qu'il n'avoit que trop connu. Effrayé de son nouveau péril, toute la nuit il avoit poussé des cris vers le ciel. Quand l'aurore eut dissipé les ténèbres, il lava la trace de ses pleurs dans une source pure, et se préparant à quitter sa grotte, il chercha, par la simplicité de ses vêtements, à diminuer l'éclat de sa beauté : il attache à ses pieds des brodequins gaulois formés de la peau d'une chèvre sauvage; il cache son cilice sous la tunique d'un chasseur; il jette sur ses épaules et ramène sur sa poitrine la dépouille d'une biche blanche; un pâtre cruel avoit renversé d'un coup de fronde cette reine des bois, lorsqu'elle buvoit, avec son faon, au bord de l'Achéloüs. Eudore prend dans sa main gauche deux javelots de frêne; il suspend à sa main droite une de ces couronnes de grains de corail dont les vierges martyres ornoient leurs cheveux en allant à la mort : couronnes innocentes; vous serviez ensuite à compter le nombre des prières que les cœurs simples répétoient au Seigneur! Armé contre les bêtes des forêts et contre les attaques des esprits de ténèbres, Eudore descend du haut des rochers, comme un soldat chrétien de la légion thébaine qui rentre au camp après les veilles de la nuit. Il franchit les eaux d'un torrent, et vient se joindre à la petite troupe qui l'attendoit au bas du verger. Il porte à ses lèvres le bord du manteau de Cyrille; il reçoit la bénédiction paternelle, et s'incline, en baissant les yeux, devant Démodocus et Cymodocée. Toutes les roses du matin se répandirent sur le front de la fille d'Homère. Bientôt Séphora et ses trois filles sortirent modestement du gynécée. Alors l'évêque de Lacédémone s'adressant au fils de Lasthénès :

« Eudore, dit-il, vous êtes l'objet de la curiosité de la Grèce chrétienne. Qui n'a point entendu parler de vos malheurs et de votre repentir? Je suis persuadé que vos hôtes de Messénie n'écouteront point eux-mêmes sans intérêt le récit de vos aventures. »

« Sage vieillard, dont l'habit annonce un pasteur des hommes, s'écria Démodocus, tu ne prononces pas une parole qu'elle ne soit dictée par Minerve. Il est vrai, comme mon aïeul le divin Homère, je passerois volontiers cinq et même six années à faire ou à écouter des récits. Y a-t-il rien de plus agréable que les paroles d'un homme qui a beaucoup voyagé, et qui, assis à la table de son hôte, tandis que la pluie et les vents murmurent au dehors, raconte, à l'abri de tout danger, les traverses de sa vie! J'aime à sentir mes yeux mouillés de pleurs, en vidant la coupe d'Hereule : les libations mêlées de larmes sont plus sacrées ; la peinture des maux dont Jupiter accable les enfants de la terre tempère la folle ivresse des festins, et nous fait souvenir des dieux. Et toi-même, cher Eudore, tu trouveras quelque plaisir à te rappeler les tempêtes que tu supportas avec courage : le nautonier, revenu aux champs de ses pères, contemple avec un charme secret son gouvernail et ses rames suspendues pendant l'hiver au tranquille foyer du laboureur. »

Le Ladon et l'Alphée, en se réunissant au-dessous du verger, embrassoient une île qui sembloit naître du mariage de leurs eaux : elle étoit plantée de ces vieux arbres que les peuples de l'Arcadie regardoient comme leurs aïeux. C'étoit là qu'Alcymédon coupoit autrefois le bois de hêtre dont il faisoit de si belles tasses aux bergers; c'étoit là qu'on montroit aussi la fontaine Aréthuse, et le laurier qui retenoit Daphné sous son écorce. On résolut de passer dans cette île solitaire, afin qu'Eudore ne fût point interrompu dans le récit de ses aventures. Les serviteurs de Lasthénès détachent aussitôt des rives de l'Alphée une longue nacelle, formée du seul tronc d'un pin; la famille et les étrangers s'abandonnent au cours du fleuve. Démodocus, remarquant l'adresse de ces conducteurs, disoit avec un sentiment de tristesse :

« Arcadiens, qu'est devenu le temps où les Atrides étoient obligés de vous prêter des vaisseaux pour aller à Troie, et où vous preniez la rame d'Ulysse pour le van de la blonde Cérès ? Aujourd'hui vous vous livrez sans pâlir aux fureurs de la mer immense. Hélas! le fils de Saturne veut que le danger charme les mortels, et qu'ils l'embrassent comme une idole! »

On touche bientôt à la pointe orientale de l'île, où s'élevoient deux autels à demi ruinés : l'un, sur le rivage de l'Alphée, étoit consacré à la Tempête; l'autre, au bord du Ladon, étoit dédié à la Tranquillité. La fontaine Aréthuse sortoit de terre entre ces deux autels, et s'écouloit aussitôt dans le fleuve amoureux d'elle. La troupe, impatiente d'entendre le récit d'Eudore, s'arrête dans ce lieu, et s'assied sous des peupliers dont le soleil levant doroit la cime. Après avoir demandé le secours du ciel, le jeune chrétien parla de la sorte :

« Je suis obligé, seigneurs, de vous entretenir un moment de ma naissance, parce que cette naissance est la première origine de mes malheurs. Je descends, par ma mère, de cette pieuse femme de Mégare qui enterra les os de Phocion sous son foyer, en disant : « Cher foyer, garde fidèlement les res-« tes d'un homme de bien. »

« J'eus pour ancêtre paternel Philopœmen. Vous savez qu'il osa seul s'opposer aux Romains, quand ce peuple libre ravit la liberté à la Grèce. Mon aïeul succomba dans sa noble entreprise ; mais qu'importent la mort et les revers, si notre nom, prononcé dans la postérité, va faire battre un cœur généreux deux mille ans après notre vie ?

« Notre patrie expirante, pour ne point démentir son ingratitude, fit boire du poison au dernier de ses grands hommes. Le jeune Polybe[1], au milieu d'une pompe attendrissante, transporta de Messène à Mégalopolis la dépouille de Philopœmen. On eût dit que l'urne, chargée de couronnes et couverte de bandelettes, renfermoit les cendres de la Grèce entière. Depuis ce moment, notre terre natale, comme un sol épuisé, cessa de porter des citoyens magnanimes. Elle a conservé son beau nom, mais elle ressemble à cette statue de Thémistocle, dont

[1] C'est l'historien.

les Athéniens de nos jours ont coupé la tête pour la remplacer par la tête d'un esclave.

« Le chef des Achéens ne reposa pas tranquille au fond de sa tombe : quelques années après sa mort, il fut accusé d'avoir été l'ennemi de Rome, et poursuivi criminellement devant le proconsul Mummius, destructeur de Corinthe. Polybe, protégé par Scipion Nasica, parvint à sauver de la proscription les statues de Philopœmen; mais cette délation sacrilége réveilla la jalousie des Romains contre le sang du dernier des Grecs : ils exigèrent qu'à l'avenir le fils aîné de ma famille fût envoyé à Rome dès qu'il auroit atteint l'âge de seize ans, pour y servir d'otage entre les mains du sénat.

« Accablée sous le poids du malheur, et toujours privée de son chef, ma famille abandonna Mégalopolis, et se retira tantôt au milieu de ces montagnes, tantôt dans un autre héritage que nous possédons au pied du Taygète, le long du golfe de Messénie. Paul, le sublime apôtre des gentils, apporta bientôt à Corinthe le remède contre toutes les douleurs. Lorsque le christianisme éclata dans l'empire romain, tout étoit plein d'esclaves ou de princes abattus : le monde entier demandoit des consolations ou des espérances.

« Disposée à la sagesse par les leçons de l'adversité et par la simplicité des mœurs arcadiennes, ma famille fut la première dans la Grèce à embrasser la loi de Jésus-Christ. Soumis à ce joug divin, je passai les jours de mon enfance au bord de l'Alphée et parmi les bois du Taygète. La religion tenant mon âme à l'ombre de ses ailes, l'empêchoit, comme une fleur délicate, de s'épanouir trop tôt; et prolongeant l'ignorance de mes jeunes années, elle sembloit ajouter de l'innocence à l'innocence même.

« Le moment de mon exil arriva. J'étois l'aîné de ma famille, et j'avais atteint ma seizième année; nous habitions alors nos champs de la Messénie. Mon père, dont j'allois prendre la place, avoit obtenu, par une faveur particulière, la permission de revenir en Grèce avant mon départ : il me donna sa bénédiction et ses conseils. Ma mère me conduisit au port de Phères, et m'accompagna jusqu'au vaisseau. Tandis qu'on déployoit la voile, elle levoit les mains au ciel, en offrant à Dieu son sacrifice. Son cœur se brisoit à la pensée de ces mers orageuses et de ce monde plus orageux encore que j'allois traverser, navigateur sans expérience. Déjà le navire s'avançoit dans la haute mer, et Séphora restoit encore avec moi afin d'encourager ma jeunesse, comme une colombe apprend à voler à son petit lorsqu'il sort pour la première fois du nid maternel. Mais il lui fallut me quitter; elle descendit dans l'esquif qui l'attendoit attaché au flanc de notre trirème. Long-temps elle me fit des signes du bord de la barque qui la reportoit au rivage : je poussois des cris douloureux; et, quand il me devint impossible de distinguer cette tendre mère, mes yeux cherchoient encore à découvrir le toit où j'avois été nourri, et la cime des arbres de l'héritage paternel.

« Notre navigation fut longue : à peine avions-nous passé l'île de Théganuse, qu'un vent impétueux du couchant nous obligea de fuir dans les régions de l'aurore jusqu'à l'entrée de l'Hellespont. Après sept jours d'une tempête qui nous déroba la vue de toutes les terres, nous fûmes trop heureux de nous réfugier vers l'embouchure du Simoïs, à l'abri du tombeau d'Achille. Quand la tempête fut calmée, nous voulûmes remonter à l'occident ; mais le constant zéphyr, que le Bélier céleste amène des bords de l'Hespérie, repoussa long-temps nos voiles : nous fûmes jetés tantôt sur les côtes de l'Éolide, tantôt dans les parages de la Thrace et de la Thessalie. Nous parcourûmes cet archipel de la Grèce, où l'aménité des rivages, l'éclat de la lumière, la douceur et les parfums de l'air, le disputent au charme des noms et des souvenirs. Nous vîmes tous ces promontoires marqués par des temples ou des tombeaux. Nous touchâmes à différents ports ; nous admirâmes ces cités, dont quelques-unes portent le nom d'une fleur brillante, comme la rose, la violette, l'hyacinthe, et qui, chargées de leurs peuples ainsi que d'une semence féconde, s'épanouissent au bord de la mer, sous les rayons du soleil. Quoiqu'à peine sorti de l'enfance, mon imagination étoit vive et mon cœur déjà susceptible d'émotions profondes. Il y avoit sur notre vaisseau un Grec enthousiaste de sa patrie, comme tous les Grecs. Il me nommoit les lieux que je voyois :

« Orphée entraîna les chênes de cette forêt au
« son de sa lyre ; cette montagne, dont l'ombre s'é-

« tend si loin, avoit dû servir de statue à Alexandre ;
« cette autre montagne est l'Olympe, et son vallon,
« le vallon de Tempé ; voilà Délos qui fut flottante
« au milieu des eaux ; voilà Naxos où Ariadne fut
« abandonnée ; Cécrops descendit sur cette rive,
« Platon enseigna sur la pointe de ce cap, Démos-
« thène harangua ces vagues, Phryné se baignoit
« dans ces flots lorsqu'on la prit pour Vénus ! Et
« cette patrie des dieux, des arts et de la beauté,
« s'écrioit l'Athénien en versant des pleurs de rage,
« est en proie aux barbares ! »

« Son désespoir redoubla lorsque nous traversâmes le golfe de Mégare. Devant nous étoit Égine,
à droite le Pyrée, à gauche Corinthe. Ces villes,
jadis si florissantes, n'offroient que des monceaux
de ruines. Les matelots même parurent touchés de
ce spectacle. La foule accourue sur le pont gardoit
le silence : chacun tenoit ses regards attachés à ces
débris ; chacun en tiroit peut-être secrètement une
consolation dans ses maux, en songeant combien
nos propres douleurs sont peu de chose, comparées
à ces calamités qui frappent des nations entières,
et qui avoient étendu sous nos yeux les cadavres de
ces cités.

« Cette leçon sembloit au-dessus de ma raison
naissante : cependant je l'entendis ; mais d'autres
jeunes gens qui se trouvoient avec moi sur le vaisseau y furent insensibles. D'où venoit cette diffé-
rence ? de nos religions : ils étoient païens, j'étois
chrétien. Le paganisme, qui développe les passions
avant l'âge, retarde les progrès de la raison ; le

christianisme, qui prolonge au contraire l'enfance du cœur, hâte la virilité de l'esprit. Dès les premiers jours de la vie, il nous entretient de pensées graves ; il respecte, jusque dans les langes, la dignité de l'homme ; il nous traite, même au berceau, comme des êtres sérieux et sublimes, puisqu'il reconnoît un ange dans l'enfant que la mère porte encore à sa mamelle. Mes jeunes compagnons n'avoient entendu parler que des métamorphoses de Jupiter, et ils ne comprirent rien aux débris qu'ils avoient sous les yeux ; moi je m'étois déjà assis avec le prophète sur les ruines des villes désolées, et Babylone m'enseignoit Corinthe.

« Je dois toutefois marquer ici une séduction qui fut mon premier pas vers l'abîme ; et comme il arrive presque toujours, le piége où je me trouvai pris n'avoit rien en apparence que de très innocent. Tandis que nous méditions sur les révolutions des empires, nous vîmes tout à coup sortir une théorie du milieu de ces débris. O riant génie de la Grèce, qu'aucun malheur ne peut étouffer, ni peut-être aucune leçon instruire ! C'étoit une députation des Athéniens aux fêtes de Délos. Le vaisseau déliaque, couvert de fleurs et de bandelettes, étoit orné des statues des dieux ; les voiles blanches, teintes de pourpre par les rayons de l'aurore, s'enfloient aux haleines des zéphyrs, et les rames dorées fendoient le cristal des mers. Des théores penchés sur les flots répandoient des parfums et des libations ; des vierges exécutoient sur la proue du vaisseau la danse des malheurs de Latone, tandis que des adolescents chantoient en chœur les vers de Pindare et de Simonide. Mon imagination fut enchantée par ce spectacle, qui fuyoit comme un nuage du matin, ou comme le char d'une divinité sur les ailes des vents. Ce fut ainsi que, pour la première fois, j'assistai à une cérémonie païenne sans horreur.

« Enfin, nous revîmes les montagnes du Péloponèse, et je saluai de loin ma terre natale. Les côtes de l'Italie ne tardèrent pas à s'élever du sein des flots. De nouvelles émotions m'attendoient à Brindes. En mettant le pied sur cette terre d'où partent les décrets qui gouvernent le monde, je fus frappé d'un air de grandeur qui m'étoit jusqu'alors inconnu. Aux élégants édifices de la Grèce succédoient des monuments plus vastes, marqués de l'empreinte d'un autre génie. Ma surprise alloit toujours croissant, à mesure que je m'avançois sur la voie Appienne. Ce chemin, pavé de larges quartiers de roche, semble être fait pour résister au passage du genre humain : à travers les monts de l'Apulie, le long du golfe de Naples, au milieu des paysages d'Anxur, d'Albe et de la campagne romaine, il présente une avenue de plus de trois cents milles de longueur, bordée de temples, de palais et de tombeaux, et vient se terminer à la ville éternelle, métropole de l'univers et digne de l'être. A la vue de tant de prodiges, je tombai dans une sorte d'ivresse que je n'avois pu ni prévoir ni soupçonner.

« Ce fut en vain que les amis de mon père, auxquels j'étois recommandé, voulurent d'abord m'arracher à mon enchantement. J'errois sans cesse du Forum au Capitole, du quartier de Carènes au Champ-de-Mars ; je courois au théâtre de Germanicus, au môle d'Adrien, au cirque de Néron, au Panthéon d'Agrippa ; et pendant ces courses d'une curiosité dangereuse, l'humble Église des chrétiens étoit oubliée.

Je ne pouvois me lasser de voir le mouvement d'un peuple composé de tous les peuples de la terre, et la marche de ces troupes romaines, gauloises, germaniques, grecques, africaines, chacune différemment armée et vêtue. Un vieux Sabin passoit, avec ses sandales d'écorce de bouleau, auprès d'un sénateur couvert de pourpre ; la litière d'un consulaire étoit arrêtée par le char d'une courtisane ; les grands bœufs du Clytume traînoient au Forum l'antique chariot du Volsque ; l'équipage de chasse d'un chevalier romain embarrassoit la voie Sacrée ; des prêtres couroient encenser leurs dieux, et des rhéteurs ouvrir leurs écoles.

« Que de fois j'ai visité ces thermes ornés de bibliothèques, ces palais, les uns déjà croulants, les autres à moitié démolis pour servir à construire d'autres édifices ! la grandeur de l'horizon romain se mariant aux grandes lignes de l'architecture romaine ; ces aquéducs qui, comme des rayons aboutissants à un même centre, amènent les eaux au peuple-roi sur des arcs de triomphe ; le bruit sans fin des fontaines ; ces innombrables statues qui ressemblent à un peuple immobile au milieu d'un peuple agité; ces monuments de tous les âges et de tous les pays, ces travaux des rois, des consuls, des Césars, ces obélisques ravis à l'Égypte, ces tombeaux enlevés à la Grèce ; je ne sais quelle beauté dans la lumière, les vapeurs et le dessin des montagnes ; la rudesse même du cours du Tibre; les troupeaux de cavales demi-sauvages qui viennent s'abreuver dans ses eaux ; cette campagne que le citoyen de Rome dédaigne maintenant de cultiver, se réservant à déclarer chaque année aux nations esclaves quelle partie de la terre aura l'honneur de le nourrir : que vous dirai-je enfin ? Tout porte à Rome l'empreinte de la domination et de la durée : j'ai vu la carte de la Ville éternelle tracée sur des rochers de marbre au Capitole, afin que son image même ne pût s'effacer.

« Oh! qu'elle a bien connu le cœur humain, cette religion qui cherche à nous maintenir dans la paix, et qui sait donner des bornes à notre curiosité, comme à nos affections sur la terre! Cette vivacité d'imagination, à laquelle je m'abandonnai d'abord, fut la première cause de ma perte. Quand, enfin, je rentrai dans le cours ordinaire de mes occupations, je sentis que j'avois perdu le goût des choses graves, et j'enviai le sort des jeunes païens, qui pouvoient se livrer sans remords à tous les plaisirs de leur âge.

« Le rhéteur Eumènes tenoit à Rome une chaire d'éloquence, qu'il a transportée depuis dans les Gaules. Il avoit étudié dans son enfance sous le fils du plus célèbre disciple de Quintilien ; et tout ce qu'il y avoit de jeunes gens illustres fréquentoit alors son école. Je suivis les leçons de ce maître habile, et je ne tardai pas à former des liaisons avec les compagnons de mes études. Trois d'entre eux surtout s'attachèrent à moi par une agréable et sincère amitié : Augustin, Jérôme et le prince Constantin, fils du César Constance.

« Jérôme, issu d'une noble famille pannonienne, annonça de bonne heure les plus beaux talents, mais les passions les plus vives. Son imagination impétueuse ne lui laissait pas un moment de repos. Il passoit des excès de l'étude à ceux des plaisirs avec une facilité inconcevable. Irascible, inquiet, pardonnant difficilement une offense, d'un génie barbare ou sublime, il semble destiné à devenir l'exemple des plus grands désordres, ou le modèle des plus austères vertus : il faut à cette âme ardente Rome ou le désert.

« Un hameau du proconsulat de Carthage fut le berceau de mon second ami. Augustin est le plus aimable des hommes. Son caractère, aussi passionné que celui de Jérôme, a toutefois une douceur charmante, parce qu'il est tempéré par un penchant naturel à la contemplation : on pourroit cependant reprocher au jeune Augustin l'abus de l'esprit ; l'extrême tendresse de son âme le jette aussi quelquefois dans l'exaltation. Une foule de mots heureux, de sentiments profonds, revêtus d'images brillantes, lui échappent sans cesse. Né sous le soleil africain, il a trouvé dans les femmes, ainsi que Jérôme, l'écueil de ses vertus et la source de ses erreurs. Sensible jusqu'à l'excès au charme de l'éloquence, il n'attend peut-être qu'un orateur inspiré pour s'attacher à la vraie religion : si jamais Augustin entre dans le sein de l'Église, ce sera le Platon des chrétiens.

« Constantin, fils d'un César illustre, annonce lui-même toutes les qualités d'un grand homme. Avec la force de l'âme, il a ces beaux dehors, si utiles aux princes, et qui rehaussent l'éclat des belles actions. Hélène, sa mère, eut le bonheur de naître sous la loi de Jésus-Christ; et Constantin, à l'exemple de son père, montre un penchant secret vers cette loi divine. A travers une extrême douceur, on voit percer chez lui un caractère héroïque, et je ne sais quoi de merveilleux que le ciel imprime aux hommes destinés à changer la face du monde. Heureux s'il ne se laisse pas emporter à ces éclats de colère, si terribles dans les caractères habituellement modérés! Ah! combien les princes sont à plaindre d'être si promptement obéis! Combien il faut avoir pour eux d'indulgence! Songeons toujours que nous voyons l'effet de leurs premiers mouvements, et que Dieu, pour leur apprendre à veiller sur leurs passions, ne leur laisse pas un moment entre la pensée et l'exécution d'un dessein coupable.

« Tels furent les trois amis avec lesquels je passois mes jours à Rome. Constantin étoit, ainsi que moi, une espèce d'otage entre les mains de Dioclétien. Cette conformité de position, encore plus que celle de l'âge, décida du penchant du jeune prince en ma faveur : rien ne prépare deux âmes à l'amitié comme la ressemblance des destinées, surtout quand ces destinées ne sont pas heureuses. Constantin voulut devenir l'instrument de ma fortune, et il m'introduisit à la cour.

« Lorsque j'arrivai à Rome, le pouvoir tombé aux mains de Dioclétien étoit partagé comme nous le voyons aujourd'hui : l'empereur s'étoit associé Maximien, sous le titre d'Auguste, et Galérius et Constance sous celui de César. Le monde ainsi divisé entre quatre chefs ne reconnoissoit pourtant qu'un maître.

« C'est ici, seigneurs, que je dois vous peindre cette cour, dont vous avez le bonheur de vivre éloignés. Puissiez-vous n'entendre jamais gronder ses orages ! Puissent vos jours inconnus couler obscurément comme ces fleuves au fond de cette vallée ! Mais, hélas ! une vie cachée ne nous sauve pas toujours de la puissance des princes ! Le tourbillon qui déracine le rocher enlève aussi le grain de sable ; souvent un roi avec son sceptre meurtrit une tête ignorée. Puisque rien ne peut mettre à l'abri des coups qui descendent du trône, il est utile et sage de connoître la main par laquelle nous pouvons être frappés.

« Dioclétien, qui s'appeloit autrefois Dioclès, reçut le jour à Diocléa, petite ville de Dalmatie. Dans sa jeunesse il porta les armes sous Probus, et devint un général habile. Il occupa sous Carin et Numérien la place importante du comte des Domestici, et il fut lui-même successeur de Numérien, dont il avoit vengé la mort.

«Aussitôt que les légions d'Orient eurent élevé Dioclétien à l'empire, il marcha contre Carinus, frère de Numérien, qui régnoit en Occident : il remporta sur lui une victoire, et par cette victoire il resta seul maître du monde.

«Dioclétien a d'éminentes qualités. Son esprit est vaste, puissant, hardi; mais son caractère, trop souvent foible, ne soutient pas le poids de son génie : tout ce qu'il fait de grand et de petit découle de l'une ou de l'autre de ces deux sources. Ainsi l'on remarque dans sa vie les actions les plus opposées : tantôt c'est un prince plein de fermeté, de lumière et de courage, qui brave la mort, qui connoît la dignité de son rang, qui force Galérius à suivre à pied le char impérial comme le dernier des soldats; tantôt c'est un homme timide, qui tremble devant ce même Galérius, qui flotte irrésolu entre mille projets, qui s'abandonne aux superstitions les plus déplorables, et qui ne se soustrait aux frayeurs du tombeau qu'en se faisant donner les titres impies de Dieu et d'Eternité. Réglé dans ses mœurs, patient dans ses entreprises, sans plaisirs et sans illusions, ne croyant point aux vertus, n'attendant rien de la reconnaissance, on verra peut-être ce chef de l'empire se dépouiller un jour de la pourpre, par mépris pour les hommes, et afin d'apprendre à la terre qu'il étoit aussi facile à Dioclétien de descendre du trône que d'y monter.

«Soit foiblesse, soit nécessité, soit calcul, Dioclétien a voulu partager sa puissance avec Maximien, Constance et Galérius. Par une politique dont il se repentira peut-être, il a pris soin que ces princes fussent inférieurs à lui, et qu'ils servissent seulement à rehausser son mérite. Constance seul lui donnoit quelque ombrage, à cause de ses vertus. Il l'a relégué loin de la cour au fond des Gaules, et il a gardé près de lui Galérius. Je ne vous parlerai point de Maximien-Auguste, guerrier assez brave, mais prince ignorant et grossier, qui n'a aucune influence à la cour. Je passe à Galérius.

« Né dans les huttes des Daces, ce gardeur de troupeaux a nourri dès sa jeunesse, sous la ceinture du chevrier, une ambition effrénée. Tel est le malheur d'un État où les lois n'ont point fixé la succession au pouvoir : tous les cœurs sont enflés des plus vastes désirs ; il n'est personne qui ne puisse prétendre à l'empire ; et comme l'ambition ne suppose pas toujours le talent, pour un homme de génie qui s'élève, vous avez vingt tyrans médiocres qui fatiguent le monde.

« Galérius semble porter sur son front la marque ou plutôt la flétrissure de ses vices : c'est une espèce de géant dont la voix est effrayante et le regard horrible. Les pâles descendants des Romains croient se venger des frayeurs que leur inspire ce César, en lui donnant le surnom d'Armentarius. Comme un homme qui fut affamé la moitié de sa vie, Galérius passe les jours à table, et prolonge dans les ténèbres de la nuit de basses et crapuleuses orgies. Au milieu de ces saturnales de la grandeur, il fait tous ses efforts pour déguiser sa première nudité sous l'effronterie de son luxe ; mais plus il s'enveloppe dans les replis de la robe de César, plus on aperçoit le sayon du berger.

« Outre la soif insatiable du pouvoir et l'esprit de cruauté et de violence, Galérius apporte encore à la cour une autre disposition bien propre à troubler l'empire : c'est une fureur aveugle contre les chrétiens. La mère de ce César, paysanne grossière et superstitieuse, offroit souvent dans son hameau des sacrifices aux divinités des montagnes. Indignée que les disciples de l'Évangile refusassent de partager son idolâtrie, elle avoit inspiré à son fils l'aversion qu'elle sentoit pour les fidèles. Galérius a déjà poussé le foible et barbare Maximien à persécuter l'Église ; mais il n'a pu vaincre encore la sage modération de l'empereur. Dioclétien nous estime au fond de l'âme ; il sait que nous composons aujourd'hui la meilleure partie des soldats de son armée ; il compte sur notre parole quand nous l'avons une fois donnée ; il nous a même rapprochés de sa personne : Dorothée, premier officier de son palais, est un chrétien remarquable par ses vertus. Vous verrez bientôt que l'impératrice Prisca, et sa fille la princesse Valérie, ont embrassé secrètement la loi du Sauveur. Reconnaissants des bontés de Dioclétien, et vivement touchés de la confiance qu'il leur accorde, les fidèles forment autour de lui une barrière presque insurmontable. Galérius le sait, et sa rage en est plus animée ; car il voit que pour atteindre à l'empereur, dont l'ingrat envie peut-être la puissance, il faut perdre auparavant les adorateurs du vrai Dieu.

« Tels sont les deux princes qui, comme les génies du bien et du mal, répandent la prospérité ou la désolation dans l'empire, selon que l'un ou l'autre cède ou remporte la victoire. Comment Dioclétien, si habile dans la connoissance des hommes, a-t-il choisi un pareil César? C'est ce qu'on ne peut expliquer que par les arrêts de cette Providence qui rend vaines les pensées des princes, et dissipe les conseils des nations.

« Heureux Galérius s'il se fût renfermé dans l'enceinte des camps, et qu'il n'eût jamais entendu que les accents des soldats, le cri des dangers et la voix de la gloire ! Il n'auroit point rencontré au milieu des armes ces lâches courtisans qui se font une étude d'allumer le vice et d'éteindre la vertu. Il ne se fût point abandonné aux conseils d'un favori perfide qui ne cesse de le pousser au mal. Ce favori appartient, seigneurs, à une classe d'hommes que je dois vous faire connoître, parce qu'elle influera nécessairement sur les événements de ce siècle et sur le sort des chrétiens.

« Rome vieillie et dépravée nourrit dans son sein un troupeau de sophistes, Porphire, Jamblique, Libanius, Maxime, dont les mœurs et les opinions seroient un objet de risée, si nos folies n'étoient trop souvent le commencement de nos crimes. Ces disciples d'une science vaine attaquent les chrétiens, vantent la retraite, célèbrent la médiocrité, vivent aux pieds des grands, et demandent de l'or. Ceux-ci s'occupent sérieusement d'une ville à bâtir, toute peuplée de sages, qui, soumis aux lois de

Platon, couleront doucement leurs jours en amis et en frères; ceux-là rêvent profondément des secrets de la nature cachés sous les symboles égyptiens : les uns voient tout dans la pensée, les autres cherchent tout dans la matière; d'autres prêchent la république dans le sein de la monarchie : ils prétendent qu'il faut renverser la société, afin de la reconstruire sur un plan nouveau; d'autres, à l'imitation des fidèles, veulent enseigner la morale au peuple : ils rassemblent la foule dans les temples et au coin des rues, et vendent, sur des tréteaux, une vertu que ne soutiennent point les œuvres et les mœurs. Divisés pour le bien, réunis pour le mal, gonflés de vanité, se croyant des génies sublimes, au-dessus des doctrines vulgaires, il n'y a point d'insignes folies, d'idées bizarres, de systèmes monstrueux, que ces sophistes n'enfantent chaque jour. Hiéroclès marche à leur tête, et il est digne, en effet, de conduire un tel bataillon.

« Ce favori de Galérius, vous le savez trop, seigneurs, gouverne aujourd'hui l'Achaïe : c'est un de ces hommes que les révolutions introduisent au conseil des grands, et qui leur deviennent utiles par une sorte de talent pour les affaires communes, par une facilité peu désirable à parler promptement sur tous les sujets. Grec d'origine, on soupçonne Hiéroclès d'avoir été chrétien dans sa jeunesse; mais l'orgueil des lettres humaines ayant corrompu son esprit, il s'est jeté dans les sectes philosophiques. On ne reconnoît plus en lui de traces de sa religion première, si ce n'est à l'espèce de délire et de rage où le plonge le seul nom du Dieu qu'il a quitté. Il a pris la langue hypocrite et les affectations de l'école de la fausse sagesse. Les mots de liberté, de vertu, de science et de progrès des lumières, de bonheur du genre humain, sortent sans cesse de sa bouche; mais ce Brutus est un bas courtisan, ce Caton est dévoré de passions honteuses, cet apôtre de la tolérance est le plus intolérant des mortels, et cet adorateur de l'humanité est un sanglant persécuteur. Constantin le hait, Dioclétien le craint et le méprise, mais il a gagné la confiance intime de Galérius; il n'a d'autre rival auprès de ce prince que Publius, préfet de Rome. Hiéroclès essaie d'empoisonner l'esprit du malheureux César : il présente au monde le spectacle hideux d'un prétendu sage qui corrompt, au nom des lumières, un homme qui règne sur les hommes.

« Jérôme, Augustin et moi, nous avions rencontré Hiéroclès à l'école d'Eumènes. Son ton sentencieux et décisif, son air d'importance et d'orgueil, le rendoient odieux à notre simplicité et à notre franchise. Sa personne même semble repousser l'affection et la confiance : son front étroit et comprimé annonce l'obstination et l'esprit de système; ses yeux faux ont quelque chose d'inquiet comme ceux d'une bête sauvage; son regard est à la fois timide et féroce; ses lèvres épaisses sont presque toujours entr'ouvertes par un sourire vif et cruel; ses cheveux rares et inflexibles, qui pendent en désordre, semblent n'appartenir en rien à cette chevelure que Dieu jeta comme un voile sur les épaules du jeune homme, et comme une couronne sur la tête du vieillard. Je ne sais quoi de cynique et de honteux respire dans tous les traits du sophiste : on voit que ses ignobles mains porteroient mal l'épée du soldat, mais qu'elles tiendroient aisément la plume de l'athée ou le fer du bourreau.

« Telle est la laideur de l'homme, quand il est, pour ainsi dire, resté seul avec son corps, et qu'il renonce à son âme.

« Une offense que je reçus d'Hiéroclès, et que je repoussai de manière à le couvrir de confusion aux yeux de toute la cour, alluma contre moi dans son cœur une haine implacable. Il ne pouvoit, d'ailleurs, me pardonner la bienveillance de Dioclétien et l'amitié du fils de Constance. L'amour-propre blessé, l'envie excitée, ne lui laissèrent pas un moment de repos qu'il n'eût trouvé l'occasion de me perdre, et cette occasion ne tarda pas à se présenter.

« Hélas ! j'étois pourtant bien peu digne d'envie ! trois ans passés à Rome dans les désordres de la jeunesse avoient suffi pour me faire presque entièrement oublier ma religion. J'en vins même à cette indifférence qu'on a tant de peine à guérir, et qui laisse moins de ressources que le crime. Toutefois les lettres de Séphora, et les remontrances des amis de mon père, troubloient souvent ma fausse sécurité.

« Parmi les hommes qui conservoient à Lasthénès un fidèle souvenir, étoit Marcellin, évêque de Rome et chef de l'Église universelle. Il habitoit le cimetière des chrétiens, de l'autre côté du Tibre, dans un lieu désert, au tombeau de saint Pierre et de saint Paul. Sa demeure, composée de deux cellules, étoit appuyée contre le mur de la chapelle du cimetière. Une sonnette suspendue à l'entrée de l'asile du repos, annonçoit à Marcellin l'arrivée des vivants ou des morts. On voyoit à sa porte, qu'il ouvroit lui-même aux voyageurs, les bâtons et les sandales des évêques qui venoient de toutes les parties de la terre lui rendre compte du troupeau de Jésus-Christ. Là se rencontroient et Paphnuce de la haute Thébaïde, qui chassoit les démons par sa parole; et Spyridion de l'île de Chypre, qui gardoit les moutons et faisoit des miracles, et Jacques de Nisibe, qui reçut le don de prophétie; et Osius, confesseur de Cordoue; et Archéloüs de Caschares, qui confondit Manès; et Jean, qui répandit dans la Perse la lumière de la foi; et Frumentius, qui fonda l'Église d'Éthiopie; et Théophile, qui revenoit de sa mission des Indes; et cette chrétienne esclave, qui, dans sa captivité, convertit la nation entière des Ibériens. La salle du conseil de Marcellin étoit une allée de vieux ifs qui régnoit le long du cimetière. C'étoit là qu'en se promenant avec les évêques, il conféroit des besoins de l'Église. Étouffer les hérésies de Donat, de Novatien, d'Arius, publier des canons, assembler des conciles, bâtir des hôpitaux, racheter des esclaves, secourir les pauvres, les orphelins, les étrangers, envoyer des apôtres aux Barbares, tel étoit l'objet des puissants entretiens de ces pasteurs. Souvent, au milieu des ténèbres, Marcellin, veillant seul pour le salut de tous, descendoit de sa cellule au tombeau des saints apôtres. Prosterné sur les reliques, il prioit la nuit entière, et ne se relevoit qu'aux premiers rayons du jour. Alors, découvrant sa tête chenue, posant à terre sa tiare de laine blanche, le pontife ignoré étendoit ses mains pacifiques, et bénissoit la ville et le monde.

« Lorsque je passois de la cour de Dioclétien à cette cour chrétienne, je ne pouvois m'empêcher d'être frappé d'une chose étonnante. Au milieu de cette pauvreté évangélique, je retrouvois les traditions du palais d'Auguste et de Mécènes, une politesse antique, un enjouement grave, une élocution simple et noble, une instruction variée, un goût sain, un jugement solide. On eût dit que cette obscure demeure étoit destinée par le ciel à devenir le berceau d'une autre Rome et l'unique asile des arts, des lettres et de la civilisation.

« Marcellin essayoit tous les moyens de me ramener à Dieu. Quelquefois, au soleil couchant, il me conduisoit sur les bords du Tibre ou dans les jardins de Salluste. Il m'entretenoit de la religion, et cherchoit à m'éclairer sur mes fautes avec une bonté paternelle. Mais les mensonges de la jeunesse m'ôtoient le goût de la vérité. Loin de profiter de ces promenades salutaires, je redemandois secrètement les platanes de Fronton, le portique de Pompée, ou celui de Livie rempli d'antiques tableaux ; et, puisqu'il le faut avouer à ma confusion éternelle, je regrettois les temples d'Isis et de Cybèle, les fêtes d'Adonis, le cirque, les théâtres, lieux d'où la pudeur s'est depuis long-temps envolée aux accents de la muse d'Ovide. Après avoir inutilement tenté près de moi les admonitions charitables, Marcellin employa les mesures sévères : « Je serai forcé, me disoit-il souvent, de vous séparer de la communion des fidèles, si vous continuez à vivre éloigné des sacrements de Jésus-Christ. »

« Je n'écoutai point ses conseils, je ris de ses menaces ; ma vie devint un objet de scandale public : le pontife fut enfin obligé de lancer ses foudres.

« J'étois allé chez Marcellin ; je sonne à la grille du cimetière : les deux battants de la grille se séparent et s'écartent l'un de l'autre en gémissant sur leurs gonds. J'aperçois le pontife debout, à l'entrée de la chapelle ouverte. Il tenoit à la main un livre redoutable, image du livre scellé des sept sceaux que l'Agneau seul peut briser. Des diacres, des prêtres, des évêques, en silence, immobiles, étoient rangés sur les tombeaux environnants, comme des justes ressuscités pour assister au jugement de Dieu. Les yeux de Marcellin lançoient des flammes. Ce n'étoit plus le bon pasteur qui rapporte au bercail la brebis égarée, c'étoit Moïse dénonçant la sentence mortelle à l'infidèle adorateur du veau d'or ; c'étoit Jésus-Christ chassant les profanateurs du temple. Je veux avancer ; un exorcisme me barre le chemin. Au même moment, les évêques étendent les bras et élèvent la main contre moi en détournant la tête ; alors le pontife, d'une voix terrible :

« Qu'il soit anathème, celui qui souille par ses « mœurs la pureté du nom chrétien ! qu'il soit ana- « thème, celui qui n'approche plus de l'autel du vrai

« Dieu ! qu'il soit anathème. celui qui voit avec
« indifférence l'abomination de l'idolâtrie ! »

« Tous les évêques s'écrient :

« Anathème ! »

« Aussitôt Marcellin entre dans l'église : la porte
sainte est fermée devant moi. La foule des élus
se disperse en évitant ma rencontre; je parle, on
ne me répond pas : on me fuit comme un homme
attaqué d'un mal contagieux. Ainsi qu'Adam banni
du paradis terrestre, je me trouve seul dans un
monde couvert de ronces et d'épines, et maudit
à cause de ma chute.

« Saisi d'une espèce de vertige, je monte en
désordre sur mon char; je pousse au hasard mes
coursiers, je rentre dans Rome, je m'égare, et,
après de longs détours, j'arrive à l'amphithéâtre
de Vespasien. Là j'arrête mes chevaux écumants.
Je descends du char; je m'approche de la fontaine où les gladiateurs qui survivent se désal-
tèrent après le combat : je voulois aussi rafraîchir
ma bouche brûlante. Il y avoit eu la veille des jeux
donnés par Aglaé[1], riche et célèbre Romaine; mais
dans ce moment ces abominables lieux étoient déserts. La victime innocente que mes crimes ont
derechef immolée me poursuit du haut du ciel.
Nouveau Caïn, agité et vagabond, j'entre dans l'amphithéâtre; je m'enfonce dans les galeries obscures
et solitaires. Nul bruit ne s'y faisoit entendre, hors
celui de quelques oiseaux effrayés qui frappoient

[1] Sainte Aglaé.

les voûtes de leurs ailes. Après avoir parcouru les divers étages, je me repose, un peu calmé, sur un siége au premier rang. Je veux oublier, par la vue de cet édifice païen, et la proscription divine, et la religion de mes pères. Vains efforts! Là même un Dieu vengeur se présente à mon souvenir. Je songe tout à coup que cet édifice est l'ouvrage d'une nation dispersée, selon la parole de Jésus-Christ. Étonnante destinée des enfants de Jacob! Israël, captif de Pharaon, éleva les palais de l'Égypte; Israël, captif de Vespasien, bâtit ce monument de la puissance romaine! Il faut que ce peuple, même au milieu de toutes ses misères, ait la main dans toutes les grandeurs.

« Tandis que je m'abandonnois à ces réflexions, les bêtes féroces, enfermées dans les loges souterraines de l'amphithéâtre, se mirent à rugir : je tressaillis; et jetant les yeux sur l'arène, j'aperçus encore le sang des infortunés déchirés dans les derniers jeux. Un grand trouble me saisit : je me figure que je suis exposé au milieu de cette arène, réduit à la nécessité de périr sous la dent des lions, ou de renier le Dieu qui est mort pour moi; je me dis : « Tu n'es « plus chrétien, mais si tu le redevenois un jour, que « ferois-tu ? »

« Je me lève, je me précipite hors de l'édifice; je remonte sur mon char; je regagne ma demeure. Toute la nuit la terrible question de ma conscience retentit au fond de mon sein. Aujourd'hui même, cette scène se retrace souvent à ma mémoire, comme si j'y trouvois quelque avertissement du ciel. »

Après avoir prononcé ces mots, Eudore cesse tout à coup de parler. Les yeux fixes, l'air ému, il paroît frappé d'une vision surnaturelle. L'assemblée surprise garde le silence, et l'on n'entend plus que le murmure du Ladon et de l'Alphée, qui baignent le double rivage de l'île. La mère d'Eudore, effrayée, se lève. Le jeune chrétien, revenu à lui-même, s'empresse de calmer les inquiétudes maternelles en reprenant ainsi son discours.

# LIVRE CINQUIÈME.

## SOMMAIRE.

Suite du récit. La cour va passer l'été à Baïes. Naples. Maison d'Aglaé. Promenades d'Eudore, d'Augustin et de Jérôme. Leur entretien au tombeau de Scipion. Thraséas, ermite du Vésuve. Son histoire. Séparation des trois amis. Eudore retourne à Rome avec la cour. Les catacombes. Aventure de l'impératrice Prisca et de la princesse Valérie sa fille. Eudore, banni de la cour, est envoyé en exil à l'armée de Constance. Il quitte Rome, il traverse l'Italie et les Gaules. Il arrive à Agrippina sur les bords du Rhin. Il trouve l'armée romaine prête à porter la guerre chez les Francs. Il sert comme simple soldat parmi les archers crétois, qui composent, avec les Gaulois, l'avant-garde de l'armée de Constance.

« L'IMPRESSION que laissa dans mon esprit ce jour fatal, à présent si vive et si profonde, fut alors promptement effacée. Mes jeunes amis m'entourèrent; ils se moquèrent de mes terreurs et de mes remords; ils rioient des anathèmes d'un obscur pontife sans crédit et sans pouvoir.

« La cour, qui dans ce moment se transporta de Rome à Baïes, en m'arrachant du théâtre de mes erreurs, m'enleva au souvenir de leur châtiment; et me croyant perdu sans retour auprès des chrétiens, je ne songeai qu'à m'abandonner aux plaisirs.

« Je compterois, seigneurs, parmi les beaux jours de ma vie l'été que je passai près de Naples, avec Augustin et Jérôme, s'il pouvoit y avoir de beaux jours dans l'oubli de Dieu et les mensonges des passions.

« La cour étoit pompeuse et brillante : tous les princes, amis ou enfants des Césars, s'y trouvoient rassemblés. On y voyoit Licinius[1] et Sévère[2], compagnons d'armes de Galérius; Daïa[3], nouvellement sorti de ses bois, et neveu du même César; Maxence[4], fils de Maximien Auguste. Mais Constantin préféroit notre société à celle de ces princes jaloux de sa vertu, de sa valeur, de sa haute renommée, et publiquement ou secrètement ses ennemis.

« Nous fréquentions surtout à Naples le palais d'Aglaé, dame romaine dont je vous ai déjà prononcé le nom. Elle étoit de race de sénateurs, et fille du proconsul Arsace. Ses richesses étoient immenses. Soixante-treize intendants gouvernoient son bien, et elle avoit donné trois fois les jeux publics à ses dépens. Sa beauté égaloit ses talents et ses grâces; elle réunissoit autour d'elle tout ce qui conservoit encore l'élégance des manières et le goût des lettres et des arts. Heureuse si, dans la décadence de Rome, elle eût mieux aimé devenir une seconde Cornélie, que de rappeler le souvenir des femmes trop célèbres chantées par Ovide, Properce et Tibulle!

---

[1] Devenu Auguste à la mort de Sévère.

[2] César à l'abdication de Dioclétien, et Auguste à la mort de Constance.

[3] César à l'abdication de Dioclétien.

[4] Le tyran qui prit la pourpre, et que Constantin vainquit aux portes de Rome.

« Sébastien [1] et Pacôme [2], centurions dans les gardes de Constantin ; Génès [3], acteur fameux, héritier des talents de Roscius ; Boniface [4], premier intendant du palais d'Aglaé, et peut-être trop cher à sa maîtresse, embellissoient de leur esprit et de leur gaîté les fêtes de la voluptueuse Romaine. Mais Boniface, homme abandonné aux délices, avoit trois qualités excellentes : l'hospitalité, la libéralité, la compassion. En sortant des orgies et des festins, il alloit par les places secourir les voyageurs, les étrangers et les pauvres. Aglaé elle-même, au milieu de ses désordres, portoit un grand respect aux fidèles, et une foi simple aux reliques des martyrs. Génès, ennemi déclaré des chrétiens, la railloit de sa foiblesse.

— « Eh bien, disoit-elle, j'ai aussi mes superstitions. Je crois à la vertu des cendres d'un chrétien mort pour son Dieu, et je veux que Boniface m'aille chercher des reliques. »

— « Illustre patronne, répondoit en riant Boniface, je prendrai de l'or et des parfums. J'irai chercher des reliques de martyrs ; je vous les apporterai : mais si mes propres reliques vous viennent sous le nom de martyr, recevez-les. »

« Nous passions une partie des nuits au milieu de cette compagnie séduisante et dangereuse ; j'habitois avec Augustin et Jérôme la ville de Constantin,

---

[1] Le martyr militaire, surnommé le Défenseur de l'Église romaine.

[2] Le solitaire de la Thébaïde, qui porta d'abord les armes sous Constantin.

[3] Le martyr. [4] *Idem.*

bâtie sur le penchant du mont Pausilippe. Chaque matin, aussitôt que l'aurore commençoit à paroître, je me rendois sous un portique qui s'étendoit le long de la mer. Le soleil se levoit devant moi sur le Vésuve : il illuminoit de ses feux les plus doux la chaîne des montagnes de Salerne, l'azur de la mer parsemée des voiles blanches des pêcheurs, les îles de Caprée, d'OEnaria et de Prochyta [1], la mer, le cap Misène, et Baïes avec tous ses enchantements.

« Des fleurs et des fruits humides de rosée sont moins suaves et moins frais que le paysage de Naples sortant des ombres de la nuit. J'étois toujours surpris en arrivant au portique de me trouver au bord de la mer ; car les vagues dans cet endroit faisoient à peine entendre le léger murmure d'une fontaine. En extase devant ce tableau, je m'appuyois contre une colonne, et, sans pensée, sans désir, sans projet, je restois des heures entières à respirer un air délicieux. Le charme étoit si profond, qu'il me sembloit que cet air divin transformoit ma propre substance, et qu'avec un plaisir indicible je m'élevois vers le firmament comme un pur esprit. Dieu tout-puissant ! que j'étois loin d'être cette intelligence céleste dégagée des chaînes des passions ! Combien ce corps grossier m'attachoit à la poussière du monde, et que j'étois misérable d'être si sensible aux charmes de la création, et de penser si peu au Créateur ! Ah ! tandis que, libre en apparence, je croyois nager dans la lumière, quelque chrétien chargé de fers, et plongé pour la foi

[1] Ischia et Procida.

dans les cachots, étoit celui qui abandonnoit véritablement la terre, et montoit glorieux dans les rayons du soleil éternel!

« Hélas! nous poursuivions nos faux plaisirs. Attendre ou chercher une beauté coupable, la voir s'avancer dans une nacelle, et nous sourire du milieu des flots, voguer avec elle sur la mer dont nous semions la surface de fleurs, suivre l'enchanteresse au fond de ce bois de myrtes et dans les champs heureux où Virgile plaça l'Élysée : telle étoit l'occupation de nos jours, source intarissable de larmes et de repentir. Peut-être est-il des climats dangereux à la vertu par leur extrême volupté. Et n'est-ce point ce que voulut enseigner une fable ingénieuse, en racontant que Parthénope fut bâtie sur le tombeau d'une sirène? L'éclat velouté de la campagne, la tiède température de l'air, les contours arrondis des montagnes, les molles inflexions des fleuves et des vallées, sont à Naples autant de séductions pour les sens, que tout repose, et que rien ne blesse. Le Napolitain demi-nu, content de se sentir vivre sous les influences d'un ciel propice, refuse de travailler aussitôt qu'il a gagné l'obole qui suffit au pain du jour. Il passe la moitié de sa vie, immobile aux rayons du soleil, et l'autre à se faire traîner dans un char, en poussant des cris de joie ; la nuit il se jette sur les marches d'un temple, et dort sans souci de l'avenir aux pieds des statues de ses dieux.

« Pourriez-vous croire, seigneurs, que nous étions assez insensés pour envier le sort de ces hommes, et que cette vie sans prévoyance et sans lendemain nous sembloit le comble du bonheur ! C'étoit souvent l'objet de nos entretiens, lorsque, pour éviter les ardeurs du midi, nous nous retirions dans la partie du palais bâtie sous la mer. Couchés sur des lits d'ivoire, nous entendions murmurer les vagues au-dessus de nos têtes. Si quelque orage nous surprenoit au fond de ces retraites, les esclaves allumoient des lampes pleines du nard le plus précieux d'Arabie. Alors entroient de jeunes Napolitaines qui portoient des roses de Pœstum dans des vases de Nola ; tandis que les flots mugissoient au dehors, elles chantoient, en formant devant nous des danses tranquilles qui me rappeloient les mœurs de la Grèce : ainsi se réalisoient pour nous les fictions des poëtes ; on eût cru voir les jeux des néréides dans la grotte de Neptune.

« Aussitôt que le soleil, se retirant vers le tombeau de la nourrice d'Énée, mettoit une partie du golfe de Naples à l'ombre du mont Pausilippe, les trois amis se séparoient. Jérôme, qu'entraînoit l'amour de l'étude, alloit consulter le rivage où Pline fut la victime du même amour, interroger les cendres d'Herculanum, chercher la cause des bruits menaçants de la solfatare. Augustin, un *Virgile* à la main, parcouroit les bords que chanta ce poëte immortel, le lac Averne, la grotte de la Sibylle, l'Achéron, le Styx, l'Élysée ; il se plaisoit surtout à relire les malheurs de Didon, au tombeau du tendre et beau génie qui raconta la touchante histoire de cette reine infortunée.

« Plein de la noble ardeur de s'instruire, le prince

Constantin m'invitoit à le suivre aux monuments consacrés par les souvenirs de l'histoire. Nous faisions dans un esquif le tour du golfe de Baïes : nous retrouvions les ruines de la maison de Cicéron, nous reconnoissions le lieu du naufrage d'Agrippine, la plage où elle se sauva, le palais où son fils attendoit le succès du parricide, et plus loin la demeure où cette mère tendit aux meurtriers les flancs qui avoient porté Néron. Nous visitions à Caprée les souterrains témoins de la honte de Tibère. « Ah! qu'on est malheureux, disoit Constantin, d'être le maître de l'univers, et d'être forcé, par la conscience de ses crimes, à s'exiler soi-même sur ce rocher! »

« Des sentiments si généreux dans l'héritier de Constance, et peut-être de l'empire romain, me rendoient plus cher le prince protecteur et compagnon de ma jeunesse. Aussi ne laissois-je échapper aucune occasion de réveiller les idées ambitieuses au fond de son cœur; car l'ambition de Constantin me semble être l'espérance du monde.

« Un bain voluptueux nous attendoit après ces courses. Aglaé nous offroit au milieu de ses jardins un repas long et délicat. Le banquet du soir étoit préparé sur une terrasse au bord de la mer, parmi des orangers en fleurs. La lune nous prêtoit son flambeau; elle paroissoit sans voile au milieu des astres comme une reine au milieu de sa cour; sa vive clarté faisoit pâlir la flamme qui brille au sommet du Vésuve, et, peignant d'azur la fumée rougie du volcan, elle dessinoit un arc-en-ciel dans la nuit. Le beau phénomène, la face du paisible luminaire, les côtes de Surrentum [1], de Pompéia et d'Héraclée [2], se réfléchissoient dans les vagues, et l'on entendoit au loin, sur la mer, la chanson du pêcheur napolitain.

« Nous remplissions alors nos coupes d'un vin exquis trouvé dans les celliers d'Horace, et nous buvions aux trois sœurs de l'Amour, filles de la Puissance et de la Beauté. Le front couronné d'ache toujours verte, et de roses qui durent si peu, nous nous excitions à jouir de la vie par la considération de sa brièveté :

« Il faudra quitter cette terre, cette maison ché-
« rie, cette maîtresse adorée. De tous les arbres
« plantés de nos mains, nul, hormis l'odieux cyprès,
« ne suivra dans la tombe son maître d'un jour. »

« Nous chantions ensuite sur la lyre nos passions criminelles :

« Loin d'ici, bandelettes sacrées, ornements de
« la pudeur, et vous, longues robes, qui cachez les
« pieds des vierges, je veux célébrer les larcins et
« les heureux dons de Vénus ! Qu'un autre traverse
« les mers, qu'il amasse les trésors de l'Hermus et
« du Gange, ou qu'il cherche de vains honneurs
« dans les périls de la guerre ; pour moi, je mets
« toute ma renommée à vivre esclave de la beauté
« qui m'enchante. Que j'aime le séjour des champs,
« les prés émaillés, le bords des fleuves ! Qui me
« laissera passer ma vie sans gloire au fond des fo-

---

[1] Sorrente.
[2] Ou Herculanum.

« rêts ? Quel plaisir de suivre Délie dans nos cam-
« pagnes, de lui porter dans mes bras l'agneau qui
« vient de naître! Si pendant la nuit les vents ébran-
« lent ma chaumière, si la pluie tombe en torrent
« sur mon toit.... »

« Mais pourquoi, seigneurs, continuerois-je à
vous peindre le désordre de trois insensés ? Ah!
parlons plutôt des dégoûts attachés à ces choses si
vides de bonheur! Ne croyez pas que nous fussions
heureux au milieu de ces voluptés trompeuses. Une
inquiétude indéfinissable nous tourmentoit. Notre
bonheur eût été d'être aimés aussi bien que d'aimer ; car on veut trouver la vie dans ce qu'on aime.
Mais, au lieu de vérité et de paix dans nos ten-
dresses, nous ne rencontrions qu'imposture, larmes, jalousie, indifférence. Tour à tour infidèles ou
trahis, la femme que nous devions bientôt aimer
devoit être celle que nous aimerions toujours. Il
manquoit à l'autre certaine grâce du corps ou de
l'âme, qui avoit empêché notre attachement d'être
durable. Et quand nous avions trouvé l'idéal objet
de nos songes, notre cœur se lassoit de nouveau,
nos yeux s'ouvroient sur des défauts inattendus,
et bientôt nous étions réduits à regretter notre
première victime. Tant de sentiments incomplets
ne nous laissoient que des images confuses, qui
troubloient nos plaisirs du moment, en ramenant
au milieu de nos jouissances une foule de souvenirs qui les combattoient. C'est ainsi qu'au milieu
de nos félicités nous n'étions que misère, parce
que nous avions abandonné ces pensées vertueuses

qui sont la vraie nourriture de l'homme, et cette beauté céleste qui peut seule combler l'immensité de nos désirs.

« La bonté de la Providence fit tout à coup briller un éclair de la grâce au milieu des ténèbres de nos âmes : le ciel permit que la première pensée de religion nous vînt de l'excès même de nos plaisirs, tant les voies de Dieu sont inexplicables !

« Un jour, errant aux environs de Baïes, nous nous trouvâmes auprès de Literne[1]. Le tombeau de Scipion l'Africain frappa tout à coup nos regards : nous approchâmes avec respect. Le monument s'élève au bord de la mer. Une tempête a renversé la statue qui le couronnoit. On lit encore cette inscription sur la table du sarcophage :

« INGRATE PATRIE, TU N'AURAS PAS MES OS. »

« Nos yeux s'humectèrent de larmes au souvenir de la vertu et de l'exil du vainqueur d'Annibal. La grossièreté même du sépulcre, si frappante auprès des superbes mausolées de tant d'hommes inconnus qui couvrent l'Italie, servoit à redoubler notre attendrissement. Nous n'osâmes pas nous reposer sur le tombeau même, mais nous nous assîmes à sa base, gardant un religieux silence, comme si nous eussions été au pied de l'autel. Après quelques moments de méditation, Jérôme éleva la voix et nous dit :

« Amis, les cendres du plus grand des Romains

---

[1] Patria.

me font vivement sentir notre petitesse et l'inutilité d'une vie dont je commence à être accablé. Je sens qu'il me manque quelque chose. Depuis longtemps je ne sais quel instinct voyageur me poursuit : vingt fois le jour, je suis prêt à vous dire adieu, à porter mes pas errants sur la terre. Le principe de cette inquiétude ne seroit-il point dans le vide de nos désirs? La vie entière de Scipion nous accuse. Ne versez-vous pas des pleurs d'admiration, ne sentez-vous pas qu'il est un bonheur différent de celui que nous cherchons, quand vous voyez l'Africain rendre une épouse à son époux, quand Cicéron vous peint ce grand homme parmi les esprits célestes, montrant à l'Émilien, dans un songe, qu'il existe une autre vie où la vertu est couronnée? »

— « Jérôme, répondit Augustin, vous avez fait ma propre histoire : comme vous, je suis tourmenté d'un mal dont j'ignore la cause; je n'ai pas toutefois, comme vous, le besoin de m'agiter : je ne soupire au contraire qu'après le repos, et je voudrois, à l'exemple de Scipion, placer mes jours dans la suprême région de la tranquillité. Une langueur secrète me consume; je ne sais de quel côté chercher le bonheur; plus je considère la vie, moins je m'y attache. Ah! s'il étoit quelque vérité cachée, s'il existoit quelque part une fontaine d'amour inépuisable, intarissable, sans cesse renouvelée, où l'on pût se plonger tout entier; Scipion, si ton songe n'étoit pas une erreur divine... »

— « Avec quel transport, s'écria impétueusement

Jérôme, je m'élancerois vers cette source ! Rivage du Jourdain, grotte de Bethléem, vous me verriez bientôt au nombre de vos anachorètes ! O montagnes de la Judée, l'avenir ne pourroit plus séparer l'idée de vos déserts et de ma pénitence ! »

« Jérôme prononça ces mots avec une véhémence qui nous surprit. Sa poitrine se soulevoit ; il étoit comme un cerf altéré qui désire l'eau des fontaines.

— « Votre confession, ô mes amis, dis-je alors, a cela d'étrange qu'elle est aussi la mienne. Mais je réunis en moi seul les deux plaies qui vous tourmentent, l'instinct voyageur, et la soif du repos. Quelquefois ce mal bizarre me fait tourner les yeux avec regret vers la religion de mon enfance. »

— « Ma mère, qui est chrétienne, reprit Augustin, m'a souvent entretenu de la beauté de son culte, où je trouverois, disoit-elle, le bonheur de ma vie. Hélas ! cette tendre mère habite de l'autre côté de ces flots ; peut-être qu'en ce moment elle les contemple du rivage opposé, en songeant à son fils ! »

« Augustin avoit à peine achevé de prononcer ces mots, qu'un homme vêtu de la robe des philosophes d'Epictète sortit du tombeau de Scipion. Il paroissoit être dans l'âge mûr, mais plus près de la jeunesse que de la vieillesse. Un air de gaîté angélique étoit répandu sur son visage ; on eût dit que ses lèvres ne pouvoient s'ouvrir que pour prononcer les choses les plus aimables.

— « Jeunes seigneurs, dit-il en se hâtant de nous

tirer de notre surprise, me le pardonnerez-vous ? J'étois assis dans ce monument lorsque vous êtes arrivés, et j'ai entendu malgré moi vos discours. Puisque je sais maintenant votre histoire, je veux vous raconter la mienne; elle pourra vous être utile peut-être y trouverez-vous un remède aux maux dont vous vous plaignez. »

« Sans attendre notre réponse, l'étranger, avec une noble familiarité, prit place au milieu de nous, et parla de la sorte :

— « Je suis le solitaire chrétien du Vésuve, dont
« vous pouvez avoir entendu parler, puisque je suis
« l'unique habitant du sommet de cette montagne.
« Je viens quelquefois visiter le tombeau de l'Afri-
« cain ; en voici la raison : lorsque ce grand homme,
« retiré à Literne, se consoloit par la vertu de l'in-
« justice de sa patrie, des pirates descendirent sur
« ce rivage; ils attaquèrent la maison de l'illustre
« exilé, sans savoir quel en étoit le possesseur. Déjà
« ils avoient escaladé les murs, quand des esclaves
« accourus au bruit se mirent en devoir de défendre
« leur maître. « Comment, s'écrient-ils, vous osez
« violer la maison de Scipion ! » A ce nom, les pi-
« rates, saisis de respect, jetèrent leurs armes; et,
« demandant pour toute grâce qu'il leur fût permis
« de contempler le vainqueur d'Annibal, ils se reti-
« rèrent pleins d'admiration après l'avoir vu.

« Thraséas, mon aïeul, d'une noble famille de
« Sicyone, se trouvoit avec ces pirates. Enlevé par
« eux dans son enfance, il avoit été contraint de
« servir sur leurs vaisseaux. Il se cacha dans la

« maison de Scipion ; et quand les pirates se furent
« éloignés, il se jeta aux pieds de son hôte, et lui
« conta son aventure. L'Africain, touché de son
« sort, le renvoya dans sa patrie; mais les parents
« de Thraséas étoient morts pendant sa captivité,
« et leur fortune avoit été dissipée. Mon aïeul re-
« vint trouver son libérateur, qui lui donna une
« petite terre auprès de sa maison de campagne, et
« le maria à la fille d'un pauvre chevalier romain.
« Je suis descendu de cette famille : vous voyez que
« j'ai une raison légitime d'honorer le tombeau de
« Scipion.

« Ma jeunesse fut orageuse. J'essayai de tout, et
« je me dégoûtai de tout. J'étois éloquent, je fus
« célèbre, et je me dis : Qu'est-ce que cette gloire
« des lettres, disputée pendant la vie, incertaine
« après la mort, et que l'on partage souvent avec
« la médiocrité et le vice ? Je fus ambitieux, j'oc-
« cupai un poste éminent, et je me dis : Cela va-
« loit-il la peine de quitter une vie paisible, et ce
« que je trouve remplace-t-il ce que je perds ? Il en
« fut ainsi du reste. Rassasié des plaisirs de mon
« âge, je ne voyois rien de mieux dans l'avenir, et
« mon imagination ardente me privoit encore du
« peu que je possédois. Jeunes seigneurs, c'est un
« grand mal pour l'homme d'arriver trop tôt au
« bout de ses désirs, et de parcourir dans quelques
« années les illusions d'une longue vie.

« Un jour, plein des plus sombres pensées, je
« traversois un quartier de Rome peu fréquenté des
« grands, mais habité par un peuple pauvre et nom-

« breux. Un édifice d'un caractère grave et d'une
« construction singulière frappa mes regards. Sous
« le portique, plusieurs hommes debout et immo-
« biles paroissoient plongés dans la méditation.

« Tandis que je cherchois à deviner quel pouvoit
« être ce monument, je vis passer à mes côtés un
« homme originaire de la Grèce, comme moi na-
« turalisé Romain. C'étoit un descendant de Persée,
« dernier roi de Macédoine. Ses aïeux, après avoir
« été traînés au char de Paul-Émile, devinrent sim-
« ples greffiers à Rome. On m'avoit jadis fait re-
« marquer au coin de la rue Sacrée, sous un chétif
« abri, cette grande dérision de la fortune : j'avois
« causé quelquefois avec Perséus. Je l'arrêtai donc
« pour lui demander à quel usage étoit destiné le
« monument que je considérois. — C'est, me ré-
« pondit-il, le lieu où je viens oublier le trône
« d'Alexandre : je suis chrétien. Perséus franchit les
« marches du portique, passa au milieu des caté-
« chumènes, et pénétra dans l'enceinte du temple.
« Je l'y suivis plein d'émotion.

« Les mêmes disproportions qui régnoient au
« dehors de l'édifice se faisoient remarquer au de-
« dans ; mais ces défauts étoient rachetés par le style
« hardi des voûtes et l'effet religieux de leurs om-
« bres. Au lieu du sang des victimes et des orgies
« qui souillent l'autel des faux dieux, la pureté et le
« recueillement sembloient veiller au tabernacle des
« chrétiens. A peine le silence de l'assemblée étoit-
« il interrompu par la voix innocente de quelques
« enfants que des mères portoient dans leurs bras.

« La nuit approchoit ; la lumière des lampes luttoit
« avec celle du crépuscule, répandue dans la nef
« et le sanctuaire. Des chrétiens prioient de toutes
« parts à des autels retirés : on respiroit encore
« l'encens des cérémonies qui venoient de finir, et
« l'odeur de la cire parfumée des flambeaux que
« l'on venoit d'éteindre.

« Un prêtre, portant un livre et une lampe, sortit
« d'un lieu secret, et monta dans une chaire élevée.
« On entendit le bruit de l'assemblée qui se mettoit
« à genoux. Le prêtre lut d'abord quelques oraisons
« sacrées ; puis il récita une prière à laquelle les
« chrétiens répondoient à demi-voix de toutes les
« parties de l'édifice. Ces réponses uniformes, re-
« venant à des intervalles égaux, avoient quelque
« chose de touchant, surtout lorsqu'on faisoit at-
« tention aux paroles du pasteur et à la condition
« du troupeau.

« Consolation des affligés, disoit le prêtre, res-
« source des infirmes... »

« Et tous les chrétiens persécutés, achevant le
« sens suspendu, ajoutoient :

« Priez pour nous ! Priez pour nous ! »

« Dans cette longue énumération des infirmités
« humaines, chacun, reconnoissant sa tribulation
« particulière, appliquoit à ses propres besoins
« quelques-uns de ces cris vers le ciel. Mon tour
« ne tarda pas à venir. J'entendis le lévite prononcer
« distinctement ces paroles :

« Providence de Dieu, repos du cœur, calme dans
« la tempête... »

« Il s'arrêta : mes yeux se remplirent de larmes ;
« il me sembla que les regards se fixoient sur moi,
« et que la foule charitable s'écrioit :

« Priez pour lui ! Priez pour lui ! »

« Le prêtre descendit de la chaire, et l'assemblée
« se retira. Touché jusques au fond du cœur, j'allai
« trouver Marcellin, pontife suprême de cette reli-
« gion qui console de tout : je lui racontai les peines
« de ma vie : il m'instruisit des vérités de son culte :
« je me suis fait chrétien, et depuis ce moment mes
« chagrins se sont évanouis. »

« L'histoire de l'anachorète, et l'aimable ingénuité de ce philosophe chrétien nous charmèrent. Nous lui fîmes plusieurs questions auxquelles il répondit avec une parfaite sincérité. Nous ne nous lassions point de l'entendre. Sa voix avoit une harmonie qui remuoit doucement les entrailles. Une éloquence fleurie, et pourtant d'un goût simple, découloit naturellement de ses lèvres ; il donnoit aux moindres choses un tour antique qui nous ravissoit : il se répétoit comme les anciens ; mais cette répétition, qui eût été un défaut chez un autre, devenoit, je ne sais comment, la grâce même de ses discours. Vous l'eussiez pris pour un de ces législateurs de la Grèce qui donnoient jadis des lois aux hommes en chantant sur une lyre d'or la beauté de la vertu et la toute-puissance des dieux.

« Son départ mit un terme à cet entretien dans lequel trois jeunes hommes sans religion avoient conclu que la religion étoit le seul remède à leurs maux. Ce fut, sans doute, la tombe de l'Africain qui nous inspira cette pensée : les cendres d'un grand homme persécuté élèvent les sentiments vers le ciel. Nous quittâmes à regret le village de Literne; nous nous embrassâmes : un secret pressentiment attristoit nos cœurs; nous avions l'air de nous dire un dernier adieu. De retour à Naples, nos plaisirs ne nous offrirent plus le même attrait. Sébastien et Pacôme alloient partir pour l'armée; Génès et Boniface sembloient avoir perdu leur gaîté; Aglaé paroissoit mélancolique et comme troublée de remords. La cour quitta Baïes : Jérôme et Augustin retournèrent à Rome, et je suivis Constantin à son palais de Tibur. Ce fut là que je reçus une lettre d'Augustin. Il me marquoit que, vaincu par les larmes de sa mère, il l'alloit rejoindre à Carthage; que Jérôme se préparoit à visiter les Gaules, la Pannonie et les déserts habités par les solitaires chrétiens.

« Je ne sais, ajoutoit Augustin en finissant sa
« lettre, si nous nous reverrons jamais. Hélas! mon
« ami, telle est la vie : elle est pleine de courtes joies
« et de longues douleurs, de liaisons commencées et
« rompues! Par une étrange fatalité, ces liaisons ne
« sont jamais faites à l'heure où elles pourroient
« devenir durables : on rencontre l'ami avec qui
« l'on voudroit passer ses jours au moment où le
« sort va le fixer loin de nous; on découvre le cœur
« que l'on cherchoit, la veille du jour où ce cœur
« va cesser de battre. Mille choses, mille accidents
« séparent les hommes qui s'aiment pendant la vie;
« puis vient cette séparation de la mort, qui ren-

« verse tous nos projets. Vous souvenez-vous de ce
« que nous disions un jour, en regardant le golfe de
« Naples? Nous comparions la vie à un port de mer,
« où l'on voit aborder et d'où l'on voit sortir des
« hommes de tous les langages et de tous les pays.
« Le rivage retentit des cris de ceux qui arrivent et
« de ceux qui partent : les uns versent des larmes de
« joie en recevant des amis; les autres, en se quit-
« tant, se disent un éternel adieu; car une fois sorti
« du port de la vie, on n'y rentre plus. Supportons
« donc, sans trop nous plaindre, mon cher Eudore,
« une séparation que les années auroient nécessaire-
« ment produite, et à laquelle l'absence ne nous eût
« pas préparés. »

Comme Eudore alloit continuer son récit, les serviteurs de Lasthénès revinrent avec le repas du matin : ils déposèrent sur le gazon du blé nouveau, légèrement grillé dans l'épi, des glands de phagus, et des laitages qui portoient encore l'empreinte des corbeilles. Les cœurs étoient diversement agités : Cyrille admiroit, mais sans en rien montrer au dehors, le jeune homme qui, comme le roi-prophète, crioit du fond de l'abîme :

« Seigneur, ayez pitié de moi, selon les grandeurs
« de votre miséricorde. »

Démodocus n'avoit presque rien compris au récit d'Eudore : il ne trouvoit là ni Polyphème, ni Circé, ni enchantements, ni naufrages ; et, dans cette harmonie nouvelle, il avoit à peine reconnu quelques sons de la lyre d'Homère. Cymodocée, au contraire, avoit merveilleusement entendu le fils de Lasthénès; mais elle ne savoit pourquoi elle se sentoit si triste en pensant qu'Eudore avoit beaucoup aimé, et qu'il se repentoit d'avoir aimé. Penchée sur le sein de son père, elle lui disoit tout bas :

« Mon père, je pleure comme si j'étois chrétienne ! »

Le repas fini, Démodocus prit la parole :

« Fils de Lasthénès, ton récit m'enchante, bien que je n'en comprenne pas toute la sagesse. Il me semble que le langage des chrétiens est une espèce de poésie de la raison, dont Minerve ne m'a donné aucune intelligence. Achève de raconter ton histoire : si quelqu'un verse ici des larmes en l'écoutant, cela ne doit pas t'arrêter, car on a déjà vu de pareils exemples. Lorsqu'un fils d'Apollon chantoit les malheurs de Troie à la table d'Alcinoüs, il y avoit un étranger qui enveloppoit sa tête dans son manteau, et qui pleuroit. Laissons donc s'attendrir ma Cymodocée : Jupiter a confié à la pitié le cœur de la jeunesse. Nous autres vieillards, accablés du fardeau de Saturne, si nous avons pour nous la paix et la justice, nous sommes privés de cette compassion et de ces sentiments délicats, ornement des beaux jours de la vie. Les dieux ont fait la vieillesse semblable à ces sceptres héréditaires qui, passant du père au fils chez une antique race, paroissent tout chargés de la majesté des siècles, mais qui ne se couvrent plus de fleurs depuis qu'ils se sont desséchés loin du tronc maternel. »

Eudore reprit ainsi son discours :

« Privé de mes amis, Rome ne m'offrit plus qu'une

vaste solitude. L'inquiétude régnoit à la cour : Maximien avoit été obligé de se transporter de Milan en Pannonie, menacée d'une invasion des Carpiens et des Goths; les Francs s'étoient emparés de la Batavie, défendue par Constance; en Afrique, les Quinquegentiens, peuple nouveau, venoient tout à coup de paroître en armes; on disoit que Dioclétien lui-même passeroit en Égypte, où la révolte du tyran Achillée demandoit sa présence; enfin, Galérius se disposoit à partir pour aller combattre Narsès. Cette guerre des Parthes effrayoit surtout le vieil empereur, qui se souvenoit du sort de Valérien. Galérius, se prévalant du besoin que l'empire avoit de son bras, et toujours livré aux inspirations d'Hiéroclès, cherchoit à s'emparer entièrement de l'esprit de Dioclétien; il ne craignoit plus de laisser éclater sa jalousie contre Constance, dont le mérite et la belle naissance l'importunoient. Constantin se trouvoit naturellement enveloppé dans cette jalousie; et moi, comme l'ami de ce jeune prince, comme le plus foible, et comme l'objet particulier de l'inimitié d'Hiéroclès, je portois tout le poids de la haine de Galérius.

« Un jour, tandis que Constantin assistoit aux délibérations du sénat, j'étois allé visiter la fontaine Égérie. La nuit me surprit : pour regagner la voie Appienne, je me dirigeai sur le tombeau de Cécilia Métella, chef-d'œuvre de grandeur et d'élégance. En traversant des champs abandonnés, j'aperçus plusieurs personnes qui se glissoient dans l'ombre, et qui toutes, s'arrêtant au même endroit, disparoissoient subitement. Poussé par la curiosité, je m'avance, et j'entre hardiment dans la caverne où s'étoient plongés les mystérieux fantômes : je vis s'allonger devant moi des galeries souterraines, qu'à peine éclairoient, de loin à loin, quelques lampes suspendues. Les murs des corridors funèbres étoient bordés d'un triple rang de cercueils placés les uns au-dessus des autres. La lumière lugubre des lampes, rampant sur les parois des voûtes, et se mouvant avec lenteur le long des sépulcres, répandoit une mobilité effrayante sur ces objets éternellement immobiles. En vain, prêtant une oreille attentive, je cherche à saisir quelques sons pour me diriger à travers un abîme de silence, je n'entends que le battement de mon cœur dans le repos absolu de ces lieux. Je voulus retourner en arrière, mais il n'étoit plus temps : je pris une fausse route, et au lieu de sortir du dédale, je m'y enfonçai. De nouvelles avenues, qui s'ouvrent et se croisent de toutes parts, augmentent à chaque instant mes perplexités. Plus je m'efforce de trouver un chemin, plus je m'égare; tantôt je m'avance avec lenteur, tantôt je passe avec vitesse : alors, par un effet des échos, qui répétoient le bruit de mes pas, je crois entendre marcher précipitamment derrière moi.

« Il y avoit déjà long-temps que j'errois ainsi; mes forces commençoient à s'épuiser : je m'assis à un carrefour solitaire de la cité des morts. Je regardois avec inquiétude la lumière des lampes presque consumées qui menaçoient de s'éteindre.

Tout à coup une harmonie, semblable au chœur lointain des esprits célestes sort du fond de ces demeures sépulcrales : ces divins accents expiroient et renaissoient tour à tour; ils sembloient s'adoucir encore en s'égarant dans les routes tortueuses du souterrain. Je me lève, et je m'avance vers les lieux d'où s'échappent ces magiques concerts : je découvre une salle illuminée. Sur un tombeau paré de fleurs, Marcellin célébroit le mystère des chrétiens : des jeunes filles, couvertes de voiles blancs, chantoient au pied de l'autel; une nombreuse assemblée assistoit au sacrifice. Je reconnois les catacombes[1]! Un mélange de honte, de repentir, de ravissement, s'empare de mon âme. Nouvelle surprise! Je crois voir l'impératrice et sa fille, entre Dorothée et Sébastien, à genoux au milieu de la foule. Jamais spectacle plus miraculeux n'a frappé l'œil d'un mortel; jamais Dieu ne fut plus dignement adoré, et ne manifesta plus ouvertement sa grandeur. O puissance d'une religion qui contraint l'épouse d'un empereur romain de quitter furtivement la couche impériale comme une femme adultère, pour courir au rendez-vous des infortunés, pour venir chercher Jésus-Christ à l'autel d'un obscur martyr, parmi des tombeaux et des hommes proscrits ou méprisés! Tandis que je m'abandonne à ces réflexions, un diacre se penche à l'oreille du pontife, dit quelques mots, fait une signe : soudain les chants cessent, les lampes s'éteignent, la brillante vision disparoît. Emporté par les flots du

[1] Les catacombes de Saint-Sébastien.

peuple saint, je me trouve à l'entrée des catacombes.

« Cette aventure fit prendre un cours nouveau à ma destinée. Sans avoir rien à me reprocher, je fus accusé de toutes parts : ainsi nos fautes ne sont pas toujours immédiatement punies; mais, afin de nous rendre le châtiment plus sensible, Dieu nous fait échouer dans quelque entreprise raisonnable, ou nous livre à l'injustice des hommes.

« J'ignorois que l'impératrice Prisca et sa fille Valérie étoient chrétiennes : les fidèles m'avoient caché cette importante victoire, à cause de mon impiété. Les deux princesses, craignant la fureur de Galérius, n'osoient paroître à l'église : elles venoient prier la nuit aux catacombes, accompagnées du vertueux Dorothée. Le hasard me conduisit au sanctuaire des morts : les prêtres qui m'y découvrirent crurent qu'un sacrilége exclu des lieux saints n'y pouvoit être descendu que dans la vue de pénétrer un secret qu'il importoit à l'Église de cacher. Ils éteignirent les lampes, afin de me dérober la vue de l'impératrice, que j'avois eu toutefois le temps de reconnoître.

« Galérius faisoit surveiller l'impératrice, dont on soupçonnoit le penchant à la nouvelle religion. Des émissaires, envoyés par Hiéroclès, avoient suivi les princesses jusqu'aux catacombes, d'où ils me virent sortir avec elles. Le sophiste n'eut pas plus tôt entendu le rapport des espions, qu'il courut en instruire Galérius : Galérius vole chez Dioclétien.

« Eh bien! s'écria-t-il, vous n'avez jamais voulu croire ce qui se passe sous vos yeux : l'impératrice et votre fille Valérie sont chrétiennes! Cette nuit même elles se sont rendues à la caverne que la secte impie souille de ses exécrables mystères. Et savez-vous quel est le guide de ces princesses? C'est ce Grec sorti d'une race rebelle au peuple romain, ce traître qui, pour mieux masquer ses projets, feint d'avoir abandonné la religion des séditieux, qu'il sert en secret, ce perfide qui ne cesse d'empoisonner l'esprit du prince Constantin. Reconnoissez un vaste complot dirigé contre vous par les chrétiens, et dans lequel on cherche à faire entrer votre famille même. Ordonnez que l'on saisisse Eudore, et que la force des tourments lui arrache l'aveu de ses crimes, et le nom de ses complices.

« Il le faut avouer, les apparences me condamnoient. En horreur à tous les partis, je passois parmi les chrétiens pour un apostat et pour un traître. Hiéroclès, qui les voyoit dans cette erreur, disoit hautement que j'avois dénoncé l'impératrice. Les païens, de l'autre côté, me regardoient comme l'apôtre de ma religion, et le corrupteur de la famille impériale. Quand je passois dans les salles du palais, je voyois les courtisans sourire d'un air de mépris; les plus vils étoient les plus sévères : le peuple même me poursuivoit dans les rues avec des insultes ou des menaces. Enfin, ma position devint si pénible, que, sans l'amitié de Constantin, je crois que j'aurois attenté à ma vie. Mais ce généreux prince ne m'abandonna point dans mon malheur; il se déclara hautement mon ami; il affecta de se montrer avec moi en public; il me défendit courageusement contre César devant Auguste, et publia partout que j'étois victime de la jalousie d'un sophiste attaché à Galérius.

« Rome et la cour n'étoient occupées que de cette affaire, qui, compromettant les chrétiens et le nom de l'impératrice, sembloit de la plus haute importance. On attendoit avec anxiété la décision de l'empereur; mais il n'étoit pas dans le caractère de Dioclétien de prendre une résolution violente. Le vieil empereur eut recours à un moyen qui peint admirablement son génie politique. Il déclara tout à coup que les bruits répandus dans Rome n'étoient qu'un mensonge; que les princesses n'étoient pas sorties du palais la nuit même où on prétendoit les avoir vues aux catacombes; que Prisca et Valérie, loin d'être chrétiennes, venoient de sacrifier aux dieux de l'empire; qu'enfin il puniroit sévèrement les auteurs de ces faux rapports, et qu'il défendoit de parler plus long-temps d'une histoire aussi ridicule que scandaleuse.

« Mais, comme il falloit bien qu'un seul fût sacrifié pour tous, selon l'usage des cours, je reçus ordre de quitter Rome, et de me rendre à l'armée de Constance, campée sur les bords du Rhin.

« Je me préparai à passer dans les Gaules, content d'embrasser le parti des armes et d'abandonner une vie incompatible avec mon caractère. Cependant, telle est la force de l'habitude, et peut-être le charme attaché à des lieux célèbres, que je ne pus quitter Rome sans quelques regrets. Je partis au milieu de la nuit, après avoir reçu les derniers embrassements de Constantin. Je traversai des rues désertes, je passai au pied de la maison abandonnée que j'avois naguère habitée avec Augustin et Jérôme. Sur le Forum tout étoit silencieux et solitaire : les nombreux monuments qui le couvrent, les Rostres, le temple de la Paix, ceux de Jupiter Stator et de la Fortune, les arcs de Titus et de Sévère se dessinoient à demi dans les ombres, comme les ruines d'une ville puissante dont le peuple auroit depuis long-temps disparu. Quand je fus à quelque distance de Rome, je tournai la tête : j'aperçus, à la clarté des étoiles, le Tibre qui s'enfonçoit parmi les monuments confus de la cité, et j'entrevis le faîte du Capitole qui sembloit s'incliner sous le poids des dépouilles du monde.

« La voie Cassia, qui me conduisoit vers l'Étrurie, perd bientôt le peu de monuments dont elle est ornée, et, passant entre une antique forêt et le lac de Volsinium, elle pénètre dans des montagnes noires, couvertes de nuages et toujours infestées de brigands. Un mont de qui le sommet est planté de roches aiguës, un torrent qui se replie vingt-deux fois sur lui-même, et déchire son lit en s'écoulant, forment de ce côté la barrière de l'Étrurie. A la grandeur de la campagne romaine succèdent ensuite des vallons étroits et des monticules tapissés de bruyères, dont la pâle verdure se confond avec celle des oliviers. J'abandonnai les Apennins pour descendre dans la Gaule Cisalpine. Le ciel devint d'un bleu plus pur, et je cherchai vainement sur les montagnes cette espèce de pluie de lumière qui enveloppe les monts de la Grèce et de la haute Italie. J'aperçus de loin la cime blanchie des Alpes; je gravis bientôt leurs vastes flancs. Tout ce qui vient de la nature dans ces montagnes me parut grand et indestructible; tout ce qui appartient à l'homme me sembla fragile et misérable : d'une part, des arbres centenaires, des cascades qui tombent depuis des siècles, des rochers vainqueurs du temps et d'Annibal; de l'autre, des ponts de bois, des parcs de brebis, des huttes de terre. Seroit-ce qu'à la vue des masses éternelles qui l'environnent, le chevrier des Alpes, vivement frappé de la brièveté de sa vie, ne s'est pas donné la peine d'élever des monuments plus durables que lui?

« Je sortis des Alpes à travers une espèce de portique creusé sous un énorme rocher. Je franchis cette partie de la Viennoise habitée par les Voconces[1], et je descendis à la colonie de Lucius[2]. Avec quel respect ne verrois-je point aujourd'hui le siége de Pothin et d'Irénée, et les eaux du Rhône teintes du sang des martyrs! Je remontai l'Arar[3], rivière bordée de coteaux charmants; sa fuite est si lente, que l'on ne sauroit dire de quel côté coulent ses flots. Elle tient son nom d'un jeune Gaulois qui s'y précipita de désespoir après avoir perdu son frère. De là je passai chez les Treveri[4], dont la

[1] Le Dauphiné. [2] Lyon. [3] La Saône.
[4] Le pays de Trèves.

cité est la plus belle et la plus grande des trois Gaules, et, m'abandonnant au cours de la Moselle et du Rhin, j'arrivai bientôt à Agrippina[1].

« Constance me reçut avec bonté :

« Eudore, me dit-il, dès demain les légions se
« mettent en marche; nous allons chercher les
« Francs. Vous servirez d'abord comme simple ar-
« cher parmi les Crétois; ils campent à l'avant-
« garde de l'autre côté du Rhin. Allez les rejoindre;
« distinguez-vous par votre conduite et par votre
« courage; si vous vous montrez digne de l'amitié
« de mon fils, je ne tarderai pas à vous élever aux
« premières charges de l'armée. »

« C'est ici, seigneurs, qu'il faut remarquer la seconde de ces révolutions soudaines qui ont continuellement changé la face de mes jours. Des paisibles vallons de l'Arcadie, j'avois été transporté à la cour orageuse d'un empereur romain; et maintenant, du sein de la mollesse et de la société civilisée, je passois à une vie dure et périlleuse, au milieu d'un peuple barbare. »

[1] Cologne.

# LIVRE SIXIÈME.

## SOMMAIRE.

Suite du récit. Marche de l'armée romaine en Batavie. Elle rencontre l'armée des Francs. Champ de bataille. Ordre et dénombrement de l'armée romaine. Ordre et dénombrement de l'armée des Francs. Pharamond, Clodion, Mérovée. Chants guerriers. Bardits des Francs. L'action s'engage. Attaque des Gaulois contre les Francs. Combat de cavalerie. Combat singulier de Vercingétorix, chef des Gaulois, et de Mérovée, fils du roi des Francs. Vercingétorix est vaincu. Les Romains plient. La légion chrétienne descend d'une colline et rétablit le combat. Mêlée. Les Francs se retirent dans leur camp. Eudore obtient la couronne civique, et est nommé chef des Grecs par Constance. Le combat recommence au lever du jour. Attaque du camp des Francs par les Romains. Soulèvement des flots. Les Romains fuient devant la mer. Eudore, après avoir combattu long-temps, tombe percé de plusieurs coups. Il est secouru par un esclave des Francs, qui le porte dans une caverne.

« LA France est une contrée sauvage et couverte de forêts, qui commence au-delà du Rhin, et occupe l'espace compris entre la Batavie à l'occident, le pays des Scandinaves au nord, la Germanie à l'orient, et les Gaules au midi. Les peuples qui habitent ce désert sont les plus féroces des Barbares : ils ne se nourrissent que de la chair des bêtes sauvages; ils ont toujours le fer à la main; ils regardent la paix comme la servitude la plus dure dont on puisse leur imposer le joug. Les vents, la neige, les frimas, font leurs délices; ils bravent la mer, ils se rient des tempêtes, et l'on diroit qu'ils ont vu le fond de l'Océan à découvert, tant ils connoissent et méprisent ses écueils. Cette nation inquiète ne cesse de désoler les frontières de l'empire. Ce fut sous le règne de Gordien-le-Pieux qu'elle se montra pour la première fois aux Gaules épouvantées. Les deux Décius périrent dans une expédition contre elle; Probus, qui ne fit que la repousser, en prit le titre glorieux de Francique. Elle a paru à la fois si noble et si redoutable, qu'on a fait en sa faveur une exception à la loi qui défend à la famille impériale de s'allier au sang des Barbares; enfin, ces terribles Francs venoient de s'emparer de l'île de Batavie, et Constance avoit rassemblé son armée, afin de les chasser de leur conquête.

« Après quelques jours de marche, nous entrâmes sur le sol marécageux des Bataves, qui n'est qu'une mince écorce de terre flottant sur un amas d'eau. Le pays, coupé par les bras du Rhin, baigné et souvent inondé par l'Océan, embarrassé par des forêts de pins et de bouleaux, nous présentoit à chaque pas des difficultés insurmontables.

« Épuisé par les travaux de la journée, je n'avois durant la nuit que quelques heures pour délasser mes membres fatigués. Souvent il m'arrivoit, pendant ce court repos, d'oublier ma nouvelle fortune; et lorsqu'aux premières blancheurs de l'aube les trompettes du camp venoient à sonner l'air de Diane, j'étois étonné d'ouvrir les yeux au milieu des bois. Il y avoit pourtant un charme à ce réveil du guerrier échappé aux périls de la nuit. Je n'ai jamais entendu sans une certaine joie belliqueuse la fanfare du clairon, répétée par l'écho des rochers, et les premiers hennissements des chevaux qui saluoient l'aurore. J'aimois à voir le camp plongé dans le sommeil, les tentes encore fermées d'où sortoient quelques soldats à moitié vêtus, le centurion qui se promenoit devant les faisceaux d'armes en balançant son cep de vigne, la sentinelle immobile qui, pour résister au sommeil, tenoit un doigt levé dans l'attitude du silence; le cavalier qui traversoit le fleuve coloré des feux du matin, le victimaire qui puisoit l'eau du sacrifice, et souvent un berger appuyé sur sa houlette, qui regardoit boire son troupeau.

« Cette vie des camps ne me fit point tourner les yeux avec regret vers les délices de Naples et de Rome, mais elle réveilla en moi une autre espèce de souvenirs. Plusieurs fois, pendant les longues nuits de l'automne, je me suis trouvé seul, placé en sentinelle, comme un simple soldat, aux avant-postes de l'armée. Tandis que je contemplois les feux réguliers des lignes romaines, et les feux épars des hordes des Francs; tandis que, l'arc à demi tendu, je prêtois l'oreille au murmure de l'armée ennemie, au bruit de la mer et au cri des oiseaux sauvages qui voloient dans l'obscurité, je réfléchissois sur ma bizarre destinée. Je songeois que j'étois là, combattant pour des barbares, tyrans de la Grèce, contre d'autres barbares dont je n'avois reçu aucune injure. L'amour de la patrie se ranimoit au fond de mon cœur; l'Arcadie se montroit à moi dans tous ses charmes. Que de fois durant les marches pénibles, sous les pluies et dans les fanges de la Batavie; que de fois à l'abri des huttes des bergers où nous passions la nuit; que de fois autour du feu que nous allumions pour nos veilles à la tête du camp; que de fois, dis-je, avec de jeunes Grecs exilés comme moi, je me suis entretenu de notre cher pays! Nous racontions les jeux de notre enfance, les aventures de notre jeunesse, les histoires de nos familles. Un Athénien vantoit les arts et la politesse d'Athènes, un Spartiate demandoit la préférence pour Lacédémone, un Macédonien mettoit la phalange bien au-dessus de la légion, et ne pouvoit souffrir que l'on comparât César à Alexandre. « C'est à ma patrie que vous devez Homère », s'écrioit un soldat de Smyrne, et à l'instant même il chantoit ou le dénombrement des vaisseaux, ou le combat d'Ajax et d'Hector : ainsi les Athéniens, prisonniers à Syracuse, redisoient autrefois les vers d'Euripide, pour se consoler de leur captivité.

« Mais lorsque, jetant les yeux autour de nous, nous apercevions les horizons noirs et plats de la Germanie, ce ciel sans lumières qui semble vous écraser sous sa voûte abaissée, ce soleil impuissant qui ne peint les objets d'aucune couleur; quand nous venions à nous rappeler les paysages éclatants de la Grèce, la haute et riche bordure de leurs horizons, le parfum de nos orangers, la beauté de nos fleurs, l'azur velouté d'un ciel où se joue une lumière dorée, alors il nous prenoit un désir si violent de revoir notre terre natale, que nous étions près d'abandonner les aigles. Il n'y avoit qu'un Grec parmi nous qui blâmât ces sentiments, qui nous exhortât à remplir nos devoirs, et à nous soumettre à notre destinée. Nous le prenions pour un lâche : quelque temps après il combattit et mourut en héros, et nous apprîmes qu'il étoit chrétien.

« Les Francs avoient été surpris par Constance : ils évitèrent d'abord le combat; mais aussitôt qu'ils eurent rassemblé leurs guerriers, ils vinrent audacieusement au-devant de nous, et nous offrirent la bataille sur le rivage de la mer. On passa la nuit à se préparer de part et d'autre, et le lendemain, au lever du jour, les armées se trouvèrent en présence.

« La légion de fer et la foudroyante occupoient le centre de l'armée de Constance.

« En avant de la première ligne paroissoient les vexillaires, distingués par une peau de lion qui leur couvroit la tête et les épaules. Ils tenoient levés les signes militaires des cohortes, l'aigle, le dragon, le loup, le minotaure. Ces signes étoient parfumés et ornés de branches de pin, au défaut de fleurs.

« Les hastati, chargés de lances et de boucliers formoient la première ligne après les vexillaires.

« Les princes, armés de l'épée, occupoient le second rang, et les triarii venoient au troisième. Ceux-ci balançoient le pilum de la main gauche; leurs boucliers étoient suspendus à leurs piques plantées devant eux, et ils tenoient le genou droit en terre, en attendant le signal du combat.

10.

« Des intervalles ménagés dans la ligne des légions étoient remplis par des machines de guerre.

« A l'aile gauche de ces légions, la cavalerie des alliés déployoit son rideau mobile. Sur des coursiers tachetés comme des tigres, et prompts comme des aigles, se balançoient avec grâce les cavaliers de Numance, de Sagonte et des bords enchantés du Bétis. Un léger chapeau de plume ombrageoit leur front, un petit manteau de laine noire flottoit sur leurs épaules, une épée recourbée retentissoit à leur côté. La tête penchée sur le cou de leurs chevaux, les rênes entre les dents, deux courts javelots à la main, ils voloient à l'ennemi. Le jeune Viriate entraînoit après lui la fureur de ces cavaliers rapides. Des Germains d'une taille gigantesque étoient entremêlés çà et là, comme des tours, dans le brillant escadron. Ces Barbares avoient la tête enveloppée d'un bonnet; ils manioient d'une main une massue de chêne, et montoient à cru des étalons sauvages. Auprès d'eux, quelques cavaliers numides, n'ayant pour toute arme qu'un arc, pour tout vêtement qu'une chlamyde, frissonnoient sous un ciel rigoureux.

« A l'aile opposée de l'armée se tenoit immobile la troupe superbe des chevaliers romains : leur casque étoit d'argent, surmonté d'une louve de vermeil; leur cuirasse étinceloit d'or, et un large baudrier d'azur suspendoit à leur flanc une lourde épée ibérienne. Sous leurs selles ornées d'ivoire s'étendoit une housse de pourpre, et leurs mains, couvertes de gantelets, tenoient les rênes de soie qui leur servoient à guider de hautes cavales plus noires que la nuit.

« Les archers crétois, les vélites romains et les différents corps des Gaulois étoient répandus sur le front de l'armée. L'instinct de la guerre est si naturel chez ces derniers, que souvent, dans la mêlée, les soldats deviennent des généraux, rallient leurs compagnons dispersés, ouvrent un avis salutaire, indiquent le poste qu'il faut prendre. Rien n'égale l'impétuosité de leurs attaques : tandis que le Germain délibère, ils ont franchi les torrents et les monts; vous les croyez au pied de la citadelle, et ils sont au haut du retranchement emporté. En vain les cavaliers les plus légers voudroient les devancer à la charge, les Gaulois rient de leurs efforts, voltigent à la tête des chevaux, et semblent leur dire : « Vous saisiriez plutôt les vents sur la « plaine, ou les oiseaux dans les airs. »

« Tous ces Barbares avoient la tête élevée, les couleurs vives, les yeux bleus, le regard farouche et menaçant; ils portoient de larges braies, et leur tunique étoit chamarrée de morceaux de pourpre; un ceinturon de cuir pressoit à leur côté leur fidèle épée. L'épée du Gaulois ne le quitte jamais : mariée, pour ainsi dire, à son maître, elle l'accompagne pendant la vie, elle le suit sur le bûcher funèbre, et descend avec lui au tombeau. Tel étoit le sort qu'avoient jadis les épouses dans les Gaules, tel est aussi celui qu'elles ont encore au rivage de l'Indus.

« Enfin, arrêtée comme un nuage menaçant sur le penchant d'une colline, une légion chrétienne, surnomméè la Pudique, formoit derrière l'armée le corps de réserve et la garde de César. Elle remplaçoit auprès de Constance la légion thébaine égorgée par Maximien. Victor[1], illustre guerrier de Marseille, conduisoit au combat les milices de cette religion qui porte aussi noblement la casaque du vétéran que le cilice de l'anachorète.

« Cependant l'œil étoit frappé d'un mouvement universel : on voyoit les signaux du porte-étendard qui plantoit le jalon des lignes, la course impétueuse du cavalier, les ondulations des soldats qui se niveloient sous le cep du centurion. On entendoit de toutes parts les grêles hennissements des coursiers, le cliquetis des chaînes, les sourds roulements des balistes et des catapultes, les pas réguliers de l'infanterie, la voix des chefs qui répétoient l'ordre, le bruit des piques qui s'élevoient et s'abaissoient au commandement des tribuns. Les Romains se formoient en bataille aux éclats de la trompette, de la corne et du lituus; et nous Crétois, fidèles à la Grèce au milieu de ces peuples barbares, nous prenions nos rangs au son de la lyre.

« Mais tout l'appareil de l'armée romaine ne servoit qu'à rendre l'armée des ennemis plus formidable, par le contraste d'une sauvage simplicité.

« Parés de la dépouille des ours, des veaux marins, des urochs et des sangliers, les Francs se montroient de loin comme un troupeau de bêtes

---

[1] Le martyr.

féroces. Une tunique courte et serrée laissoit voir toute la hauteur de leur taille, et ne leur cachoit pas le genou. Les yeux de ces Barbares ont la couleur d'une mer orageuse; leur chevelure blonde, ramenée en avant sur leur poitrine, et teinte d'une liqueur rouge, est semblable à du sang et à du feu. La plupart ne laissent croître leur barbe qu'au-dessus de la bouche, afin de donner à leurs lèvres plus de ressemblance avec le mufle des dogues et des loups. Les uns chargent leur main droite d'une longue framée, et leur main gauche d'un bouclier qu'ils tournent comme une roue rapide; d'autres, au lieu de ce bouclier, tiennent une espèce de javelot, nommé angon, où s'enfoncent deux fers recourbés; mais tous ont à la ceinture la redoutable francisque, espèce de hache à deux tranchants, dont le manche est recouvert d'un dur acier; arme funeste que le Franc jette en poussant un cri de mort, et qui manque rarement de frapper le but qu'un œil intrépide a marqué.

« Ces Barbares, fidèles aux usages des anciens Germains, s'étoient formés en coin, leur ordre accoutumé de bataille. Le formidable triangle, où l'on ne distinguoit qu'une forêt de framées, des peaux de bêtes et des corps demi-nus, s'avançoit avec impétuosité, mais d'un mouvement égal, pour percer la ligne romaine. A la pointe de ce triangle étoient placés des braves qui conservoient une barbe longue et hérissée, et qui portoient au bras un anneau de fer. Ils avoient juré de ne quitter ces marques de servitude qu'après avoir sacrifié un

Romain. Chaque chef, dans ce vaste corps, étoit environné des guerriers de sa famille, afin que, plus ferme dans le choc, il remportât la victoire ou mourût avec ses amis. Chaque tribu se ralliot sous un symbole : la plus noble d'entre elles se distinguoit par des abeilles ou trois fers de lance. Le vieux roi des Sicambres, Pharamond, conduisoit l'armée entière, et laissoit une partie du commandement à son petit-fils Mérovée. Les cavaliers francs, en face de la cavalerie romaine, couvroient les deux côtés de leur infanterie : à leurs casques en forme de gueules ouvertes ombragées de deux ailes de vautour, à leurs corselets de fer, à leurs boucliers blancs, on les eût pris pour des fantômes ou pour ces figures bizarres que l'on aperçoit au milieu des nuages pendant une tempête. Clodion, fils de Pharamond et père de Mérovée, brilloit à la tête de ces cavaliers menaçants.

« Sur une grève, derrière cet essaim d'ennemis, on apercevoit leur camp, semblable à un marché de laboureurs et de pêcheurs ; il étoit rempli de femmes et d'enfants, et retranché avec des bateaux de cuir et des chariots attelés de grands bœufs. Non loin de ce camp champêtre, trois sorcières en lambeaux faisoient sortir de jeunes poulains d'un bois sacré, afin de découvrir par leur course à quel parti Tuiston promettoit la victoire. La mer d'un côté, des forêts de l'autre, formoient le cadre de ce grand tableau.

« Le soleil du matin, s'échappant des replis d'un nuage d'or, verse tout à coup sa lumière sur les bois, l'Océan et les armées. La terre paroît embrasée du feu des casques et des lances, les instruments guerriers sonnent l'air antique de Jules César partant pour les Gaules. La rage s'empare de tous les cœurs, les yeux roulent du sang, la main frémit sur l'épée. Les chevaux se cabrent, creusent l'arène, secouent leur crinière, frappent de leur bouche écumante leur poitrine enflammée, ou lèvent vers le ciel leurs naseaux brûlants, pour respirer les sons belliqueux. Les Romains commencent le chant de Probus :

« Quand nous aurons vaincu mille guerriers « francs, combien ne vaincrons-nous pas de mil- « lions de Perses ! »

« Les Grecs répètent en chœur le Pœan, et les Gaulois l'hymne des Druides. Les Francs répondent à ces cantiques de mort : ils serrent leurs boucliers contre leur bouche, et font entendre un mugissement semblable au bruit de la mer que le vent brise contre un rocher; puis tout à coup poussant un cri aigu, ils entonnent le bardit à la louange de leurs héros :

« Pharamond ! Pharamond ! nous avons combattu « avec l'épée.

« Nous avons lancé la francisque à deux tran- « chants; la sueur tomboit du front des guerriers « et ruisseloit le long de leurs bras. Les aigles et « les oiseaux aux pieds jaunes poussoient des cris « de joie; le corbeau nageoit dans le sang des morts; « tout l'Océan n'étoit qu'une plaie : les vierges ont « pleuré long-temps !

« Pharamond ! Pharamond ! nous avons combattu
« avec l'épée.

« Nos pères sont morts dans les batailles, tous
« les vautours en ont gémi : nos pères les rassa-
« sioient de carnage ! Choisissons des épouses dont
« le lait soit du sang, et qui remplissent de valeur
« le cœur de nos fils. Pharamond, le bardit est
« achevé, les heures de la vie s'écoulent, nous sou-
« rirons quand il faudra mourir ! »

« Ainsi chantoient quarante mille Barbares. Leurs cavaliers haussoient et baissoient leurs boucliers blancs en cadence ; et à chaque refrain, ils frappoient du fer d'un javelot leur poitrine couverte de fer.

« Déjà les Francs sont à la portée du trait de nos troupes légères. Les deux armées s'arrêtent. Il se fait un profond silence. César, du milieu de la légion chrétienne, ordonne d'élever la cotte d'armes de pourpre, signal du combat ; les archers tendent leurs arcs, les fantassins baissent leurs piques, les cavaliers tirent tous à la fois leurs épées, dont les éclairs se croisent dans les airs. Un cri s'élève du fond des légions : « Victoire à l'empereur ! » Les Barbares repoussent ce cri par un affreux mugissement : la foudre éclate avec moins de rage sur les sommets de l'Apennin, l'Etna gronde avec moins de violence lorsqu'il verse au sein des mers des torrents de feu, l'Océan bat ses rivages avec moins de fracas quand un tourbillon, descendu par l'ordre de l'Éternel, a déchaîné les cataractes de l'abîme.

« Les Gaulois lancent les premiers leurs javelots

contre les Francs, mettent l'épée à la main et courent à l'ennemi. L'ennemi les reçoit avec intrépidité. Trois fois ils retournent à la charge; trois fois ils viennent se briser contre le vaste corps qui les repousse : tel un grand vaisseau, voguant par un vent contraire, rejette de ses deux bords les vagues qui fuient et murmurent le long de ses flancs. Non moins braves, et plus habiles que les Gaulois, les Grecs font pleuvoir sur les Sicambres une grêle de flèches; et reculant peu à peu sans rompre nos rangs, nous fatiguons les deux lignes du triangle de l'ennemi. Comme un taureau vainqueur dans cent pâturages, fier de sa corne mutilée et des cicatrices de sa large poitrine, supporte avec impatience la piqûre du taon, sous les ardeurs du midi, ainsi les Francs, percés de nos dards, deviennent furieux à ces blessures sans vengeance et sans gloire. Transportés d'une aveugle rage, ils brisent le trait dans leur sein, se roulent par terre et se débattent dans les angoisses de la douleur.

« La cavalerie romaine s'ébranle pour enfoncer les Barbares. Clodion se précipite à sa rencontre. Le roi chevelu pressoit une cavale stérile, moitié blanche, moitié noire, élevée parmi des troupeaux de rennes et de chevreuils, dans le haras de Pharamond. Les Barbares prétendoient qu'elle étoit de la race de Rinfax, cheval de la Nuit, à la crinière gelée, et de Skinfax, cheval du jour, à la crinière lumineuse. Lorsque, pendant l'hiver, elle emportoit son maître sur un char d'écorce sans essieu et sans roues, jamais ses pieds ne s'enfonçoient dans les frimas; et, plus légère que la feuille de bouleau roulée par le vent, elle effleuroit à peine la cime des neiges nouvellement tombées.

« Un combat violent s'engage entre les cavaliers sur les deux ailes des armées.

« Cependant la masse effrayante de l'infanterie des Barbares vient toujours roulant vers les légions. Les légions s'ouvrent, changent leur front de bataille, attaquent à grands coups de piques les deux côtés du triangle de l'ennemi. Les vélites, les Grecs et les Gaulois se portent sur le troisième côté. Les Francs sont assiégés comme une vaste forteresse. La mêlée s'échauffe ; un tourbillon de poussière rougie s'élève et s'arrête au milieu des combattants. Le sang coule comme les torrents grossis par les pluies de l'hiver, comme les flots de l'Euripe dans le détroit de l'Eubée. Le Franc, fier de ses larges blessures, qui paroissent avec plus d'éclat sur la blancheur d'un corps demi-nu, est un spectre déchaîné du monument, et rugissant au milieu des morts. Au brillant éclat des armes a succédé la sombre couleur de la poussière et du carnage. Les casques sont brisés, les panaches abattus, les boucliers fendus, les cuirasses percées. L'haleine enflammée de cent mille combattants, le souffle épais des chevaux, la vapeur des sueurs et du sang, forment sur le champ de bataille une espèce de météore que traverse de temps en temps la lueur d'un glaive, comme le trait brillant du foudre dans la livide clarté d'un orage. Au milieu des cris, des insultes, des menaces, du bruit des épées, des coups des javelots, du sifflement des flèches et des dards, du gémissement des machines de guerre, on n'entend plus la voix des chefs.

« Mérovée avoit fait un massacre épouvantable des Romains. On le voyoit debout sur un immense chariot, avec douze compagnons d'armes, appelés ses douze pairs, qu'il surpassoit de toute la tête. Au-dessus du chariot flottoit une enseigne guerrière, surnommée l'Oriflamme. Le chariot, chargé d'horribles dépouilles, étoit traîné par trois taureaux dont les genoux dégouttoient de sang, et dont les cornes portoient des lambeaux affreux. L'héritier de l'épée de Pharamond avoit l'âge, la beauté et la fureur de ce démon de la Thrace, qui n'allume le feu de ses autels qu'au feu des villes embrasées. Mérovée passoit parmi les Francs pour être le fruit merveilleux du commerce secret de l'épouse de Clodion et d'un monstre marin ; les cheveux blonds du jeune Sicambre, ornés d'une couronne de lis, ressembloient au lin moelleux et doré qu'une bandelette virginale rattache à la quenouille d'une reine des Barbares. On eût dit que ses joues étoient peintes du vermillon de ces baies d'églantiers qui brillent au milieu des neiges, dans les forêts de la Germanie. Sa mère avoit noué autour de son cou un collier de coquillages, comme les Gaulois suspendent des reliques aux rameaux du plus beau rejeton d'un bois sacré. Quand de sa main droite Mérovée agitant un drapeau blanc appeloit les fiers Sicambres au champ de l'honneur, ils ne pouvoient s'empêcher de pousser des cris de guerre et d'amour; ils ne se lassoient point d'admirer à leur tête trois générations de héros : l'aïeul, le père et le fils.

« Mérovée, rassasié de meurtres, comtemploit, immobile, du haut de son char de victoire, les cadavres dont il avoit jonché la plaine. Ainsi se repose un lion de Numidie, après avoir déchiré un troupeau de brebis; sa faim est apaisée, sa poitrine exhale l'odeur du carnage; il ouvre et ferme tour à tour sa gueule fatiguée qu'embarrassent des flocons de laine; enfin il se couche au milieu des agneaux égorgés, sa crinière, humectée d'une rosée de sang, retombe des deux côtés de son cou; il croise ses griffes puissantes; il allonge la tête sur ses ongles; et, les yeux à demi fermés, il lèche encore les molles toisons étendues autour de lui.

« Le chef des Gaulois aperçut Mérovée dans ce repos insultant et superbe. Sa fureur s'allume; il s'avance vers le fils de Pharamond; il lui crie d'un ton ironique :

« Chef à la longue chevelure, je vais t'asseoir autrement sur le trône d'Hercule le Gaulois. Jeune brave, tu mérites d'emporter la marque du fer au palais de Teutatès. Je ne veux point te laisser languir dans une honteuse vieillesse. »

—« Qui es-tu? répondit Mérovée avec un sourire amer : es-tu d'une race noble et antique? Esclave romain, ne crains-tu point ma framée? »

—« Je ne crains qu'une chose, repartit le Gaulois frémissant de courroux, c'est que le ciel tombe sur ma tête. »

—« Cède-moi la terre », dit l'orgueilleux Sicambre.

— « La terre que je te cèderai, s'écria le Gaulois, tu la garderas éternellement. »

« A ces mots, Mérovée, s'appuyant sur sa framée, s'élance du char par-dessus les taureaux, tombe à leurs têtes, et se présente au Gaulois qui venoit à lui.

«Toute l'armée s'arrête pour regarder le combat des deux chefs. Le Gaulois fond l'épée à la main sur le jeune Franc, le presse, le frappe, le blesse à l'épaule, et le contraint de reculer jusque sous les cornes des taureaux. Mérovée à son tour lance son angon, qui, par ses deux fers recourbés, s'engage dans le bouclier du Gaulois. Au même instant le fils de Clodion bondit comme un léopard, met le pied sur le javelot, le presse de son poids, le fait descendre vers la terre, et abaisse avec lui le bouclier de son ennemi. Ainsi forcé de se découvrir, l'infortuné Gaulois montre la tête. La hache de Mérovée part, siffle, vole et s'enfonce dans le front du Gaulois, comme la coignée d'un bûcheron dans la cime d'un pin. La tête du guerrier se partage ; sa cervelle se répand des deux côtés, ses yeux roulent à terre. Son corps reste encore un moment debout, étendant des mains convulsives, objet d'épouvante et de pitié.

« A ce spectacle les Gaulois poussent un cri de douleur. Leur chef étoit le dernier descendant de ce Vercingétorix qui balança si long-temps la fortune de Jules. Il sembloit que par cette mort l'empire des Gaules, en échappant aux Romains, passoit aux Francs : ceux-ci, pleins de joie, entourent Mérovée, l'élèvent sur un bouclier, et le proclament roi avec ses pères, comme le plus brave des Sicambres. L'épouvante commence à s'emparer des légions. Constance, qui, du milieu du corps de réserve, suivoit de l'œil les mouvements des troupes, aperçoit le découragement des cohortes. Il se tourne vers la légion chrétienne : « Braves soldats, « la fortune de Rome est entre vos mains. Marchons « à l'ennemi. »

« Aussitôt les fidèles abaissent devant César leurs aigles surmontées de l'étendard du salut. Victor commande : la légion s'ébranle et descend en silence de la colline. Chaque soldat porte sur son bouclier une croix entourée de ces mots : « Tu « vaincras par ce signe. » Tous les centurions étoient des martyrs couverts des cicatrices du fer et du feu. Que pouvoit contre de tels hommes la crainte des blessures et de la mort ? O touchante fidélité ! Ces guerriers alloient répandre pour leurs princes les restes d'un sang dont ces princes avoient presque tari la source ! Aucune frayeur, mais aussi aucune joie ne paroissoit sur le visage des héros chrétiens. Leur valeur tranquille étoit pareille à un lis sans tache. Lorsque la légion s'avança dans la plaine, les Francs se sentirent arrêtés au milieu de leur victoire. Ils ont conté qu'ils voyoient à la tête de cette légion une colonne de feu et de nuées, et un cavalier vêtu de blanc, armé d'une lance et d'un bouclier d'or. Les Romains qui fuyoient tournent le visage; l'espérance revient au cœur du plus foible et du moins courageux : ainsi, après un orage de nuit, quand le soleil du matin paroît dans l'orient, le laboureur rassuré admire l'astre qui répand un doux éclat sur la nature; sous les lierres de la cabane antique, le jeune passereau pousse des cris de joie; le vieillard vient s'asseoir sur le seuil de la porte : il entend des bruits charmants au-dessus de sa tête, et il bénit l'Éternel.

« A l'approche des soldats du Christ, les Barbares serrent leurs rangs, les Romains se rallient. Parvenue sur le champ de bataille, la légion s'arrête; met un genou en terre, et reçoit de la main d'un ministre de paix la bénédiction du Dieu des armées. Constance lui-même ôte sa couronne de laurier et s'incline. La troupe sainte se relève, et, sans jeter ses javelots, elle marche l'épée haute à l'ennemi. Le combat recommence de toutes parts. La légion chrétienne ouvre une large brèche dans les rangs des Barbares; Romains, Grecs et Gaulois, nous entrons tous à la suite de Victor dans l'enceinte des Francs rompus. Aux attaques d'une armée disciplinée, succèdent des combats à la manière des héros d'Ilion. Mille groupes de guerriers se heurtent, se choquent, se pressent, se repoussent; partout règne la douleur, le désespoir, la fuite. Filles des Francs, c'est en vain que vous préparez le baume pour des plaies que vous ne pourrez guérir! L'un est frappé au cœur du fer d'une javeline, et sent s'échapper de ce cœur les images chères et sacrées de la patrie; l'autre a les deux bras brisés du coup d'une massue, et ne pressera plus sur son sein le fils qu'une épouse porte encore à la mamelle. Celui-ci regrette son palais, celui-là sa chaumière ; le premier ses plaisirs, le second ses douleurs, car l'homme s'attache à la vie par ses misères autant que par ses prospérités. Ici, environné de ses compagnons, un soldat païen expire en vomissant des imprécations contre César et contre les dieux. Là, un soldat chrétien meurt isolé, d'une main retenant ses entrailles, de l'autre pressant un crucifix et priant Dieu pour son empereur. Les Sicambres, tous frappés par-devant et couchés sur le dos, conservoient dans la mort un air si farouche, que le plus intrépide osoit à peine les regarder.

« Je ne vous oublierai pas, couple généreux, jeunes Francs que je rencontrai au milieu du champ du carnage ! Ces fidèles amis, plus tendres que prudents, afin d'avoir dans le combat la même destinée, s'étoient attachés ensemble par une chaîne de fer. L'un étoit tombé mort sous la flèche d'un Crétois ; l'autre, atteint d'une blessure cruelle, mais encore vivant, se tenoit à demi soulevé auprès de son frère d'armes. Il lui disoit : « Guerrier, tu dors après les fatigues de la bataille. Tu n'ouvriras plus les yeux à ma voix ; mais la chaîne de notre amitié n'est point rompue ; elle me retient à tes côtés. »

« En achevant ces mots, le jeune Franc s'incline et meurt sur le corps de son ami. Leurs belles chevelures se mêlent et se confondent comme les flammes ondoyantes d'un double trépied qui s'éteint sur un autel, comme les rayons humides et tremblants de l'étoile des Gémeaux qui se couche dans la mer. Le trépas ajoute ses chaînes indestructibles aux liens qui unissoient les deux amis.

« Cependant les bras fatigués portent des coups ralentis; les clameurs deviennent plus déchirantes et plus plaintives. Tantôt une grande partie des blessés, expirant à la fois, laisse régner un affreux silence; tantôt la voix de la douleur se ranime et monte en longs accents vers le ciel. On voit errer des chevaux sans maîtres, qui bondissent ou s'abattent sur des cadavres; quelques machines de guerre abandonnées brûlent çà et là comme les torches de ces immenses funérailles.

« La nuit vint couvrir de son obscurité ce théâtre des fureurs humaines. Les Francs vaincus, mais toujours redoutables, se retirèrent dans l'enceinte de leurs chariots. Cette nuit, si nécessaire à notre repos, ne fut pour nous qu'une nuit d'alarmes: à chaque instant nous craignions d'être attaqués. Les Barbares jetoient des cris qui ressembloient aux hurlements des bêtes féroces : ils pleuroient les braves qu'ils avoient perdus, et se préparoient eux-mêmes à mourir. Nous n'osions ni quitter nos armes, ni allumer des feux. Les soldats romains frémissoient, se cherchoient dans les ténèbres; ils s'appeloient, ils se demandoient un peu de pain ou d'eau; ils pansoient leurs blessures avec leurs vêtements déchirés. Les sentinelles se répondoient en se renvoyant de l'une à l'autre le cri des veilles.

Tous les chefs des Crétois avoient été tués. Le sang de Philopœmen paroissant à mes compagnons d'un favorable augure, ils m'avoient nommé leur commandant. En attirant sur moi les efforts de l'ennemi, j'avois eu le bonheur de sauver la légion de Fer d'une entière destruction. La confirmation de mon grade, une couronne de chêne et les éloges de Constance avoient été le prix de ce hasard heureux. A la tête des troupes légères, je touchois presque au camp des Barbares, et j'attendois avec impatience le retour de l'aurore; mais cette aurore nous découvrit un spectacle qui surpassoit en horreur tout ce que nous avions vu jusqu'alors.

« Les Francs, pendant la nuit, avoient coupé les têtes des cadavres romains, et les avoient plantées sur des piques devant leur camp, le visage tourné vers nous. Un énorme bûcher, composé de selles de chevaux et de boucliers brisés, s'élevoit au milieu du camp. Le vieux Pharamond, roulant des yeux terribles, et livrant au souffle du matin sa longue chevelure blanche, étoit assis au haut du bûcher. Au bas paroissoient Clodion et Mérovée: ils tenoient à la main, en guise de torches, l'hast enflammé de deux piques rompues, prêts à mettre le feu au trône funèbre de leur père, si les Romains parvenoient à forcer le retranchement des chariots.

« Nous restons muets d'étonnement et de douleur; les vainqueurs semblent vaincus par tant de barbarie et tant de magnanimité! Les larmes coulent de nos yeux à la vue des têtes sanglantes de nos compagnons d'armes : chacun se rappelle que ces bouches muettes et décolorées prononçoient encore la veille les paroles de l'amitié! Bientôt à ce mouvement de regret succède la soif de la vengeance. On n'attend point le signal de l'assaut; rien ne peut résister à la fureur du soldat : les chariots sont brisés, le camp est ouvert, on s'y précipite. Alors se présente un nouvel ennemi : les femmes des Barbares, vêtues de robes noires, s'élancent au-devant de nous, se percent de nos armes ou cherchent à les arracher de nos mains : les unes arrêtent par la barbe le Sicambre qui fuit, et le ramènent au combat; les autres, comme des Bacchantes enivrées, déchirent leurs époux et leurs pères; plusieurs étouffent leurs enfants et les jettent sous les pieds des hommes et des chevaux; plusieurs, se passant au cou un lacet fatal, s'attachent aux cornes des bœufs, et s'étranglent en se faisant traîner misérablement. Une d'entre elles s'écrie du milieu de ses compagnes : « Romains, tous vos présents n'ont point été funestes! Si vous nous avez apporté le fer qui enchaîne, vous nous avez donné le fer qui délivre! » Et elle se frappe d'un poignard.

« C'en étoit fait des peuples de Pharamond, si le ciel, qui leur garde peut-être de grandes destinées, n'eût sauvé le reste de leurs guerriers. Un vent impétueux se lève entre le nord et le couchant; les flots s'avancent sur les grèves; on voit venir, écumante et limoneuse, une de ces marées de l'équinoxe, qui, dans ces climats, semblent jeter l'Océan tout entier hors de son lit. La mer, comme un puissant allié des Barbares, entre dans le camp des Francs pour en chasser les Romains. Les Romains reculent devant l'armée des flots; les Francs reprennent courage; ils croient que le monstre marin, père de leur jeune prince, est sorti de ses grottes azurées pour les secourir. Ils profitent de notre désordre; ils nous repoussent, ils nous pressent, ils secondent les efforts de la mer. Une scène extraordinaire frappe les yeux de toutes parts : là, les bœufs épouvantés nagent avec les chariots qu'ils entraînent; ils ne laissent voir au-dessus des vagues que leurs cornes recourbées, et ressemblent à une multitude de fleuves qui auroient apporté eux-mêmes leurs tributs à l'Océan; ici, les Saliens mettent à flot leurs bateaux de cuir, et nous frappent à coups de rames et d'avirons. Mérovée s'étoit fait une nacelle d'un large bouclier d'osier : porté sur cette conque guerrière, il nous poursuivoit escorté de ses pairs, qui bondissoient autour de lui comme des tritons. Pleines d'une joie insensée, les femmes battoient des mains et bénissoient les flots libérateurs. Partout la lame croissante se brise et jaillit contre les armes : partout disparoît le cavalier qui se noie, le fantassin qui n'a plus que son épée hors de l'eau; des cadavres qui paroissent se ranimer roulent avec les algues, le sable et le limon. Séparé du reste des légions, et réuni à quelques soldats, je combattis long-temps une multitude de Barbares; mais enfin, accablé par le nombre, je tombai, percé de coups, au milieu de mes compagnons étendus morts à mes côtés.

« Je demeurai plusieurs heures évanoui. Quand je rouvris les yeux à la lumière, je n'aperçus plus qu'une grève humide abandonnée par les flots, des

corps noyés, à moitié ensevelis dans le sable, la
mer retirée dans un lointain immense, et traçant
à peine une ligne bleuâtre à l'horizon. Je voulus
me soulever, mais je ne pus y parvenir, et je fus
contraint de rester couché sur le dos, les regards
attachés au ciel. Tandis que mon âme flottoit entre
la mort et la vie, j'entendis une voix prononcer
en latin ces mots : « Si quelqu'un respire encore
ici, qu'il parle. » Je tournai la tête avec effort, et
j'entrevis un Franc, que je reconnus pour esclave
à sa saye d'écorce de bouleau. Il aperçut mon
mouvement, accourut vers moi, et reconnoissant
ma patrie à mon vêtement : « Jeune Grec, me dit-
il, prenez courage. » Et il se mit à genoux à mes
côtés, se pencha sur moi, examina mes blessures.
« Je ne les crois pas mortelles, » s'écria-t-il après un
moment de silence. Aussitôt il tira d'un sac de peau
de chevreuil du baume, des simples, un vase plein
d'une eau pure. Il lava mes plaies, les essuya légèrement, les banda avec de longues feuilles de
roseaux. Je ne pouvois lui témoigner ma reconnoissance que par un mouvement de tête et par
l'admiration qu'il devoit lire dans mes yeux presque
éteints. Quand il fallut me transporter, son em-
barras devint extrême. Il regardoit avec inquiétude
autour de nous : il craignoit, comme il me l'a dit
depuis, d'être découvert par quelque parti de Barbares. L'heure du flux approchoit ; mon libérateur
tira du danger même le moyen de mon salut : il
aperçut une nacelle des Francs échouée sur le sable ; il commença par me soulever à moitié ; puis,

se couchant presque à terre devant moi, il m'attira doucement à lui, me chargea sur ses épaules, se leva, et me porta avec peine au bateau voisin, car il étoit déjà sur l'âge. La mer ne tarda pas à couvrir ses grèves. L'esclave arracha du sable une pique dont le fer étoit rompu, et lorsque les flots soulevèrent la nacelle, il la dirigea, avec son arme brisée, comme auroit fait le pilote le plus habile. Chassés par le flux, nous entrâmes bien avant dans les terres, sur les rives d'un fleuve bordé de forêts.

« Ces lieux étoient connus du Franc. Il descendit dans l'eau, et, me prenant de nouveau sur ses épaules, il me déposa dans une espèce de souterrain où les Barbares ont coutume de cacher leur blé pendant la guerre. Là il me fit un lit de mousse, et me donna un peu de vin pour me ranimer.

« Pauvre infortuné, me dit-il en me parlant dans ma propre langue, il faut que je vous quitte, et vous serez obligé de passer la nuit seul ici. J'espère vous apporter demain matin de bonnes nouvelles : en attendant, tâchez de goûter un peu de sommeil. »

« En disant ces mots, il étendit sur moi sa misérable saye, dont il se dépouilla pour me couvrir, et il s'enfuit dans les bois. »

# LIVRE SEPTIÈME.

## SOMMAIRE.

Suite du récit. Eudore devient esclave de Pharamond. Histoire de Zacharie. Clothilde, femme de Pharamond. Commencement du christianisme chez les Francs. Mœurs des Francs. Retour du printemps. Chasse. Barbares du Nord. Tombeau d'Ovide. Eudore sauve la vie à Mérovée. Mérovée promet la liberté à Eudore. Retour des chasseurs au camp de Pharamond. La déesse Hertha. Festin des Francs. On délibère sur la paix et sur la guerre avec les Romains. Dispute de Camulogènes et de Chlodéric. Les Francs se décident à demander la paix. Eudore, devenu libre, est chargé par les Francs d'aller proposer la paix à Constance. Zacharie conduit Eudore jusque sur la frontière de la Gaule. Leurs adieux.

« Par Hercule, s'écria Démodocus en interrompant le récit d'Eudore, j'ai toujours aimé les enfants d'Esculape ! ils sont pieux envers les hommes, et connoissent les choses cachées. On les trouve parmi les dieux, les centaures, les héros et les bergers. Mon fils, quel étoit le nom de ce divin Barbare, pour qui Jupiter, hélas ! ne me semble pas avoir puisé dans l'urne des biens ? Le maître des nuées dispose à son gré du sort des mortels : il donne à l'un la prospérité, il fait tomber l'autre dans toute sorte de malheurs. Le roi d'Ithaque fut réduit à sentir un mouvement de joie en se couchant sur un lit de feuilles séchées qu'il avoit amoncelées de ses propres mains. Jadis, chez les hommes plus vertueux, un favori du dieu d'Épidaure eût été l'ami et le compagnon des guerriers ; aujourd'hui il est esclave chez une nation inhospitalière. Mais hâte-toi, fils de Lasthénès de m'apprendre le nom de ton libérateur, car je veux l'honorer comme Nestor honoroit Machaon. »

— « Son nom, parmi les Francs, étoit Harold, reprit Eudore en souriant. Il vint me retrouver aux premiers rayons du jour, selon sa promesse. Il étoit accompagné d'une femme vêtue d'une robe de fil teinte de pourpre; elle avoit le haut de la gorge et les bras découverts, à la manière des Francs. Ses traits offroient, au premier coup d'œil, un mélange inexplicable de barbarie et d'humanité : c'étoit une expression de physionomie naturellement forte et sauvage, corrigée par je ne sais quelle habitude étrangère de pitié et de douceur. »

« Jeune Grec, me dit l'esclave, remerciez Clothilde, femme de Pharamond mon maître. Elle a obtenu votre grâce de son époux : elle vient elle-même vous chercher pour vous mettre à l'abri des Francs. Quand vous serez guéri de vos blessures, vous vous montrerez sans doute esclave reconnoissant et fidèle. »

« Plusieurs serfs entrèrent alors dans la caverne. Ils m'étendirent sur des branches d'arbres entrelacées, et me portèrent au camp de mon maître.

« Les Francs, malgré leur valeur et le soulèvement des flots, avoient été obligés de céder la victoire à la discipline des légions; heureux d'échapper à une entière défaite, ils se retiroient devant les vainqueurs. Je fus jeté dans les chariots avec les autres blessés. On marcha quinze jours et quinze nuits en s'enfonçant vers le Nord, et l'on ne s'arrêta que quand on se crut à l'abri de l'armée de Constance.

« Jusqu'alors j'avois à peine senti l'horreur de ma situation; mais aussitôt que le repos commença à cicatriser mes plaies, je jetai les yeux autour de moi avec épouvante. Je me vis au milieu des forêts, esclave chez des Barbares, et prisonnier dans une hutte qu'entouroit, comme un rempart, un cercle de jeunes arbres qui devoient s'entrelacer en croissant. Une boisson grossière, faite de froment, un peu d'orge écrasée entre deux pierres, des lambeaux de daims et de chevreuils qu'on me jetoit quelquefois par pitié, telle étoit ma nourriture. La moitié du jour j'étois abandonné seul sur mon lit d'herbes fanées; mais je souffrois encore beaucoup plus de la présence que de l'absence des Barbares. L'odeur des graisses mêlées de cendres de frêne dont ils frottent leurs cheveux, la vapeur des chairs grillées, le peu d'air de la hutte, et le nuage de fumée qui la remplissoit sans cesse, me suffoquoient. Ainsi une juste Providence me faisoit payer les délices de Naples, les parfums et les voluptés dont je m'étois enivré.

« Le vieil esclave occupé de ses devoirs, ne pouvoit donner que quelques moments à mes peines. J'étois toujours étonné de la sérénité de son visage, au milieu des travaux dont il étoit accablé.

« Eudore, me dit-il un soir, vos blessures sont presque guéries. Demain vous commencerez à remplir vos nouveaux devoirs. Je sais que l'on doit vous envoyer avec quelques serfs chercher du bois au fond de la forêt. Allons, mon fils et mon compagnon, rappelez votre vertu. Le ciel vous aidera si vous l'implorez. »

« A ces mots, l'esclave s'éloigna, et me laissa plongé dans le désespoir. Je passai la nuit dans une agitation horrible, formant et rejetant tour à tour mille projets. Tantôt je voulois attenter à mes jours, tantôt je songeois à la fuite. Mais comment fuir, foible et sans secours? Comment trouver un chemin à travers ces bois? Hélas! j'avois une ressource contre mes maux, la religion; et c'étoit le seul moyen de délivrance auquel je ne songeois pas! Le jour me surprit au milieu de ces angoisses, et j'entendis tout à coup une voix qui me cria :

« Esclave romain, lève-toi! »

« On me donna une peau de sanglier pour me couvrir, une corne de bœuf pour puiser de l'eau, un poisson sec pour ma nourriture, et je suivis les serfs qui me montroient le chemin.

« Lorsqu'ils furent arrivés à la forêt, ils commencèrent par ramasser parmi la neige et les feuilles flétries les branches d'arbres brisées par les vents. Ils en formoient çà et là des monceaux qu'ils lioient avec des écorces. Ils me firent quelques signes pour m'engager à les imiter, et voyant que j'ignorois leur ouvrage, ils se contentèrent de mettre sur mes épaules un paquet de rameaux desséchés. Mon front orgueilleux fut forcé de s'humilier sous le joug de la servitude; mes pieds nus fouloient la neige, mes cheveux étoient hérissés par le givre, et la bise glaçoit les larmes dans mes yeux. J'appuyois mes pas chancelants sur une branche arrachée de mon fardeau; et, courbé comme un vieillard, je cheminois lentement entre les arbres de la forêt.

« J'étois prêt à succomber à ma douleur, lorsque je vis tout à coup auprès de moi le vieil esclave, chargé d'un poids plus pesant que le mien, et me souriant de cet air paisible qui ne l'abandonnoit jamais. Je ne pus me défendre d'un mouvement de honte.

« Quoi! me dis-je en moi-même, cet homme, accablé par les ans, sourit sous un fardeau triple du mien; et moi, jeune et fort, je pleure!

« Eudore, me dit mon libérateur en m'abordant, ne trouvez-vous pas que le premier fardeau est bien lourd? Mon jeune compagnon, l'habitude et surtout la résignation rendront les autres plus légers. Voyez quel poids je suis venu à bout de porter à mon âge. »

— « Ah! m'écriai-je, chargez-moi de ce poids qui fait plier vos genoux. Puissé-je expirer en vous délivrant de vos peines! »

— « Eh! mon fils, repartit le vieillard, je n'ai point de peines. Pourquoi désirer la mort? Allons, je veux vous réconcilier avec la vie. Venez vous reposer à quelques pas d'ici; nous allumerons du feu et nous causerons ensemble. »

« Nous gravîmes des monticules irréguliers, formés, comme je le vis bientôt, par les débris d'un ouvrage romain. De grands chênes croissoient dans ce lieu, sur une autre génération de chênes tombés à leurs pieds. Lorsque nous fûmes arrivés au sommet des monticules, je découvris l'enceinte d'un camp abandonné.

« Voilà, me dit l'esclave, le bois de Teuteberg et le camp de Varus. La pyramide de terre que vous apercevez au milieu est la tombe où Germanicus fit renfermer les restes des légions massacrées. Mais elle a été rouverte par les Barbares; les os des Romains ont été de nouveau semés sur la terre, comme l'attestent ces crânes blanchis, cloués aux troncs des arbres. Un peu plus loin vous pouvez remarquer les autels sur lesquels on égorgea les centurions des premières compagnies, et le tribunal de gazon d'où Arminius harangua les Germains. »

« A ces mots le vieillard jeta sa ramée sur la neige. Il en tira quelques branches dont il fit un peu de feu; puis m'invitant à m'asseoir auprès de lui et à réchauffer mes mains glacées, il me raconta son histoire :

« Mon fils, vous plaindrez-vous encore de vos mal-
« heurs? Oseriez-vous parler de vos peines à la vue
« du camp de Varus? Ou plutôt ne reconnoissez-
« vous pas quel est le sort de tous les hommes, et
« combien il est inutile de se révolter contre des
« maux inséparables de la condition humaine? Je
« vous offre moi-même un exemple frappant de ce
« qu'une fausse sagesse appelle les coups de la for-
« tune. Vous gémissez de votre servitude! Et que
« direz-vous donc quand vous verrez en moi un

« descendant de Cassius, esclave, et esclave volon-
« taire ?

« Lorsque mes ancêtres furent bannis de Rome
« pour avoir défendu la liberté, et qu'on n'osa même
« plus porter leurs images aux funérailles, ma fa-
« mille se réfugia dans le christianisme, asile de la
« véritable indépendance.

« Nourri des préceptes d'une loi divine, je servis
« long-temps comme simple soldat dans la légion
« thébaine, où je portois le nom de Zacharie. Cette
« légion chrétienne ayant refusé de sacrifier aux faux
« dieux, Maximien la fit massacrer près d'Agaune
« dans les Alpes. On vit alors un exemple à jamais
« mémorable de l'esprit de douceur de l'Évangile.
« Quatre mille vétérans, blanchis dans le métier des
« armes, pleins de force, et ayant à la main la pique
« et l'épée, tendirent, comme des agneaux paisi-
« bles, la gorge aux bourreaux. La pensée de se
« défendre ne se présenta pas même à leur esprit,
« tant ils avoient gravées au fond du cœur les pa-
« roles de leur Maître, qui ordonne d'obéir et dé-
« fend de se venger ! Maurice, qui commandoit la
« légion, tomba le premier. La plupart des soldats
« périrent par le fer. On m'avoit attaché les mains
« derrière le dos. Assis parmi la foule des victimes,
« j'attendois le coup fatal ; mais je ne sais par quel
« dessein de la Providence je fus oublié dans ce
« grand massacre. Les corps entassés autour de
« moi me dérobèrent à la vue des centurions ; et
« Maximien, ayant accompli son œuvre, s'éloigna
« avec l'armée.

« Vers la seconde veille de la nuit, n'entendant
« plus que le bruit d'un torrent dans les monta-
« gnes, je levai la tête et je fus à l'instant frappé
« d'un prodige. Les corps de mes compagnons sem-
« bloient jeter une vive lumière, et répandre une
« agréable odeur. J'adorai le Dieu des miracles, qui
« n'avoit pas voulu accepter le sacrifice de mes
« jours; et comme je ne pouvois donner la sépulture
« à tant de saints, je cherchai du moins le grand
« Maurice. Je le trouvai à demi recouvert de la neige
« tombée pendant la nuit. Animé d'une force surna-
« turelle, je me dégageai de mes liens, et avec le fer
« d'une lance je creusai à mon général une fosse
« profonde. J'y réunis le tronc et le chef de Maurice,
« en priant le nouveau Machabée d'obtenir bientôt
« pour son soldat une place dans la milice céleste.
« Ensuite je quittai ce champ de triomphe et de
« larmes; je pris le chemin des Gaules, et me retirai
« vers Denis premier évêque de Lutèce.

« Ce saint prélat me reçut avec des pleurs de joie,
« et m'admit au nombre de ses disciples. Quand il
« me crut capable de le seconder dans son minis-
« tère, il m'imposa les mains, et, me créant prêtre de
« Jésus-Christ, il me dit : « Humble Zacharie, soyez
« charitable; voilà toutes les instructions que j'ai à
« vous donner. » Hélas! j'étois toujours destiné à
« perdre mes amis, et toujours par la même main!
« Maximien fit trancher la tête à Denis et à ses com-
« pagnons, Rustique et Éleuthère. Ce fut son der-
« nier exploit dans les Gaules; qu'il céda bientôt
« après à Constance.

« J'avois sans cesse devant les yeux le précepte
« de mon saint évêque. Je me sentis pressé du
« désir de rendre quelque service à des misérables,
« et j'allois souvent prier Denis de m'obtenir cette
« faveur, par son intercession auprès du Fils de
« Marie.

« Les chrétiens de Lutèce avoient enseveli leur
« évêque dans une grotte, au pied de la colline sur
« laquelle il avoit été décapité. Cette colline s'ap-
« peloit le Mont-de-Mars, et elle étoit séparée de la
« Sequana par des marais. Un jour, comme je tra-
« versois ces marais, je vis venir à moi une femme
« chrétienne tout éplorée, qui s'écria : « O Zacharie !
« je suis la plus infortunée des femmes ! Mon époux
« a été pris par les Francs ; il me laisse avec trois
« enfants en bas âge, et sans aucun moyen de les
« nourrir ! » Une rougeur subite couvrit mon front ;
« je compris que Dieu m'envoyoit cette grâce par
« les prières du généreux martyr que j'allois im-
« plorer. Je cachai cependant ma joie, et je dis à
« cette femme : « Ayez bon courage, Dieu aura pitié
« de vous. » Et, sans m'arrêter, je me mis en route
« pour la colonie d'Agrippina.

« Je connoissois le soldat prisonnier. Il étoit chré-
« tien, et j'avois été quelque temps son frère d'ar-
« mes. C'étoit un homme simple et craignant Dieu
« pendant la prospérité ; mais les revers le découra-
« geoient aisément, et il étoit à craindre qu'il ne
« perdît la foi dans le malheur. J'appris à Agrip-
« pina qu'il étoit tombé entre les mains du chef
« des Saliens. Les Romains venoient de conclure

« une trêve avec les Francs. Je passai chez ces Bar-
« bares. Je me présentai à Pharamond et m'offris en
« échange du chrétien : je ne pouvois payer au-
« trement sa rançon, car je ne possédois rien au
« monde. Comme j'étois fort et vigoureux, et que
« l'autre esclave étoit foible, ma proposition fut ac-
« ceptée. J'y mis pour seule condition que mon
« maître renverroit son prisonnier sans lui dire par
« quel moyen il étoit racheté. Cela fut fait ainsi, et
« ce pauvre père de famille rentra plein de joie dans
« ses foyers, pour nourrir ses enfants et consoler
« son épouse.

« Depuis ce temps, je suis demeuré esclave ici.
« Dieu m'a bien récompensé; car, en habitant parmi
« ces peuples, j'ai eu le bonheur d'y semer la parole
« de Jésus-Christ. Je vais surtout le long des fleuves
« réparer, autant qu'il est en moi, le malheur d'une
« expérience funeste : les Barbares, afin d'éprouver
« si leurs enfants seront vaillants un jour, ont cou-
« tume de les exposer aux flots sur un bouclier. Ils
« ne conservent que ceux qui surnagent, et laissent
« périr les autres. Quand je puis réussir à sauver
« des eaux ces petits anges, je les baptise au nom
« du Père, du Fils et du Saint-Esprit, pour leur
« ouvrir le ciel.

« Les lieux où se livrent les batailles m'offrent
« encore une abondante moisson. Je rôde comme
« un loup ravissant, dans les ténèbres, au milieu du
« carnage et des morts. J'appelle les mourants, qui
« croient que je les viens dépouiller ; je leur parle
« d'une meilleure vie; je tâche de les envoyer dans

« le repos d'Abraham. S'ils ne sont pas mortelle-
« ment blessés, je m'empresse de les secourir, espé-
« rant les gagner par la charité au Dieu des pauvres
« et des misérables.

« Jusqu'à présent ma plus belle conquête est la
« jeune femme de mon vieux maître Pharamond.
« Clothilde a ouvert son cœur à Jésus-Christ. De
« violente et cruelle qu'elle étoit, elle est devenue
« douce et compatissante. Elle m'aide à sauver tous
« les jours quelques infortunés. C'est à elle que vous
« devez la vie. Lorsque je courus lui apprendre que
« je vous avois trouvé parmi les morts, elle songea
« d'abord à vous tenir caché dans la grotte, afin de
« vous soustraire à l'esclavage. Elle découvrit en-
« suite que les Francs alloient continuer leur retraite.
« Alors il ne lui resta plus qu'à révéler le secret à son
« époux, et à obtenir votre grâce de Pharamond;
« car si les Barbares aiment les esclaves sains et vi-
« goureux, leur impatience naturelle et le mépris
« qu'ils ont eux-mêmes pour la vie leur font pres-
« que toujours sacrifier les blessés.

« Mon fils, telle est l'histoire de Zacharie. Si vous
« trouvez qu'il a fait quelque chose pour vous, il
« ne vous demande en récompense que de ne pas
« vous laisser abattre par les chagrins, et de souf-
« frir qu'il sauve votre âme après avoir sauvé votre
« corps. Eudore, vous êtes né dans ce doux climat
« voisin de la terre des miracles, chez ces peuples
« polis qui ont civilisé les hommes, dans cette Grèce
« où le sublime Paul a porté la lumière de la foi :
« que d'avantages n'avez-vous donc pas sur les

« hommes du nord, dont l'esprit est grossier et les
« mœurs féroces ! Seriez-vous moins sensible qu'eux
« à la charité évangélique ? »

« Les dernières paroles de Zacharie entrèrent
dans mon cœur comme un aiguillon. L'indigne secret de ma vie m'accabloit. Je n'osois lever les yeux
sur mon libérateur. Moi qui avois soutenu sans
trouble les regards des maîtres du monde, j'étois
anéanti devant la majesté d'un vieux prêtre chrétien esclave chez les Barbares! Retenu par la honte
de confesser l'oubli que j'avois fait de ma religion,
poussé par le désir de tout avouer, mon désordre
étoit extrême. Zacharie s'en aperçut. Il crut que
mes blessures étoient rouvertes. Il me demanda la
cause de mon agitation avec inquiétude. Vaincu par
tant de bonté, et les larmes malgré moi se faisant
un passage, je me jetai aux pieds du vieillard :

« O mon père! ce ne sont pas les blessures de
mon corps qui saignent; c'est une plaie plus profonde et plus mortelle! Vous qui faites tant d'actes
sublimes au nom de votre religion, pourrez-vous
croire, en voyant entre nous si peu de ressemblance, que j'ai la même religion que vous ? »

— « Jésus-Christ ! s'écria le saint levant les mains
vers le ciel ; Jésus-Christ ! mon divin Maître, quoi !
vous auriez ici un autre serviteur que moi ! »

— « Je suis chrétien, » répondis-je.

« L'homme de charité me prend dans ses bras,
m'arrose de ses larmes, me presse contre ses cheveux blancs, en disant avec des sanglots de joie :

« Mon frère ! mon cher frère ! J'ai trouvé un frère ! »

« Et je répétois :

« Je suis chrétien, je suis chrétien. »

« Pendant cette conversation, la nuit étoit descendue. Nous reprîmes nos fardeaux, et nous retournâmes à la hutte de Pharamond. Le lendemain Zacharie vint me chercher à la pointe du jour. Il me conduisit au fond d'une forêt. Dans le tronc d'un vieux hêtre, où Sécovia, prophétesse des Germains, avoit jadis rendu ses oracles, je vis une petite image qui représentoit Marie, mère du Sauveur. Elle étoit ornée d'une branche de lierre chargée de ses fruits murs, et nouvellement placée aux pieds de la Mère et de l'Enfant, car la neige ne l'avoit point encore recouverte.

« Cette nuit même, me dit Zacharie, j'ai appris à l'épouse de notre maître que nous avions un frère parmi nous. Pleine de joie, elle a voulu venir au milieu des ténèbres parer notre autel, et offrir cette branche à Marie en signe d'allégresse. »

« Zacharie avoit à peine achevé de prononcer ces mots, que nous vîmes accourir Clothilde. Elle se mit à genoux sur la neige, au pied du hêtre. Nous nous plaçâmes à ses côtés, et elle prononça à haute voix l'oraison du Seigneur dans un idiome sauvage. Ainsi je vis commencer le christianisme chez les Francs. Religion céleste, qui dira les charmes de votre berceau ? Combien il parut divin dans Bethléem aux pasteurs de la Judée ! Qu'il me sembla miraculeux dans les catacombes, lorsque je vis s'humilier devant lui une puissante impératrice ! Et qui n'eût versé des larmes en le retrouvant sous un arbre de la Germanie, entouré, pour tout adorateur, d'un Romain esclave, d'un prisonnier grec et d'une reine barbare!

« Qu'attendois-je pour retourner au bercail? Les dégoûts avoient commencé à m'avertir de la vanité des plaisirs; l'ermite du Vésuve avoit ébranlé mon esprit; Zacharie subjuguoit mon cœur; mais il étoit écrit que je ne reviendrois à la vérité que par une suite de malheurs et d'expériences.

« Zacharie redoubla de zèle et de soin auprès de moi. Je croyois, en l'écoutant, entendre une voix sortie du ciel. Quelle leçon n'offroit point la seule vue de l'héritier chrétien de Cassius et de Brutus! Le stoïque meurtrier de César, après une vie courte, libre, puissante et glorieuse, déclare que la vertu n'est qu'un fantôme; le charitable disciple de Jésus-Christ, esclave, vieux, pauvre, ignoré, proclame qu'il n'y a rien de réel ici-bas que la vertu. Ce prêtre, qui ne paroissoit savoir que la charité, avoit toutefois l'esprit de science, et un goût pur des arts et des lettres. Il possédoit les antiquités grecques, hébraïques et latines. C'étoit un charme de l'entendre parler des hommes des anciens jours en gardant les troupeaux des Barbares. Il m'entretenoit souvent des coutumes de nos maîtres; il me disoit :

« Quand vous serez retourné dans la Grèce, mon
« cher Eudore, on s'assemblera autour de vous pour
« vous ouïr conter les mœurs des rois à la longue
« chevelure. Vos malheurs présents vous devien-
« dront une source d'agréables souvenirs. Vous se-

« rez parmi ces peuples ingénieux un nouvel Hé-
« rodote, arrivé d'une contrée lointaine pour les
« enchanter de vos merveilleux récits. Vous leur
« direz qu'il existe dans les forêts de la Germanie
« un peuple qui prétend descendre des Troyens
« (car tous les hommes, ravis des belles fables de
« vos Héllènes, veulent y tenir par quelque côté);
« que ce peuple, formé de diverses tribus de Ger-
« mains, les Sicambres, les Bructères, les Saliens,
« les Cattes, a pris le nom de Franc, qui veut dire
« libre, et qu'il est digne de porter ce nom.

« Son gouvernement est pourtant essentiellement
« monarchique. Le pouvoir partagé entre différents
« rois se réunit dans la main d'un seul lorsque le dan-
« ger est pressant. La tribu des Saliens, dont Phara-
« mond est le chef, a presque toujours l'honneur de
« commander, parce qu'elle passe parmi les Barbares
« pour la plus noble. Elle doit cette renommée à
« l'usage qui exclut chez elle les femmes de la puis-
« sance, et ne confie le sceptre qu'à un guerrier.

« Les Francs s'assemblent une fois l'année, au
« mois de mars, pour délibérer sur les affaires de
« la nation. Il viennent au rendez-vous tout armés.
« Le roi s'assied sous un chêne. On lui apporte des
« présents qu'il reçoit avec beaucoup de joie. Il
« écoute la plainte de ses sujets, ou plutôt de ses
« compagnons, et rend la justice avec équité.

« Les propriétés sont annuelles. Une famille cul-
« tive chaque année le terrain qui lui est assigné
« par le prince, et après la récolte, le champ mois-
« sonné rentre dans la possession commune.

« Le reste des mœurs se ressent de cette simpli-
« cité. Vous voyez que nous partageons avec nos
« maîtres la saye, le lait, le fromage, la maison de
« terre, la couche de peaux.

« Vous fûtes hier témoin du mariage de Mérovée.
« Un bouclier, une francisque, un canot d'osier, un
« cheval bridé, deux bœufs accouplés, ont été les
« présents de noces de l'héritier de la couronne des
« Francs. Si, dans les jeux de son âge, il saute mieux
« qu'un autre au milieu des lances et des épées
« nues, s'il est brave à la guerre, juste pendant la
« paix, il peut espérer après sa mort un bûcher
« funèbre et même une pyramide de gazon pour
« couvrir son tombeau. »

« Ainsi me parloit Zacharie.

« Le printemps vint enfin ranimer les forêts du
nord. Bientôt tout changea de face dans les bois et
dans les vallées : les angles noircis des rochers se
montrèrent les premiers sur l'uniforme blancheur
des frimas; les flèches rougeâtres des sapins parurent ensuite, et de précoces arbrisseaux rempla-
cèrent par des festons de fleurs les cristaux glacés
qui pendoient à leurs cimes. Les beaux jours rame-
nèrent la saison des combats.

« Une partie des Francs reprend les armes, une
autre se prépare à aller chasser l'uroch et les ours
dans les contrées lointaines. Mérovée se mit à la
tête des chasseurs, et je fus compris au nombre
des esclaves qui devoient l'accompagner. Je dis adieu
à Zacharie, et me séparai pour quelque temps du
plus vertueux des hommes.

« Nous parcourûmes avec une rapidité incroyable les régions qui s'étendent depuis la mer de Scandie jusqu'aux grèves du Pont-Euxin. Ces forêts servent de passage à cent peuples barbares qui roulent tour à tour leurs torrents vers l'empire romain. On diroit qu'ils ont entendu quelque chose au midi qui les appelle du septentrion et de l'aurore. Quel est leur nom, leur race, leur pays ? Demandez-le au ciel qui les conduit, car ils sont aussi inconnus aux hommes que les lieux d'où ils sortent et où ils passent. Ils viennent; tout est préparé pour eux : les arbres sont leurs tentes, les déserts sont leurs voies. Voulez-vous savoir où ils ont campé ? Voyez ces ossements de troupeaux égorgés, ces pins brisés comme par la foudre, ces forêts en feu, et ces plaines couvertes de cendres.

« Nous eûmes le bonheur de ne rencontrer aucune de ces grandes migrations; mais nous trouvâmes quelques familles errantes auprès desquelles les Francs sont un peuple policé. Ces infortunés, sans abri, sans vêtement, souvent même sans nourriture, n'ont, pour consoler leurs maux, qu'une liberté inutile et quelques danses dans le désert. Mais, lorsque ces danses sont exécutées au bord d'un fleuve dans la profondeur des bois, que l'écho répète pour la première fois les accents d'une voix humaine, que l'ours regarde du haut de son rocher ces jeux de l'homme sauvage, on ne peut s'empêcher de trouver quelque chose de grand dans la rudesse même du tableau; de s'attendrir sur la destinée de cet enfant de la solitude, qui naît inconnu du monde, foule un moment des vallées où il ne repassera plus, et bientôt cache sa tombe sous la mousse des déserts, qui n'a pas même conservé l'empreinte de ses pas.

« Un jour, ayant passé l'Ister vers son embouchure, et m'étant un peu écarté de la troupe des chasseurs, je me trouvai à la vue des flots du Pont-Euxin. Je découvris un tombeau de pierre sur lequel croissoit un laurier. J'arrachai les herbes qui couvroient quelques lettres latines, et bientôt je parvins à lire ce premier vers des élégies d'un poëte infortuné :

« Mon livre, vous irez à Rome, et vous irez à
« Rome sans moi. »

« Je ne saurois vous peindre ce que j'éprouvai en retrouvant au fond de ce désert le tombeau d'Ovide. Quelles tristes réflexions ne fis-je point sur les peines de l'exil, qui étoient aussi les miennes, et sur l'inutilité des talents pour le bonheur ! Rome, qui jouit aujourd'hui des tableaux du plus ingénieux de ses poëtes, Rome a vu couler vingt ans d'un œil sec les larmes d'Ovide. Ah ! moins ingrats que les peuples de l'Ausonie, les sauvages habitants des bords de l'Ister se souviennent encore de l'Orphée qui parut dans leurs forêts ! Ils viennent danser autour de ses cendres : ils ont même retenu quelque chose de son langage : tant leur est douce la mémoire de ce Romain, qui s'accusoit d'être le Barbare, parce qu'il n'étoit pas entendu du Sarmate !

« Les Francs n'avoient traversé de si vastes contrées qu'afin de visiter quelques tribus de leur nation transportées autrefois par Probus au bord du Pont-Euxin. Nous apprîmes, en arrivant, que ces tribus avoient disparu depuis plusieurs mois, et qu'on ignorait ce qu'elles étoient devenues. Mérovée prit à l'instant la résolution de retourner au camp de Pharamond.

« La Providence avoit ordonné que je retrouverois la liberté au tombeau d'Ovide. Lorsque nous repassâmes auprès de ce monument, une louve, qui s'y étoit cachée pour y déposer ses petits, s'élança sur Mérovée. Je tuai cet animal furieux. Dès ce moment, mon jeune maître me promit de demander ma liberté à son père. Je devins son compagnon pendant le reste de la chasse. Il me faisoit dormir à ses côtés. Quelquefois je lui parlois de la bataille sanglante où je l'avois vu traîné par trois taureaux indomptés, et il tressailloit de joie au souvenir de sa gloire. Quelquefois aussi je l'entretenois des coutumes et des traditions de mon pays; mais de tout ce que je lui racontois, il n'écoutoit avec plaisir que l'histoire des travaux d'Hercule et de Thésée. Quand j'essayois de lui faire comprendre nos arts, il brandissoit sa framée, et me disoit avec impatience : « Grec, Grec, je suis ton maître. »

« Après une absence de plusieurs mois, nous arrivâmes au camp de Pharamond. La hutte royale étoit déserte. Le chef à la longue chevelure avoit eu des hôtes : après avoir prodigué en leur honneur tout ce qu'il possédoit de richesses, il étoit allé vivre dans la cabane d'un chef voisin, qui, ruiné à son tour par le monarque barbare, s'étoit établi avec lui chez un autre chef. Nous trouvâmes enfin Pharamond goûtant, assis à un grand repas, les charmes de cette hospitalité naïve, et il nous apprit le sujet de ces fêtes.

« Au milieu de la mer des Suèves se voit une île appelée Chaste, consacrée à la déesse Hertha. La statue de cette divinité est placée sur un char toujours couvert d'un voile. Ce char, traîné par des génisses blanches, se promène à des temps marqués au milieu des nations germaniques. Les inimitiés sont alors suspendues, et pour un moment les forêts du nord cessent de retentir du bruit des armes. La déesse mystérieuse venoit de passer chez les Barbares, et nous étions arrivés au milieu des réjouissances que cause son apparition. Zacharie eut à peine un moment pour me serrer dans ses bras. Tous les chefs étoient convoqués au banquet solennel : on devoit y traiter de la conclusion de la paix, ou de la continuation de la guerre avec les Romains. Je fus chargé du rôle d'échanson, et Mérovée prit sa place au milieu des guerriers.

« Ils étoient rangés en demi-cercle, ayant au centre le foyer où s'apprêtoient les viandes du festin. Chaque chef, armé comme pour la guerre, étoit assis sur un faisceau d'herbes, ou sur un rouleau de peaux; il avoit devant lui une petite table séparée des autres, sur laquelle on lui servoit une portion de la victime, selon sa vaillance ou sa noblesse. Le guerrier reconnu pour le plus brave (et c'étoit Mérovée) occupoit la première place. Des affranchis, armés de lances et de boucliers, portoient çà et là des trépieds chargés de viande, et des cornes d'uroch pleines de liqueur de froment.

« Vers la fin du repas, on commença à délibérer. Il y avoit dans la ligne des Francs un Gaulois, appelé Camulogènes, descendant du fameux vieillard qui défendit Lutèce contre Labiénus, lieutenant de Jules. Élevé parmi les quarante mille disciples des écoles d'Augustodunum[1], il avoit perfectionné une éducation brillante sous les rhéteurs les plus célèbres de Marseille et de Burdigalie[2]; mais l'inconstance naturelle aux Gaulois et un caractère sauvage l'avoient jeté d'abord dans la révolte des Bagaudes. Ces paysans soulevés furent domptés par Maximien, et Camulogènes passa chez les Francs, qui l'adoptèrent à cause de sa valeur et de ses richesses. Les prêtres du banquet de Pharamond ayant fait faire silence, le Gaulois se leva, et, peut-être lassé secrètement d'un long exil, il proposa d'envoyer des députés à César. Il vanta la discipline des légions romaines, les vertus de Constance, les charmes de la paix, et la douceur de la société.

« Qu'un Gaulois nous parle de la sorte, répondit Chlodéric, chef d'une tribu des Francs, cela ne doit pas nous surprendre : il attend quelques récompenses de ses anciens maîtres. J'avoue que le cep de vigne d'un centurion est plus facile à manier que ma framée, et qu'il est moins périlleux d'ado-

---

[1] Autun.   [2] Bordeaux.

rer César sur la pourpre au Capitole, que de le mépriser dans cette hutte sur une peau de loup. Je les ai vus dans Rome même, ces avides possesseurs de tant de palais, qui sont assez à plaindre pour désirer encore une cabane dans nos forêts : croyez-moi, ils ne sont pas si redoutables que la frayeur d'un Gaulois vous les représente. Conquis par cette nation de femmes, les Gaulois peuvent demander la paix s'ils le veulent; pour Chlodéric, il sent en lui quelque chose qui le porte à brûler le Capitole, et à effacer le nom romain de la terre. »

« L'assemblée applaudit à ce discours, en agitant les lances et en frappant sur les boucliers.

« Allez, allez donc à Rome, repartit le Gaulois avec impétuosité. Que faites-vous ici cachés dans vos forêts? Quoi! braves, vous parlez de passer le Tibre, et vous n'avez pu encore franchir le Rhin! Les serfs gaulois, conquis par une nation de femmes, n'étoient pas assis tranquillement à un repas lorsqu'ils ravageoient cette ville que vous menacez de loin. Ignorez-vous que l'épée de fer d'un Gaulois a seule servi de contre-poids à l'empire du monde? Partout où il s'est remué quelque chose de grand, vous trouverez mes ancêtres. Les Gaulois seuls ne furent point étonnés à la vue d'Alexandre. César les combattit dix ans pour les soumettre, et Vercingétorix auroit soumis César si les Gaulois n'eussent été divisés. Les lieux les plus célèbres dans l'univers ont été assujettis à mes pères. Ils ont ravagé la Grèce, occupé Byzance, campé sur les ruines de Troie, possédé le royaume de Mithridate, et vaincu au-delà du Taurus ces Scythes qui n'avoient été vaincus par personne. Le destin de la terre paroît attaché à mes ancêtres, comme à une nation fatale et marquée d'un sceau mystérieux. Tous les peuples semblent avoir ouï successivement cette voix qui annonça l'arrivée de Brennus à Rome, et qui disoit à Céditius, au milieu de la nuit : « Céditius, va dire aux tribuns que les Gaulois seront demain ici. »

« Camulogènes alloit continuer, lorsque Chlodéric l'interrompant par de bruyants éclats de rire, frappant du pommeau de son épée la table du festin, et renversant son vase à boire, s'écria :

« Rois chevelus, avez-vous compris quelque chose aux longs propos de cette prophétesse des Gaulois ? Qui de vous a entendu parler de cet Alexandre, de ce Mithridate ? Camulogènes, si tu sais faire de grands discours dans la langue de tes maîtres, épargne-toi la peine de les prononcer devant nous. Nous défendons à nos enfants d'apprendre à lire et à écrire, cet art de la servitude : nous ne voulons que du fer, des combats, du sang. »

« Des cris tumultueux s'élevèrent dans le conseil des Barbares. Le Gaulois, se vengeant de l'insulte par le mépris :

« Puisque le fameux Chlodéric ne connoît pas Alexandre et n'aime pas les longs discours, je ne lui dirai qu'un mot : Si les Francs n'ont pas d'autres guerriers que lui pour porter la flamme au Capitole, je leur conseille d'accepter la paix à quelque prix que ce puisse être. »

— « Traître, s'écria le Sicambre écumant de rage, avant que peu d'années se soient écoulées, j'espère que ta nation changera de maître. Tu reconnoîtras, en cultivant la terre pour les Francs, quelle est la valeur des rois chevelus. »

— « Si je n'ai que la tienne à craindre, repartit ironiquement le Gaulois, je ne me donnerai pas la peine de recueillir l'œuf du serpent à la lune nouvelle, afin de me mettre à l'abri des malheurs que me prépare Teutatès. »

« A ces mots, Chlodéric furieux tendit à Camulogènes la pointe de sa framée, en lui disant d'une voix étouffée par la colère :

« Tu n'oserois seulement y porter la vue. »

— « Tu mens, » repartit le Gaulois tirant son épée et se précipitant sur le Franc.

« On se jeta entre les deux guerriers. Les prêtres firent cesser ce nouveau festin des centaures et des Lapithes. Le lendemain, jour où la lune avoit acquis toute sa splendeur, on décida dans le calme ce qu'on avoit discuté dans l'ivresse, alors que le cœur ne peut feindre, et qu'il est ouvert aux entreprises généreuses.

« On se détermina à faire des propositions de paix aux Romains; et comme Mérovée, fidèle à sa parole, avoit déjà obtenu ma liberté de son père, il fut résolu que j'irois à l'instant porter les paroles du conseil à Constance. Zacharie et Clothilde vinrent m'annoncer ma délivrance. Ils me conjurèrent de me mettre en route sur le champ, pour éviter l'inconstance naturelle aux Barbares. Je fus obligé de céder à leurs inquiétudes. Zacharie m'accompagna jusqu'à la frontière des Gaules. Le bonheur de recouvrer ma liberté étoit balancé par le chagrin de me séparer de ce vieillard. En vain je le pressai de me suivre, en vain je m'attendris sur les maux dont il étoit accablé. Il cueillit en marchant une plante de lis sauvage, dont la cime commençoit à percer la neige, et il me dit :

« Cette fleur est le symbole du chef des Saliens et de sa tribu; elle croît naturellement plus belle parmi ces bois que dans un sol moins exposé aux glaces de l'hiver; elle efface la blancheur des frimas qui la couvrent, et qui ne font que la conserver dans leur sein, au lieu de la flétrir. J'espère que cette rude saison de ma vie, passée auprès de la famille de mon maître, me rendra un jour comme ce lis aux yeux de Dieu : l'âme a besoin, pour se développer dans toute sa force, d'être ensevelie quelque temps sous les rigueurs de l'adversité. »

« En achevant ces mots, Zacharie s'arrêta, me montra le ciel, où nous devions nous retrouver un jour; et, sans me laisser le temps de me jeter à ses pieds, il me quitta après m'avoir donné sa dernière leçon. C'est ainsi que Jésus-Christ, dont il imite l'exemple, se plaisoit à instruire ses disciples en se promenant au bord du lac de Génésareth, et faisoit parler l'herbe des champs et les lis de la vallée. »

# LIVRE HUITIÈME.

## SOMMAIRE.

Interruption du récit. Commencement de l'amour d'Eudore pour Cymodocée, et de Cymodocée pour Eudore. Satan veut profiter de cet amour pour troubler l'Église. L'Enfer. Assemblée des démons. Discours du démon de l'homicide. Discours du démon de la fausse sagesse. Discours du démon de la volupté. Discours de Satan. Les démons se répandent sur la terre.

Déjà le récit d'Eudore s'étoit prolongé jusqu'à la neuvième heure du jour. Le soleil dardoit ses rayons brûlants sur les montagnes de l'Arcadie, et les oiseaux muets étoient retirés dans les roseaux du Ladon. Lasthénès invita les étrangers à prendre un nouveau repas, et leur proposa de remettre au jour suivant la fin de l'histoire de son fils. On quitta l'île et les deux autels, et l'on regagna en silence le toit hospitalier.

A peine quelques mots interrompus se firent entendre le reste de la journée. L'évêque de Lacédémone paroissoit profondément occupé de l'histoire du fils de Lasthénès. Il admiroit la peinture de l'état de l'Église et de ses progrès dans tout le monde. Il voyoit figurer au milieu de ce tableau les hommes que les fidèles avoient à craindre, et dont les caractères tracés par Eudore ne promettoient qu'un sombre avenir. Cyrille reçut même de Rome des nouvelles alarmantes, qu'il ne crut pas devoir communiquer à la vertueuse famille.

Eudore à son tour étoit loin d'être tranquille. Il portoit au pied de la croix des tribulations intérieures; il ignoroit encore qu'elles étoient une suite des desseins de Dieu. Il redoubloit de prières et d'austérités; mais au travers des pleurs de la pénitence, ses yeux apercevoient malgré lui les beaux cheveux, les mains d'albâtre, la taille élégante et les grâces ingénues de la fille d'Homère. Il voyoit sans cesse ses doux et timides regards attachés sur lui, ses traits charmants où se venoient peindre tous les sentiments qu'il exprimoit et même ceux qu'il n'exprimoit point encore. Quelle naïve pudeur embellissoit la vierge innocente, lorsqu'il racontoit les coupables plaisirs de Rome et de Baïes! Quelle pâleur mortelle couvroit ses joues, lorsqu'il décrivoit des combats, ou qu'il parloit de blessures et d'esclavage!

La prêtresse des Muses éprouvoit de son côté des sentiments confus et une émotion nouvelle. Son esprit et son cœur sortoient en même temps de leur double enfance. L'ignorance de son esprit s'évanouissoit devant la raison du christianisme; l'ignorance de son cœur cédoit à cette lumière qu'apportent toujours les passions. Chose extraordinaire, cette jeune fille ressentoit à la fois le trouble et les délices de la sagesse et de l'amour!

« Mon père, disoit-elle à Démodocus, quel divin étranger nous a conviés à ses banquets! Combien le fils de Lasthénès est grand par le cœur et par les armes! N'est-ce point un de ces premiers habitants du monde que Jupiter a transformés en dieux favorables aux mortels ? Jouet des cruelles destinées, que de combats il a livrés ! que de maux il a soufferts ! O Muses chastes et puissantes ! ô mes divinités tutélaires ! où étiez-vous lorsque d'indignes chaînes pressoient de si nobles mains ? Ne pouviez-vous faire tomber les liens de ce jeune héros au son de vos lyres ? Mais, prêtre d'Homère, toi qui sais toutes choses et qui as la sage retenue des vieillards, dis : quelle est cette religion dont parle Eudore ? Elle est belle, cette religion ! elle approche le cœur de la justice, elle apaise les folles amours. Celui qui la suit est toujours prêt à secourir le malheur, comme un voisin généreux, sans se donner le temps de prendre sa ceinture. Allons dans les temples immoler des brebis à Cérès qui porte des lois, au Soleil qui voit l'avenir. La robe traînante, la coupe des libations à la main, faisons le tour des autels arrosés de sang, pétrissons les gâteaux sacrés, et tâchons de découvrir quel est le génie inconnu qui protége Eudore... Je sens qu'une divinité mystérieuse parle à mon cœur... Mais une vierge doit-elle pénétrer les secrets des jeunes hommes, et chercher à connoître leurs dieux ? La pudeur lèvera-t-elle son voile pour interroger les oracles ? »

En achevant ces mots, Cymodocée remplit son sein de larmes qui couloient de ses yeux.

Ainsi le ciel rapprochoit deux cœurs dont l'union devoit amener le triomphe de la croix. Satan alloit profiter de l'amour du couple prédestiné, pour faire naître de violents orages, et tout marchoit à l'accomplissement des décrets de l'Éternel. Le prince des ténèbres achevoit dans ce moment même la revue des temples de la terre. Il avoit visité les sanctuaires du mensonge et de l'imposture, l'antre de Trophonius, les soupiraux de la sibylle, les trépieds de Delphes, la pierre de Teutatès, les souterrains d'Isis, de Mitra, de Wishnou. Partout les sacrifices étoient suspendus, les oracles abandonnés, et les prestiges de l'idolâtrie près de s'évanouir devant la vérité du Christ. Satan gémit de la perte de sa puissance; mais du moins il ne cédera pas la victoire sans combat. Il jure, par l'éternité de l'enfer, d'anéantir les adorateurs du vrai Dieu, oubliant que les portes du lieu de douleur ne prévaudront pas contre la bien-aimée du Fils de l'Homme. L'archange rebelle ignore les desseins de l'Éternel, qui va punir son Église coupable; mais il sent que la domination sur les fidèles lui est un moment accordée, et que le ciel le laisse libre d'accomplir ses noirs projets. Aussitôt il quitte la terre et descend vers le sombre empire.

Tel qu'on voit au sommet du Vésuve une roche calcinée suspendue au milieu des cendres; si le soufre et le bitume rallumés dans la montagne obscurcissent le soleil, font bouillonner la mer et chanceler Parthénope comme une bacchante enivrée, alors la cime du volcan change sa forme mobile, la lave s'affaisse, la pierre roule et rentre en grondant au fond des entrailles brûlantes qui l'avoient rejetée : ainsi Satan, vomi par l'enfer, se replonge dans le gouffre béant. Plus rapide que la pensée, il franchit tout l'espace qui doit s'anéantir un jour; par-delà les restes mugissants du chaos, il arrive à la frontière de ces régions impérissables comme la vengeance qui les forma; régions maudites, tombe et berceau de la mort, où le temps ne fait point la règle, et qui resteront encore quand l'univers aura été enlevé ainsi qu'une tente dressée pour un jour. Une larme involontaire mouille les yeux de l'esprit pervers, au moment où il s'enfonce dans les royaumes de la nuit. Sa lance de feu éclaire à peine autour de lui l'épaisseur des ombres. Il ne suit aucune route à travers les ténèbres; mais, entraîné par le poids de ses crimes, il descend naturellement vers l'enfer. Il ne voit pas encore la lueur lointaine de ces flammes qui brûlent sans aliments, et pourtant sans jamais s'éteindre, et déjà les gémissements des réprouvés parviennent à son oreille. Il s'arrête, il frémit à ce premier soupir des éternelles douleurs. L'enfer étonne encore son monarque. Un mouvement de remords et de pitié saisit le cœur de l'archange rebelle.

« C'est donc moi, s'écrie-t-il, qui ai creusé ces
« prisons et rassemblé tous ces maux! Sans moi le
« mal eût été inconnu dans les œuvres du Tout-
« Puissant. Que m'avoit fait l'homme, cette belle
« et noble créature?.... »

Satan alloit prolonger les plaintes d'un repentir inutile, quand la bouche embrasée de l'abîme venant à s'ouvrir le rappela tout à coup à d'autres pensées.

Un fantôme s'élance sur le seuil des portes

inexorables : c'est la Mort. Elle se montre comme une tache obscure sur les flammes des cachots qui brûlent derrière elle ; son squelette laisse passer les rayons livides de la lumière infernale entre les creux de ses ossements. Sa tête est ornée d'une couronne changeante, dont elle dérobe les joyaux aux peuples et aux rois de la terre. Quelquefois elle se pare des lambeaux de la pourpre ou de la bure, dont elle a dépouillé le riche et l'indigent. Tantôt elle vole, tantôt elle se traîne; elle prend toutes les formes, même celles de la beauté. On la croiroit sourde, et toutefois elle entend le plus petit bruit qui décèle la vie; elle paroît aveugle, et pourtant elle découvre le moindre insecte rampant sous l'herbe. D'une main elle tient une faux comme un moissonneur; de l'autre elle cache la seule blessure qu'elle ait jamais reçue, et que le Christ vainqueur lui porta dans le sein, au sommet du Golgotha.

C'est le Crime qui ouvre les portes de l'enfer, et c'est la Mort qui les referme. Ces deux monstres, par un certain amour affreux, avoient été avertis de l'approche de leur père. Aussitôt que la Mort reconnoît de loin l'ennemi des hommes, elle vole pleine de joie à sa rencontre :

« O mon père ! s'écrie-t-elle, j'incline devant toi
« cette tête qui ne s'abaissa jamais devant personne.
« Viens-tu rassasier la faim insatiable de ta fille ? je
« suis fatiguée des mêmes festins, et j'attends de
« toi quelque nouveau monde à dévorer. »

Satan, saisi d'horreur, détourna la tête pour

éviter les embrassements du squelette. Il l'écarte avec sa lance, et lui répond en passant :

« O Mort ! tu seras satisfaite et vengée : je vais
« livrer à ta rage le peuple nombreux de ton unique
« vainqueur. »

En prononçant ces mots le chef des démons entre au séjour où pleurent à jamais ses victimes ; il s'avance dans les campagnes ardentes. L'abîme s'émeut à la vue de son roi ; les bûchers jettent une flamme plus éclatante ; le réprouvé qui pensoit être au comble de la douleur est percé d'un aiguillon plus aigu : ainsi, dans le désert de Zaara, accablé par l'ardeur d'un orage sans pluie, le noir Africain se couche sur les sables, au milieu des serpents et des lions altérés comme lui ; il se croit parvenu au dernier degré du supplice : un soleil troublé, se montrant entre des nuées arides, lui fait sentir des tourments nouveaux.

Qui pourroit peindre l'horreur de ces lieux, où sont rassemblées, agrandies et perpétuées sans fin toutes les tribulations de la vie ? Lié par cent nœuds de diamant sur un trône de bronze, le démon du désespoir domine l'empire des chagrins. Satan, accoutumé aux clameurs infernales, distingue à chaque cri et la faute punie et la douleur éprouvée. Il reconnoît la voix du premier homicide ; il entend le mauvais riche qui demande une goutte d'eau ; il rit des lamentations du pauvre qui réclame, au nom de ses haillons, les royaumes du ciel.

« Insensé, lui dit-il, tu croyois donc que l'indi-

« gence suppléoit à toutes les vertus ? Tu pensois
« que tous les rois étoient dans mon empire, et tous
« tes frères autour de mon rival ! Vile et chétive
« créature, tu fus insolent, menteur, lâche, envieux
« du bien d'autrui, ennemi de tout ce qui étoit
« au-dessus de toi par l'éducation, l'honneur et la
« naissance, et tu demandes des couronnes ! Brûle
« ici avec l'opulence impitoyable, qui fit bien de
« t'éloigner d'elle, mais qui te devoit un habit et
« du pain. »

Du milieu de leurs supplices, une foule de malheureux crioient à Satan :

« Nous t'avons adoré, Jupiter, et c'est pour cela,
« maudit, que tu nous retiens dans les flammes ! »

Et l'archange orgueilleux, souriant avec ironie, répondoit :

« Tu m'as préféré au Christ, partage mes hon-
« neurs et mes joies ! »

La peine du feu n'est pas le tourment le plus affreux qu'éprouvent les âmes condamnées : elles conservent la mémoire de leur divine origine; elles portent en elles-mêmes l'image ineffaçable de la beauté de Dieu, et regrettent à jamais le souverain bien qu'elles ont perdu : ce regret est sans cesse excité par la vue des âmes dont la demeure touche à l'enfer, et qui, après avoir expié leurs erreurs, s'envolent aux régions célestes. A tous ces maux les réprouvés joignent encore les afflictions morales et la honte des crimes qu'ils ont commis sur la terre : les douleurs de l'hypocrite s'augmentent de la vénération que ses fausses vertus continuent d'inspirer au monde. Les titres magnifiques que le siècle déçu donne à des morts renommés font le tourment de ces morts dans les flammes de la vérité et de la vengeance. Les vœux qu'une tendre amitié offre au ciel pour des âmes perdues désolent, au fond de l'abîme, ces âmes inconsolables. C'est alors qu'on voit sortir du sépulcre ces coupables qui viennent révéler à la terre les châtiments de la justice divine, et dire aux hommes : « Ne priez pas pour moi ; je suis jugé. »

Au centre de l'abîme, au milieu d'un océan qui roule du sang et des larmes, s'élève parmi des rochers un noir château, ouvrage du désespoir et de la mort. Une tempête éternelle gronde autour de ses créneaux menaçants, un arbre stérile est planté devant sa porte, et sur le donjon de ses tristes murs, repliés neuf fois sur eux-mêmes, flotte l'étendard de l'orgueil à demi consumé par la foudre. Les démons, que les païens appellent les Parques, veillent à la barrière de ce palais ténébreux. Satan arrive au pied de sa royale demeure. Les trois gardes du palais se lèvent, et laissent le marteau d'airain retomber avec un bruit lugubre sur la porte d'airain. Trois autres démons, adorés sous le nom de Furies, ouvrent le guichet ardent : on aperçoit alors une longue suite de portiques désolés, semblables à ces galeries souterraines où les prêtres de l'Égypte cachoient les monstres qu'ils faisoient adorer aux hommes. Les dômes du fatal édifice retentissent des sourds mugissements d'un incendie ; une pâle lueur descend des voûtes embrasées. A l'entrée du premier vestibule, l'éternité des douleurs est couchée sur un lit de fer : elle est immobile ; son cœur même n'a aucun mouvement : elle tient à la main un sablier inépuisable. Elle ne sait et ne prononce que ce mot : « Jamais ! »

Aussitôt que le souverain des hiérarchies maudites est entré dans son habitacle impur, il ordonne aux quatre chefs des légions rebelles de convoquer le sénat des enfers. Les démons s'empressent d'obéir aux ordres de leur monarque. Ils remplissent en foule la vaste salle du conseil de Satan ; ils se placent sur les gradins brûlants du sombre amphithéâtre ; ils viennent tels que les adorent les mortels, avec les attributs d'un pouvoir qui n'est qu'imposture. Celui-là porte le trident dont il frappe en vain les mers, qui n'obéissent qu'à Dieu ; celui-ci, couronné des rayons d'une fausse gloire, veut imiter, astre menteur, ce géant superbe que l'Éternel fait sortir chaque matin du lieu où se lève l'aurore. Là raisonne le génie de la fausse sagesse, là rugit l'esprit de la guerre, là sourit le démon de la volupté : les hommes l'appellent Vénus ; l'enfer le connoît sous le nom d'Astarté ; ses yeux sont remplis d'une molle langueur, sa voix porte le trouble dans les âmes, et la brillante ceinture qui se rattache autour de ses flancs est l'ouvrage le plus dangereux des puissances de l'abîme. Enfin, on voit réunis dans ce conseil tous les faux dieux des nations, et Mitra, et Baal, et Moloch, Anubis, Brama, Teutatès, Odin, Erminsul, et mille autres fantômes de nos passions et de nos caprices.

Filles du ciel, les passions nous furent données avec la vie : tant qu'elles restent pures dans notre sein, elles sont sous la garde des anges; mais aussitôt qu'elles se corrompent, elles passent sous l'empire des démons. C'est ainsi qu'il y a un amour légitime et un amour coupable, une colère pernicieuse et une sainte colère, un orgueil criminel et une noble fierté, un courage brutal et une valeur éclairée. O grandeur de l'homme ! nos vices et nos vertus font l'occupation et une partie de la puissance de l'enfer et du ciel.

Non plus comme cet astre du matin qui nous apporte la lumière, mais semblable à une comète effrayante, Lucifer s'assied sur son trône, au milieu de ce peuple d'esprits. Tel qu'on voit pendant une tempête une vague s'élever au-dessus des autres flots, et menacer les nautoniers de sa cime écumante; ou tel que, dans une ville embrasée, on remarque, au milieu des édifices fumants, une haute tour dont les flammes couronnent le sommet : tel paroît l'archange tombé au milieu de ses compagnons. Il soulève le sceptre de l'enfer, où, par un feu subtil, tous les maux sont attachés. Dissimulant les chagrins qui le dévorent, Satan parle ainsi à l'assemblée :

« Dieux des nations, trônes, ardeurs, guerriers
« généreux, milices invincibles, race noble et indé-
« pendante, magnanimes enfants de cette forte
« patrie, le jour de gloire est arrivé; nous allons
« recueillir le fruit de notre constance et de nos
« combats. Depuis que j'ai brisé le joug du tyran,

« j'ai tâché de me rendre digne du pouvoir que
« vous m'avez confié. Je vous ai soumis l'univers;
« vous entendez ici les plaintes des descendants de
« cet homme qui devoit vous remplacer au séjour
« des béatitudes. Pour sauver cette race misérable,
« notre persécuteur fut obligé d'envoyer son Fils sur
« la terre. Il a paru, ce Messie; il a osé pénétrer dans
« nos royaumes; et, si vous eussiez secondé mon
« audace, nous l'aurions chargé de fers et retenu
« au fond de ces abîmes : la guerre alors étoit à
« jamais terminée entre nous et l'Éternel. Mais
« cette occasion favorable est perdue, et c'est ce qui
« nous oblige à reprendre les armes. Les sectateurs
« du Christ se multiplient. Trop sûrs de la justice
« de nos droits, nous avons négligé de défendre
« nos autels : faisons donc tous ensemble un nouvel
« effort, afin de renverser cette croix qui nous
« menace, et délibérons sur les moyens les plus
« prompts de parvenir à cette victoire. »

Ainsi parle le blasphémateur vaincu du Christ
dans la nuit éternelle, cet archange qui vit le Sauveur briser avec sa croix les portes de l'enfer, et
délivrer la troupe des justes d'Israël; les démons
éperdus fuyoient à l'aspect de la lumière divine, et
Satan lui-même, renversé au milieu des ruines de
son empire, avait la tête écrasée sous le pied d'une
femme.

Lorsque le père du mal eut fini son discours, le
démon de l'homicide se leva. Des bras teints de
sang, des gestes furieux; une voix effrayante, tout
annonce en cet esprit révolté les crimes qui le

souillent et la violence des sentiments qui l'agitent. Il ne peut supporter la pensée qu'un seul chrétien échappe à ses fureurs : ainsi, dans l'Océan qui baigne les rivages du Nouveau-Monde, on voit un monstre marin poursuivre sa proie au milieu des flots : si la proie brillante déploie tout à coup des ailes argentées, et trouve, oiseau d'un moment, sa sûreté dans les airs, le monstre trompé bondit sur les vagues, et, vomissant des tourbillons d'écume et de fumée, il effraie les matelots de sa rage impuissante.

« Qu'est-il besoin de délibérer ? s'écrie l'ange
« atroce. Faut-il pour détruire les peuples du
« Christ, d'autres moyens que des bourreaux et
« des flammes ? Dieux des nations, laissez-moi le
« soin de rétablir vos temples. Le prince qui va
« bientôt régner sur l'empire romain est dévoué à
« ma puissance. J'exciterai la cruauté de Galérius.
« Qu'un immense et dernier massacre fasse nager
« les autels de notre ennemi dans le sang de ses
« adorateurs. Satan aura commencé la victoire en
« perdant le premier homme, moi je l'aurai cou-
« ronnée en exterminant les chrétiens. »

Il dit, et tout à coup les angoisses de l'enfer se font sentir à cet esprit féroce; il pousse un cri comme un coupable frappé du glaive des bourreaux, comme un assassin percé de la pointe des remords. Une sueur ardente paroît sur son front; quelque chose de semblable à du sang distille de sa bouche : il se débat en vain sous le poids de la réprobation.

Alors le démon de la fausse sagesse se lève avec une gravité qui ressemble à une triste folie. La feinte sévérité de sa voix, le calme apparent de ses esprits, trompent la multitude éblouie : tel qu'une belle fleur portée sur une tige empoisonnée, il séduit les hommes et leur donne la mort. Il affecte la forme d'un vieillard, chef d'une de ces écoles répandues dans Athènes et dans Alexandrie. Des cheveux blancs couronnés d'une branche d'olivier, un front à moitié chauve, préviennent d'abord en sa faveur; mais quand on le considère de plus près, on découvre en lui un abîme de bassesse et d'hypocrisie, et une haine monstrueuse de la véritable raison. Son crime commença dans le ciel avec la création des mondes, aussitôt que ces mondes eurent été livrés à ses vaines disputes. Il blâma les ouvrages du Tout-Puissant; il vouloit, dans son orgueil, établir un autre ordre parmi les anges et dans l'empire de la souveraine sagesse : c'est lui qui fut le père de l'athéisme, exécrable fantôme que Satan même n'avoit point enfanté, et qui devint amoureux de la mort, lorsqu'elle parut aux enfers. Mais, quoique le démon des doctrines funestes s'applaudisse de ses lumières, il sait pourtant combien elles sont pernicieuses aux mortels, et il triomphe des maux qu'elles font à la terre. Plus coupable que tous les anges rebelles, il connoît sa propre perversité, et il s'en fait un titre de gloire. Cette fausse sagesse, née après les temps, parla de cette sorte à l'assemblée des démons :

« Monarques de l'enfer, vous le savez, j'ai tou-

« jours été opposé à la violence. Nous n'obtiendrons
« la victoire que par le raisonnement, la douceur
« et la persuasion. Laissez-moi répandre parmi nos
« adorateurs, et chez les chrétiens eux-mêmes, ces
« principes qui dissolvent les liens de la société, et
« minent les fondements des empires. Déjà Hiéro-
« clès, ministre chéri de Galérius, s'est jeté dans
« mes bras. Les sectes se multiplient. Je livrerai les
« hommes à leur propre raison ; je leur enverrai mon
« fils, l'athéisme, amant de la mort et ennemi de
« l'espérance. Ils en viendront jusqu'à nier l'exis-
« tence de celui qui les créa. Vous n'aurez point à
« livrer de combats, dont l'issue est toujours in-
« certaine : je saurai forcer l'Éternel à détruire une
« seconde fois son ouvrage. »

A ce discours de l'esprit le plus profondément
corrompu de l'abîme, les démons applaudirent en
tumulte. Le bruit de cette lamentable joie se pro-
longea sous les voûtes infernales. Les réprouvés
crurent que leurs persécuteurs venoient d'inven-
ter de nouveaux tourments. Aussitôt ces âmes,
qui n'étaient plus gardées dans leurs bûchers, s'é-
chappèrent des flammes, et accoururent au conseil : elles traînoient avec elles quelque partie de
leurs supplices : l'une son suaire embrasé, l'autre
sa chape de plomb, celle-ci les glaçons qui pendoient à ses yeux remplis de larmes, celle-là les
serpents dont elle étoit dévorée. Les affreux spectateurs d'un affreux sénat prennent leurs rangs
dans les tribunes brûlantes. Satan lui-même effrayé,
appelle les spectres gardiens des ombres, les vaines

chimères, les songes funestes, les harpies aux sales griffes, l'épouvante au visage étonné, la vengeance à l'œil hagard, les remords qui ne dorment jamais, l'inconcevable folie, les pâles douleurs et le trépas.

« Remettez, s'écrie-t-il, ces coupables dans les « fers, ou craignez que Satan ne vous enchaîne « avec eux. »

Inutiles menaces! Les fantômes se mêlent aux réprouvés, et veulent, à leur exemple, assister au conseil de leurs rois. On auroit vu peut-être un combat horrible, si Dieu, qui maintient sa justice, et qui seul est auteur de l'ordre, même aux enfers, n'eût fait cesser le tumulte. Il étendit son bras, et l'ombre de sa main se dessina sur le mur de la salle maudite. Aussitôt une terreur profonde s'empare des âmes perdues et des esprits rebelles : les premières retournent à leurs tourments ; les seconds, après que la main divine s'est retirée, recommencent à délibérer.

Le démon de la volupté, essayant de sourire sur le siége où il étoit demi-couché, fait un effort et relève la tête. Le plus beau des anges tombés après l'archange rebelle, il a conservé une partie des grâces dont l'avoit orné le Créateur; mais au fond de ses regards si doux, à travers le charme de sa voix et de son sourire, on découvre je ne sais quoi de perfide et d'empoisonné. Né pour l'amour, éternel habitant du séjour de la haine, il supporte impatiemment son malheur; trop délicat pour pousser des cris de rage, il pleure seulement, et prononce ces paroles avec de profonds soupirs :

« Dieux de l'Olympe, et vous que je connois
« moins, divinités du brachmane et du druide, je
« n'essaierai point de le cacher; oui, l'enfer me
« pèse ! Vous ne l'ignorez pas : je ne nourrissois
« contre l'Éternel aucun sujet de haine, et j'ai seu-
« lement suivi, dans sa rébellion et dans sa chute,
« un ange que j'aimois. Mais, puisque je suis tombé
« du ciel avec vous, je veux du moins vivre long-
« temps au milieu des mortels, et je ne me laisserai
« point bannir de la terre. Tyr, Héliopolis, Paphos,
« Amathonte, m'appellent. Mon étoile brille encore
« sur le mont Liban : là, j'ai des temples enchantés,
« des fêtes gracieuses, des cygnes qui m'entraînent
« au milieu des airs, des fleurs, de l'encens, des
« parfums, de frais gazons, des danses voluptueuses
« et de riants sacrifices ! Et les chrétiens m'arrache-
« roient ce léger dédommagement des joies célestes !
« le myrte de mes bosquets, qui donne à l'enfer
« tant de victimes, seroit transformé en croix sau-
« vage, qui multiplie les habitants du ciel ! Non, je
« ferai connoître aujourd'hui ma puissance. Pour
« vaincre les disciples d'une loi sévère, il ne faut
« ni violence, ni sagesse : j'armerai contre eux les
« tendres passions; cette ceinture vous répond de la
« victoire. Bientôt mes caresses auront amolli ces
« durs serviteurs d'un Dieu chaste. Je dompterai
« les vierges rigides, et j'irai troubler, jusque dans
« leur désert, ces anachorètes qui pensent échapper
« à mes enchantements. L'ange de la sagesse s'ap-
« plaudit d'avoir enlevé Hiéroclès à notre ennemi;

« mais Hiéroclès est aussi fidèle à mon culte : déjà
« j'ai allumé dans son sein une flamme criminelle ;
« je saurai maintenir mon ouvrage, faire naître des
« rivalités, bouleverser le monde en me jouant, et,
« par les délices, amener les hommes à partager
« vos douleurs. »

En achevant ces mots, Astarté se laisse tomber sur sa couche. Il veut sourire, mais le serpent qu'il porte caché sous sa ceinture le frappe secrètement au cœur : le foible démon pâlit, et les chefs expérimentés des bandes infernales devinèrent sa blessure.

Cependant les trois avis partageoient l'horrible sanhédrin. Satan impose silence à l'assemblée :

« Compagnons, vos conseils sont dignes de vous ;
« mais, au lieu de choisir entre des avis également
« sages, suivons-les tous pour obtenir un succès
« éclatant. Appelons encore à notre aide l'idolâtrie
« et l'orgueil. Moi-même je réveillerai la supersti-
« tion dans le cœur de Dioclétien, et l'ambition
« dans l'âme de Galérius. Vous tous, dieux des na-
« tions, secondez mes efforts : allez, volez, excitez
« le zèle du peuple et des prêtres. Remontez sur
« l'Olympe, faites revivre les fables des poëtes. Que
« les bois de Dodone et de Daphné rendent de nou-
« veaux oracles ; que le monde soit partagé entre
« des fanatiques et des athées ; que les doux poisons
« de la volupté allument des passions féroces ; et
« de tous ces maux réunis faisons naître contre les
« chrétiens une épouvantable persécution. »

Ainsi parle Lucifer : trois fois il frappe son trône

de son sceptre; trois fois le creux de l'abîme renvoie un long mugissement. Le chaos, unique et sombre voisin de l'enfer, ressent le contre-coup, s'entr'ouvre, et laisse passer au travers de son sein un foible rayon de lumière qui descend jusque dans la nuit des réprouvés. Jamais Satan n'avoit paru plus formidable depuis le jour où, renonçant à l'obéissance, il se déclara l'ennemi de l'Éternel. Aussitôt les légions s'élèvent, sortent du conseil, traversent la mer de larmes, la région des supplices, et volent vers la porte gardée par le crime et la mort. On voit passer la troupe immonde à la lueur des fournaises ardentes, comme, dans une grotte souterraine, voltigent à la lumière d'un flambeau ces oiseaux douteux dont un insecte impur semble avoir tissu les ailes.

Sous le vestibule du palais des enfers, devant le lit de fer où repose l'éternité des douleurs, est suspendue une lampe : là brûle la flamme primitive de la colère céleste, qui alluma les brasiers éternels. Satan prend une étincelle de ce feu. Il part : du premier bond il touche à la ceinture étoilée; du second pas il arrive au séjour des hommes. Il porte l'étincelle fatale dans tous les temples, rallume les feux éteints sur les autels des idoles : aussitôt Pallas remue sa lance, Bacchus agite son thyrse, Apollon tend son arc, l'Amour secoue son flambeau, les vieux pénates d'Énée prononcent des paroles mystérieuses, et les dieux d'Ilion prophétisent au Capitole. Le père du mensonge place un esprit d'illusion à chaque simulacre des divinités païennes; et, réglant les mouvements de ses invisibles cohortes, il fait agir de concert, contre l'Église de Jésus-Christ, l'armée entière des démons.

# REMARQUES

## SUR LE PREMIER LIVRE.

#### PREMIÈRE REMARQUE.

*Page* 19. Muse céleste.

> O Musa, tu che di caduchi allori
> Non circondi la fronte in Elicona, etc.
> (*Gierus. liber.*, canto 1, strof. 11.)

#### II<sup>e</sup>.

*Page* 21. L'Éternel, qui voyoit les vertus des chrétiens s'affoiblir dans la prospérité, permit aux démons de susciter une persécution nouvelle.

Eusèbe a donné la même raison de la persécution sous Dioclétien. On peut remarquer, au reste, que cette exposition, fort courte et fort simple, contient absolument tout le sujet.

#### III<sup>e</sup>.

*Page* 21. Démodocus étoit le dernier descendant d'une de ces familles Homérides.

J'ai adopté la tradition qui convenoit le mieux à mon sujet : on sait d'ailleurs que les Homérides étoient des Rhapsodes qui récitoient en public des morceaux de l'*Iliade* et de l'*Odyssée*. Le nom de Démodocus est emprunté de l'*Odyssée*. Démodocus étoit un poëte aveugle qui chantoit aux festins d'Alcinoüs : on croit qu'Homère s'est peint sous la figure de ce favori des Muses. Par la fiction de cette famille d'Homère, j'ai pu faire remonter les mœurs jusqu'aux siècles héroïques sans trop choquer la vraisemblance. Il est assez simple qu'un vieux prêtre d'Homère, dernier descendant de ce poëte, poëte lui-même, et l'esprit tout rempli de l'*Iliade* et de l'*Odyssée*, ait gardé, pour ainsi dire, les mœurs de sa famille. On voit dans les montagnes d'Écosse des clans ou tribus qui, depuis des siècles, conservent la langue, le vêtement et les usages de leurs pères. Sans le secours de cette fiction, peut-être assez heureuse en elle-même, j'aurois perdu le charme et les grands traits de la mythologie d'Homère. On m'auroit alors reproché, très justement, d'avoir opposé les mœurs chrétiennes dans toute leur jeunesse et toute leur beauté, aux mœurs païennes dans leur décadence. On voit donc ici une preuve frappante de ma bonne foi, et de la conscience que je mets toujours dans mon travail. Certainement les petits dieux d'Ovide et les usages de la Grèce idolâtre au quatrième siècle n'auroient pu se soutenir un seul moment auprès de la grandeur du christianisme naissant et du tableau des vertus évangéliques. Il ne faut pas d'ailleurs oublier que Cymodocée, représentant les beaux arts de la Grèce, doit sortir de cette famille Homéride, et qu'elle va devenir chrétienne pour remettre à la Muse sainte la lyre d'Homère.

IV<sup>e</sup>.

*Page* 21. Du mont Taléé, chéri de Mercure.

Montagne de Crète où Mercure étoit honoré. Peut-être avoit-elle pris son nom de Talus, compagnon des travaux de Rhadamanthe, et dont les poëtes ont fait un géant d'airain, qui combattit les Argonautes, et fut tué par les enchantements de Médée. (Voyez PLATON et APOLLONIUS.)

V<sup>e</sup>.

*Page* 21. Il avoit suivi son épouse à Gortynes, ville bâtie par le fils de Rhadamanthe, au bord du Léthé, non loin du platane qui couvrit les amours d'Europe et de Jupiter.

Gortynes, une des cent villes de la Crète. Rhadamanthe est devenu, par l'enchantement des poëtes, un des juges des enfers. Le Léthé, petite rivière de Crète, ainsi nommée parce que ce fut sur ses bords qu'Hermione oublia Cadmus. Les Grecs, ayant remarqué le long du Léthé une espèce de platane toujours vert, publièrent que Jupiter avoit fait naître ce platane pour cacher ses amours avec Europe. (Voyez les mythologues, les géographes et les voyageurs, entre autres TOURNEFORT.)

### VI<sup>e</sup>.

*Page* 21. Les antres des dactyles.

Les dactyles idéens étoient, selon les uns, des prêtres de Cybèle, et, selon les autres, une espèce d'hommes religieux, premiers habitants de la Crète. Ils demeuroient dans les cavernes du mont Ida. (Voyez SOPHOCLE, STRABON, DIODORE DE SICILE, etc.)

### VII<sup>e</sup>.

*Page* 21. Épicharis alla visiter ses troupeaux sur le mont Ida. Saisie tout à coup des douleurs maternelles, elle mit au jour Cymodocée.

> Σιμοείσιον· ὅν ποτε μήτηρ
> Ἴδηθεν κατιοῦσα, παρ' ὄχθῃσιν Σιμόεντος
> Γείνατ', ἐπεί ῥα τοκεῦσιν ἅμ' ἕσπετο, μῆλα ἰδέσθαι.
> (*Iliad.*, liv. IV, v. 474.)

### VIII<sup>e</sup>.

*Page* 22. Dans le bois sacré où les trois vieillards de Platon s'étoient assis pour discourir sur les lois.

Allusion à la belle scène qui commence le dialogue sur les lois. « Clinias : En avançant, nous trouverons dans les bois consacrés à Jupiter des cyprès d'une hauteur et d'une beauté admirables, et des prairies où nous pourrons nous asseoir et nous délasser.» ( *Lois de Platon,* liv. 1ᵉʳ, trad. de M. Grou.)

## IXᵉ.

*Page* 22. De regarder avec un sourire mêlé de larmes cet astre charmant, etc.

Sourire mêlé de larmes. Andromaque regarde ainsi Astyanax :

Δακρυόεν γελάσασα. (*Iliad.*, liv. VI, v. 484.)

C'est encore Homère qui compare Astyanax à un bel astre :

ἀλίγκιον ἀστέρι καλῷ. (*Iliad.*, liv. VI, v. 401.)

## Xᵉ.

*Page* 22. Or, dans ce temps-là, les habitants de la Messénie faisoient élever un temple à Homère.

Presque toutes les villes qui se disputoient la gloire d'avoir donné naissance à Homère lui élevèrent des temples. Ptolémée-Philopator lui en bâtit un magnifique; Chio célébroit des jeux en l'honneur du plus grand des poëtes; Argos invoquoit Apollon et Homère, etc.

## XIᵉ.

*Page* 22. Poussé par un vent favorable, son vaisseau découvre bientôt le promontoire du Ténare, et suivant les côtes d'OEtylos, de Thalames et de Leuctres, il vient jeter l'ancre à l'ombre du bois Chœrius.

Le Ténare, aujourd'hui le cap Matapan, dernier promontoire de la Laconie. On y voyoit un temple de Neptune et un soupirail qui conduisoit aux enfers. OEtylos, Tha-

lames, Leuctrès, etc., villes situées le long des côtes de la
Laconie, au revers du mont Taygète, dans le golfe de
Messénie. (Voyez Pausanias, *in Messen.*) Ces villes n'ont
rien de remarquable. D'Anville veut trouver Œtylos dans
Bétylo : peut-être Thalames est-il Calamate, quoiqu'il soit
plus probable que la Calamate moderne est la Calamé des
anciens. Il ne faut pas confondre la Leuctrès du golfe de
Messénie avec la Leuctres de l'Arcadie, et surtout avec la
Leuctres célèbre par la victoire d'Épaminondas.

### XIIe.

*Page* 23. On y voyoit le poëte représenté sous la
figure d'un grand fleuve où d'autres fleuves venoient
remplir leurs urnes.

Cet ingénieux emblème fut trouvé par l'antiquité, et
c'est ce qui a fait dire à Longin, en parlant des imitations
de Platon : « Il a puisé dans Homère comme dans une vive
source dont il a détourné une infinité de ruisseaux. » (*Traité
du sublime*, ch. XI, traduct. de Boileau.) Que je serois heureux si j'avois puisé à mon tour quelques gouttes d'eau
dans cette vive source !

### XIIIe.

*Page* 23. Le temple dominoit la ville d'Épaminondas.

C'est Messène. Elle fut bâtie par le général thébain après
qu'il eut battu les Spartiates et rappelé les Messéniens dans
leur patrie. Pellegrin ne parle point de Messène. L'abbé
Fourmont la visita vers l'an 1754, et compta trente-huit
tours encore debout.

Je voyois ces ruines à ma gauche en traversant la Messénie pour me rendre à Tripolizza, au pied du Ménale,
dans le vallon de Tégée. M. de Pouqueville, venant de
Navarin (l'ancienne Pylos), et faisant à peu près la même
route que moi, dut laisser ces mêmes ruines à sa droite.
(Voyez Pausanias, *in Messen.; Voyage du jeune Anacharsis;*

PELLEGRIN, *Voyage au royaume de Morée;* POUQUEVILLE, *Voyage en Morée.*)

### XIVe.

*Page* 23. L'oracle avoit ordonné de creuser les fondements de l'édifice au même lieu qu'Aristomène avoit choisi pour enterrer l'urne d'airain à laquelle le sort de sa patrie étoit attaché.

Tout le monde connoît les fameuses guerres des Spartiates et des Messéniens. Ceux-ci, au moment d'être subjugués, eurent recours à la religion.

« On gardoit, dit Pausanias, un monument auquel étoit « attaché le salut des Messéniens. Si les Messéniens per- « doient ce monument sacré, ils seroient entièrement dé- « truits; si, au contraire, ils le conservoient, ils se relève- « roient un jour de leur ruine... Aristomène enleva pendant « la nuit ce monument, et l'enterra dans l'endroit le plus « désert du mont Ithome. »

Ce monument étoit une urne de bronze qui renfermoit des lames de plomb sur lesquelles étoit gravé tout ce qui avoit rapport au culte des grandes déesses. Épaminondas retrouva cette urne, rappela les Messéniens fugitifs, et bâtit Messène.

### XVe.

*Page* 23. Les flots de l'Amphise, du Pamisus et du Balyra, où l'aveugle Thamyris laissa tomber sa lyre.

Le Pamisus passoit pour le plus grand fleuve du Péloponèse. J'ai échoué dans son embouchure avec une barque qui ne tiroit que quelques pouces d'eau. L'Amphise, selon Pausanias, se jette dans le Balyra. Le poëte Thamyris ayant osé défier les Muses dans l'art des chants, fut vaincu. Les Muses le privèrent de la vue, et il jeta de dépit, ou laissa tomber (selon d'autres auteurs), sa lyre dans le Balyra. Platon veut que l'âme de Thamyris soit passée dans le corps du rossignol. (Voyez aussi HOMÈRE, dans l'*Iliade*.)

XVIᵉ.

*Page* 23. Le laurier rose et l'arbuste aimé de Junon.

C'est le gratilier ou l'agnus castus. A Samos, cet arbrisseau étoit consacré, et l'on prétendoit que Junon étoit née sous son ombrage. J'ai nommé surtout ces deux arbrisseaux, parce que je les ai trouvés à chaque pas dans la Grèce.

XVIIᵉ.

*Page* 23. Andanies, témoin des pleurs de Mérope, Tricca qui vit naître Esculape, Générie qui conserve le tombeau de Machaon, Phères, où le prudent Ulysse reçut d'Iphitus l'arc fatal aux amants de Pénélope, et Stényclare retentissant des chants de Tyrtée.

«Chresphonte, dit Pausanias, épousa Mérope... Les anciens rois de Messénie faisoient leur résidence à Andanies.» La belle tragédie de Voltaire a fait connoître Mérope à tous les lecteurs.

«Selon les Messéniens, dit encore Pausanias, Esculape étoit né à Tricca, village de Messénie.» Il y a d'autres traditions sur Esculape : j'ai suivi celle qui convenoit à mon sujet.

«On voit à Générie, dit toujours Pausanias, le tombeau de Machaon.»

Phères, où le prudent Ulysse reçut d'Iphitus l'arc fatal.

Voici le passage d'Homère :
«Cet arc étoit un don d'Iphitus, fils d'Euryte, semblable aux immortels. Iphite étoit venu dans la Messénie; il rencontra Ulysse dans la maison du généreux Orsiloque.» (*Odyss.*, liv. XXI.)

D'Après cela j'ai cru pouvoir placer la circonstance du don de l'arc à Phères, puisque Orsiloque demeuroit à

Phères, d'après le témoignage de Pausanias et d'Homère lui-même.

Et Stényclare retentissant des chants de Tyrtée.

J'ai lu Stényclare, au lieu de Stényclère, pour l'oreille. On sait que dans les guerres de Messénie les Lacédémoniens demandèrent un général aux Athéniens, et que ceux-ci leur envoyèrent Tyrtée, maître d'école, laid et boiteux. Les ennemis se rencontrèrent dans la plaine de Stényclare, à un endroit appelé le monument du Sanglier. Tyrtée étoit présent à l'action, et encourageoit les Lacédémoniens par des espèces d'élégies guerrières que toute l'antiquité a louées comme sublimes. Il nous reste quelques fragments des poésies de Tyrtée, dans la collection des petits poëtes grecs. (*Poet. Græc. min.*, pag. 334.)

### XVIII<sup>e</sup>.

*Page* 23. Ce beau pays, jadis soumis au sceptre de l'antique Nélée, présentoit une corbeille de verdure de plus de huit cents stades de tour.

Nélée, chassé D'Iolchos, ville de Thessalie, se retira chez Apharéus, son cousin germain, qui régnoit en Messénie. Celui-ci lui donna Pylos et toute la côte maritime. Apharéus eut deux fils, Lyncée et Idas, qui firent la guerre aux Dioscures, et qui périrent dans cette guerre. La Messénie passa, par leur mort, sous la domination de Nestor, fils de Nélée. Quant à l'étendue de la Messénie, j'ai suivi le calcul de l'abbé Barthélemy, qui s'appuie de l'autorité de Strabon, liv. VIII.

### XIX<sup>e</sup>.

*Page* 24. Cet horizon, unique sur la terre, rappeloit le triple souvenir de la vie guerrière, etc.

Toute cette description de la Messénie est de la dernière exactitude. Elle est faite sur les lieux mêmes, et je n'ai rien retranché, rien ajouté au tableau. Un critique, qui m'a traité d'ailleurs avec politesse, trouve cette phrase singulière : « Dessinent dans les vallons comme des ruisseaux de fleurs ; » mais l'expression paroîtra, je crois, très juste à tous ceux qui auront visité les lieux. Je n'ai pu rendre autrement ce que je voyois ; presque tous les fleuves, ou plutôt les ruisseaux de la Grèce, sont à sec pendant l'été. Leurs lits se remplissent alors de lauriers roses, de gatiliers, de genêts odorants. Ces arbustes, plantés dans le fond du ravin, ne montrent que leurs têtes au-dessus du sol ; et, comme ils suivent les sinuosités du torrent desséché où ils croissent, leurs cimes fleuries, qui serpentent ainsi au milieu d'une terre brûlée, dessinent réellement à l'œil des ruisseaux de fleurs. Le passage suivant de mon *Itinéraire* servira de commentaire à ma description de la Messénie :

« Il faisoit encore nuit quand nous quittâmes Modon, « autrefois Méthone, en Messénie. (Le vaisseau qui m'avoit « pris à Trieste m'avoit débarqué à Modon.) Je croyois en-« core errer dans les déserts de l'Amérique : même soli-« tude, même silence. Nous traversâmes des bois d'oliviers, « en nous dirigeant au midi. Au lever de l'aurore, nous « nous trouvâmes sur les sommets aplatis de quelques mon-« tagnes arides, où nous marchâmes pendant deux heures. « Ces sommets, labourés par des torrents, avoient l'air de « guérets abandonnés. Le jonc marin et une espèce de « bruyère épineuse et fleurie y croissoient par touffes ou « par bouquets. De gros caïeux de lis de montagnes, dé-« chaussés par les pluies, paroissoient çà et là à la surface « de la terre. Nous découvrîmes la mer au travers d'un « bois d'oliviers clair-semés. Nous descendîmes dans un « vallon où l'on voyoit quelques champs de doura, d'orge « et de coton. Nous traversâmes le lit desséché d'un torrent « où croissoient le laurier rose et l'agnus castus, joli ar-« brisseau à feuilles longues, pâles et menues, et dont la « fleur lilas un peu cotonneuse s'allonge en forme de que-« nouille. Junon étoit née sous cet arbrisseau, célèbre à

« Samos. Je cite ces deux arbustes, parce qu'on les retrouve
« dans toute la Grèce, qu'ils décorent presque seuls ces
« solitudes, jadis si riantes et si parées, aujourd'hui si nues
« et si tristes. A propos de torrents desséchés, je dois dire
« que je n'ai vu, dans la patrie de l'Ilissus, de l'Alphée et
« de l'Érymanthe, que trois fleuves dont l'urne ne fût pas
« tarie : le Pamisus, le Céphise et l'Eurotas. Il faut qu'on
« me pardonne encore l'espèce d'indifférence et presque
« d'impiété avec laquelle j'écrirai souvent les noms les plus
« célèbres ou les plus harmonieux. On se familiarise malgré
« soi, en Grèce, avec Thémistocle, Épaminondas, Sophocle,
« Platon, Thucydide ; et il faut une grande religion pour ne
« pas franchir le Cithéron, le Ménale ou le Lycée, comme
« on passe des monts vulgaires.

« Au sortir des vallons dont je viens de parler, nous com-
« mençâmes à gravir de nouvelles montagnes. Mon guide
« me répéta plusieurs fois des noms inconnus ; mais, à en
« juger par leur position, ces montagnes devoient faire
« une partie de la chaîne du mont Thémathia. Nous ne tar-
« dâmes pas à entrer dans un bois charmant de vieux oli-
« viers, de lauriers roses, d'esquines, d'agnus castus et de
« cornouillers. Ce bois étoit dominé par des sommets ro-
« cailleux. Parvenus à cette dernière cime, nous décou-
« vrîmes le beau golfe de Messénie, bordé de toutes parts
« de hautes montagnes, entre lesquelles le mont Ithome se
« distinguoit par son isolement, et le Taygète par ses deux
« flèches aiguës. Je saluai aussitôt ces monts fameux par
« tout ce que je savois de beaux vers à leur louange.

« Un peu au-dessous du sommet du Thémathia, en des-
« cendant vers Coron, nous aperçûmes une misérable ferme
« grecque dont les habitants s'enfuirent à notre approche.
« A mesure que nous descendions, nous découvrions de
« plus en plus la rade et le port de Coron, où l'on voyoit
« quelques bâtiments à l'ancre : la flotte du Capitan-Pacha
« étoit mouillée de l'autre côté du golfe, vers Calamate. En
« arrivant à la plaine qui est au pied des montagnes, et qui
« s'étend jusqu'à la mer, nous aperçûmes un village au

« centre duquel étoit une espèce de château-fort ; le tout
« étoit environné d'un cimetière turc, couvert de cyprès de
« tous les âges. Mon guide, en me montrant ces arbres,
« me les nommoit *Paryssa*. Le Messénien d'autrefois m'au-
« roit conté l'histoire du jeune homme dont le Messénien
« d'aujourd'hui n'a retenu que la moitié du nom. Mais ce
« nom, tout défiguré qu'il est, prononcé sur les lieux, à la
« vue d'un cyprès et des sommets du Taygète, me fit un
« plaisir que les poëtes comprendront. Je me disois pour-
« tant, en regardant ces tombeaux turcs : Que sont venus
« faire ici les barbares conquérants du Péloponèse? Ils sont
« venus y mourir comme les Messéniens. Au reste, ces
« tombeaux étoient fort agréables : le laurier rose crois-
« soit au pied des cyprès, qui ressembloient à de grands
« obélisques ; des milliers de tourterelles voltigeoient parmi
« ces ombrages ; l'herbe flottoit autour de la petite colonne
« funèbre, surmontée du turban ; une fontaine, bâtie par
« un pieux shérif, et qui sortoit de son tombeau, répan-
« doit son eau dans le chemin pour le voyageur. On se se-
« roit volontiers arrêté dans le cimetière où ce laurier de
« la Grèce, dominé par le cyprès de l'Orient, sembloit rap-
« peler la mémoire de deux peuples dont la poussière re-
« posoit dans ce lieu.

« Nous mîmes une heure pour arriver de ce cimetière à
« Coron. Nous marchâmes à travers un bois continu d'oli-
« viers, planté de froment à demi moissonné. Le terrain,
« qui de loin paroît une plaine unie, est coupé par des ra-
« vines inégales et profondes. M. Vial, alors consul de
« France à Coron, me reçut avec cette hospitalité par la-
« quelle les consuls du Levant sont si remarquables. Il vou-
« lut bien me loger chez lui. Il renvoya mon janissaire de
« Modon, et me donna un de ses propres janissaires, pour
« traverser avec moi la Morée et me conduire à Athènes.
« Ma marche fut ainsi réglée. Je ne pouvois me rendre à
« Sparte par Calamate, que l'on prendra si l'on veut pour
« Calathion, Cardamyle ou Thalames, sur la côte de la
« Laconie, presque en face de Coron : le Capitan-Pacha

«étoit en guerre avec les Maniottes; ainsi la route par
«Calamate m'étoit fermée : il fut donc arrêté que je pren-
«drois un long détour; que je passerois le défilé des
«Portes, l'un des Hermæum de la Messénie; que je me
«rendrois à Tripolizza, afin d'obtenir du pacha de Morée
«le firman nécessaire pour passer l'isthme ; que je revien-
«drois de Tripolizza à Sparte, et que de Sparte je prendrois
«par la montagne le chemin d'Argos, de Mycènes et de
«Corinthe.

«........................................................

«La maison du consul dominoit le golfe de Coron; je
«voyois de ma fenêtre la mer de Messénie, peinte du plus
«bel azur; devant moi, de l'autre côté de cette mer, s'éle-
«voit la haute chaîne du Taygète, couverte de neige, et
«justement comparée aux Alpes par Strabon, mais aux
«Alpes sous un plus beau ciel. A ma droite s'étendoit la
«pleine mer; et à ma gauche, au fond du golfe, je décou-
«vrois le mont Ithome, isolé comme le Vésuve, et tronqué
«comme lui à son sommet. Je ne pouvois m'arracher à ce
«spectacle. Quelles pensées ne m'inspiroit point la vue de
«ces côtes silencieuses et désertes de la Grèce, où l'on
«n'entend que l'éternel sifflement du mistral et le gémisse-
«ment des flots! Quelques coups de canon que le Capitan-
«Pacha faisoit tirer de loin à loin contre les rochers des
«Maniottes, interrompoient seuls ces tristes bruits par un
«bruit plus triste encore. On ne voyoit sur toute l'étendue
«de la mer que la flotte de ce chef des Barbares; elle me
«rappeloit les pirates américains, qui plantoient leur dra-
«peau sanglant sur une terre inconnue, et prenoient pos-
«session d'un pays enchanté au nom de la servitude et de
«la mort; ou plutôt je croyois voir les vaisseaux d'Alaric
«s'éloigner de la Grèce en cendres, emportant la dépouille
«des temples, les trophées d'Olympie, et les statues bri-
«sées de la Liberté et des Arts.

«Je quittai Coron le 14 août, à deux heures du matin,
«pour continuer mon voyage, etc., etc.»

## xx<sup>e</sup>.

*Page* 24. Comme un jeune olivier qu'un jardinier élève avec soin.

Οἷον δὲ τρέφει ἔρνος ἀνὴρ ἐριθηλὲς ἐλαίης·
Χώρῳ ἐν οἰοπόλῳ, ὅθ' ἅλις ἀναβέβρυχεν ὕδωρ,
Καλὸν, τηλεθάον· τὸ δέ τε πνοιαὶ δονέουσι
Παντοίων ἀνέμων, καί τε βρύει ἄνθεϊ λευκῷ.
(*Iliad.*, liv. xvii, v. 53.)

Je n'ai pas tout imité dans cette belle comparaison. Pythagore avoit une telle admiration pour ces vers, qu'il les avoit mis en musique, et qu'il les chantoit en s'accompagnant de sa lyre.

## xxi<sup>e</sup>.

*Page* 24. Hiéroclès avoit demandé Cymodocée pour épouse.

Voilà la première pierre de l'édifice. Le motif du refus de Démodocus et du dégoût de Cymodocée est justifié par le caractère et la personne d'Hiéroclès.

## xxii<sup>e</sup>.

*Page* 25. Ils disoient les maux qui sont le partage des enfants de la terre.

Tout ce qui suit fait allusion à divers passages de l'*Iliade* et de l'*Odyssée*. C'est Ulysse qui regrette de mourir avant d'avoir revu la fumée qui s'élève de ses foyers; ce sont les frères d'Andromaque qui furent tués par Achille lorsqu'ils gardoient les troupeaux, etc.

## XXIIIᵉ.

*Page* 26. Lorsque, adossée contre une colonne, elle tournoit ses fuseaux à la lueur d'une flamme éclatante.

Ἡ δ' ἧσται ἐπ' ἐσχάρῃ ἐν πυρὸς αὐγῇ,
Ἠλάκατα στρωφῶσ' ἁλιπόρφυρα, θαῦμα ἰδέσθαι,
Κίονι κεκλιμένη· δμωαὶ δέ οἱ εἴατ' ὄπισθεν.
(*Odyss.*, liv. v, v. 305.)

## XXIVᵉ.

*Page*. 26. Cette modération, sœur de la vérité, sans laquelle tout est mensonge.

En supprimant ici les deux virgules, on a fait une phrase ridicule, par laquelle je dirois que tout est mensonge sans la vérité. Voilà la bonne foi de la critique.

## XXVᵉ.

*Page* 26. Un jour elle étoit allée au loin cueillir le dictame avec son père.

Le dictame, renommé en Crète, croît aussi sur plusieurs montagnes de la Grèce, où je l'ai remarqué.

## XXVIᵉ.

*Page* 26. Ils avoient suivi une biche blessée par un archer d'OEchalie.

Non illa feris incognita capris
Gramina, cum tergo volucres hæsere sagittæ.
(*Æneid.*, XII, 414.)

## XXVIIᵉ.

*Page* 26. Le bruit se répandit aussitôt que Nestor et la plus jeune de ses filles, la belle Polycaste, étoient apparus à des chasseurs dans les bois de l'Ira.

Polycaste conduisit Télémaque au bain, lorsqu'il vint demander à Nestor des nouvelles de son père. (*Odyss.*, l. III.)

Il y avoit en Messénie une ville, une montagne et une rivière du nom d'Ira. Le siége d'Ira, par les Lacédémoniens, dura onze ans, et finit par la captivité et la dispersion des Messéniens. (PAUSANIAS.)

## XXVIII<sup>e</sup>.

*Page* 27. La fête de Diane-Limnatide approchoit... Cette pompe, cause funeste des guerres antiques de Lacédémone et de Messène...

« Diane-Limnatide avoit un temple sur les frontières de « la Messénie et de la Laconie. De jeunes filles de Sparte « étant venues à la fête de la déesse, furent violées par les « Messéniens. » (PAUSANIAS.) De là les guerres de Messénie.

## XXIX<sup>e</sup>.

*Page* 27. La statue de Diane, placée sur un autel....

C'est la Diane antique du Muséum.

## XXX<sup>e</sup>.

*Page* 28. Cymodocée, à la tête de ses compagnes, égales en nombre aux nymphes Océanies, entonna l'hymne à la Vierge Blanche.

Les nymphes Océanies étoient au nombre de soixante, et formoient le cortége de Diane. Diane partageoit avec Minerve le surnom de Vierge Blanche, à cause de sa virginité.

## XXXI<sup>e</sup>.

*Page* 28. Diane, souveraine des forêts, etc.

Phæbe, sylvarumque potens Diana,
. . . . . . . . . . . . . . . . . . . . . . . .
. . . . . . . date quæ precamur
  Tempore sacro,
Quo sibyllini monuere versus
Virgines lectas, puerosque castos

> Dis, quibus septem placuere colles,
> Dicere carmen.
>
> ..........................
> Di probos mores docili juventæ,
> Di senectuti placidæ quietem,
> Romulæ genti date remque prolemque,
> Et decus omne. (Hor., *Carm. Sec.*)

Les lecteurs qui compareront mon hymne à celui d'Horace verront bien que je diffère de mon modèle sur une foule de points.

### XXXII<sup>e</sup>.

*Page* 29. Un cerf blanc fut immolé à la reine du silence.

On offroit à Diane des fruits, des bœufs, des béliers, des cerfs blancs. J'ai cru pouvoir hasarder l'expression de reine du silence, d'après une expression d'Horace.

### XXXIII<sup>e</sup>.

*Page* 29. C'étoit une de ces nuits dont les ombres transparentes...

Je n'ai rien imité dans cette description, hors le dernier trait, qui est d'Homère : Assis dans la vallée, le berger, etc.

### XXXIV<sup>e</sup>.

*Page* 29. Ces retraites enchantées, où les anciens avoient placé le berceau de Lycurgue et celui de Jupiter.

On sait que Jupiter fut élevé en Crète, sur le mont Ida ; mais une autre tradition vouloit qu'il eût été nourri sur le mont Ithome. (Voyez Pausanias, *in Messen.*) J'ai suivi cette tradition.

### XXXV<sup>e</sup>.

*P.* 30. De Cybèle descendue dans les bois d'OEchalie.

OEchalie, en Messénie, étoit consacrée par les mystères des grandes déesses.

### XXXVI<sup>e</sup>.

*Page* 30. Les hauteurs de Thuria.

A six stades de la mer, vous trouverez Phères ; ensuite, quatre-vingts stades plus haut, dans les terres, est la ville de Thuria. Homère la nomme Anthée. (Pausanias, *in Messen.*, cap. XXI.) « Æpeia nunc Thuria vocatur », dit Strabon : « vox Celsam significat, quod nomen inde habet, quod in sublimi colle est sita. » (Lib. VIII.)

### XXXVII<sup>e</sup>.

*Page* 30. Le labyrinthe, dont la danse des jeunes Crétoises imitoit encore les détours.

On croit que la danse crétoise, connue sous le nom d'Ariadne, étoit une imitation des circuits du labyrinthe. Homère la place sur le bouclier d'Achille.

### XXXVIII<sup>e</sup>.

*Page* 30. Une source d'eau vive, environnée de hauts peupliers.

Ἀμφὶ δ' ἄρ αἰγείρων ὑδατοτρεφέων ἦν ἄλσος
Πάντοσε κυκλοτερές, κατὰ δὲ ψυχρὸν ῥέεν ὕδωρ
Ὑψόθεν ἐκ πέτρης, βωμὸς δ' ἐφύπερθε τέτυκτο
Νυμφάων, ὅθι πάντες ἐπιρρέζεσκον ὁδῖται.

(*Odyss.*, liv. XVII, v. 208.)

### XXXIX<sup>e</sup>.

*Page* 31. Tel un successeur d'Apelles a représenté le sommeil d'Endymion.

Il étoit bien juste que je rendisse ce foible hommage à l'admirable tableau d'Atala au tombeau. Malheureusement je n'ai pas l'art de M. Girodet, et tandis qu'il embellit mes peintures, j'ai bien peur de gâter les siennes. Au reste, ce tableau du sommeil d'Eudore n'est pas tout-à-fait semblable au tableau du sommeil d'Endymion, par M. Girodet. J'ai pris quelques détails du bas-relief qu'on voit au Capitole, et qui représente le même sujet.

### XL<sup>e</sup>.

*Page* 31. Et jamais ma mère, déjà tombée sous vos coups, ne fut orgueilleuse de ma naissance!

Allusion à l'aventure de Niobé.

### XLI<sup>e</sup>.

*Page* 31. Comment! dit Cymodocée... est-ce que tu n'es pas le chasseur Endymion?

Cette rencontre d'Eudore et de Cymodocée a paru généralement faire plaisir. Ceux qui l'ont critiquée ont trouvé que Cymodocée parloit trop pour une jeune Grecque, et ils ont prétendu que cela péchoit contre la vérité des mœurs. J'ai une réponse bien simple à faire : c'est Homère qui est le coupable. Nausicaa parle bien plus longuement à Ulysse que Cymodocée à Eudore. Les discours de Nausicaa sont même si longs, qu'ils occuperoient trop de place ici, et je suis obligé de renvoyer le lecteur à l'original. (Voyez l'*Odyssée,* liv. VI.) Ces longs bavardages, si j'ose proférer ce blasphème, ces répétitions, ces circonlocutions hors du sujet, sont un des caractères du style homérique. Je devois les imiter, surtout au moment de la rencontre de mes deux principaux personnages, pour faire contraster la prolixité païenne avec le laconisme du langage chrétien. Quant à l'anachronisme de mœurs, je me suis expliqué dans la remarque III<sup>e</sup>. Si j'avois besoin de quelque autre autorité après celle d'Homère, je la trouverois dans les tragiques grecs. Iphigénie, dans l'*Iphigénie en Aulide*, confie ses douleurs au chœur, composé des femmes de Chalcis, qu'elle n'a jamais vues; elle veut avoir l'éloquence d'Orphée, pour toucher Agamemnon; elle s'adresse aux forêts de la Phrygie, aux montagnes d'Ida; elle parle des eaux limpides, des prés fleuris où croissent la rose et l'hyacinthe; elle entasse cent autres lieux communs de poésie étrangers au sujet. Électre, dans *les Choéphores* d'Eschyle, reconnoît promptement Oreste; mais quels interminables discours ne tient-elle point à son frère, étranger, inconnu d'elle, dans Sophocle et Euripide! Nos grands poëtes ont si peu songé à cette prétendue invraisemblance de mœurs, qu'en imitant les anciens ils ont toujours fait parler très longuement les jeunes princesses. J'ai tort de réfuter sérieusement ce qu'on n'a pu donner pour une critique sérieuse.

### XLII<sup>e</sup>.

*Page* 33. Je suis fille d'Homère aux chants immortels.

Cela n'est pas plus extraordinaire que d'entendre Nausicaa conter sa généalogie et l'histoire de son père et de sa mère à Ulysse, qu'elle a trouvé tout nu dans un buisson. Quand on veut chicaner un auteur, il faut au moins savoir de quoi l'on parle.

### XLIII<sup>e</sup>.

*Page* 33. La Nuit sacrée, épouse de l'Érèbe, et mère des Hespérides et de l'Amour.

Lorsqu'il y a plusieurs traditions sur un sujet, je prends la moins connue ou la plus agréable, pour rajeunir les tableaux mythologiques : c'est pousser loin l'impartialité.

Ainsi, l'Amour, qu'on fait fils de Vénus, est ici enfant de la Nuit; allégorie presque aussi agréable et beaucoup plus ignorée que la première.

### XLIV<sup>e</sup>.

*Page* 33. Je ne vois que des astres qui racontent la gloire du Très-Haut.

Cœli enarrant gloriam Dei. » (*Psalm.* XVIII, 1.)

### XLV<sup>e</sup>.

*Page* 35. Ils me vendirent à un port de Crète, éloigné de Gortynes, etc... Lébène... Théodosie... Milet.

Lébène étoit le port, ou, comme on parle dans le Levant, l'échelle de Gortynes. Il étoit éloigné de cette ville de quatre-vingt-dix stades, selon Strabon : « Distat ab Africo « mari et Lebene navali suo ad stadia XC. » ( STRAB., lib. X. )

Théodosie étoit une ville de la Chersonèse Taurique, abondante en blé, qui se vendoit dans tout le Levant. « Post montana ista urbs sequitur Theodosia, campo præ- « dita fertili, et portu vel centum navibus recipiendis apto... « Tota regio frumenti ferax est. » ( STRAB., lib. VII, pag. 309.)

### XLVI<sup>e</sup>.

*Page* 35. Les cruelles Ilithyes.

Déesses, filles de Junon. Elles présidoient aux accouchements. Euryméduse les appelle cruelles, parce qu'Épicharis mourut en donnant le jour à Cymodocée. Diane est invoquée dans Horace sous le nom d'Ilithye :

> Rite maturos aperire partus
> Lenis Ilithya, tuere matres.
> (HOR., *Carm. Sec.*)

### XLVII<sup>e</sup>.

*Page* 35. Je te balançois sur mes genoux; tu ne voulois prendre de nourriture que de ma main.

Phœnix dit à peu près la même chose à Achille, et avec encore plus de naïveté :

Οὔτ' ἐς δαῖτ' ἰέναι, οὔτ' ἐν μεγάροισι πάσασθαι,
Πρίν γ' ὅτε δή σ' ἐπ' ἐμοῖσιν ἐγὼ γούνασσι καθίσσας,
Ὄψου τ' ἄσαιμί προταμών, καὶ οἶνον ἐπισχών.
Πολλάκι μοι κατέδευσας ἐπὶ στήθεσσι χιτῶνα
Οἴνου, ἀποβλύζων ἐν νηπιέῃ ἀλεγεινῇ.
(*Iliad.*, liv. IX, v. 487.)

### XLVIII<sup>e</sup>.

*Page* 36. Il part comme un aigle.

Ἥς ἄρα φωνήσας' ἀπέβη γλαυκῶπις Ἀθήνη,
Φήνῃ εἰδομένη.     (*Odyss.*, liv. III, v. 371.)

### XLIX<sup>e</sup>.

*Page* 36. Elle détourna la tête, dans la crainte de voir le dieu et de mourir.

On croyoit que la manifestation subite de la divinité donnoit la mort. (Voyez une note de madame Dacier sur un passage du XVI<sup>e</sup> liv. de l'*Odyssée*.)

### L<sup>e</sup>.

*Page* 36. Et passant les fontaines d'Arsinoé et de Clepsydra.

« On y voit (sur le mont Ithome) une fontaine nommée Arsinoé : elle reçoit l'eau d'une autre fontaine appelée Clepsydra. » (Pausanias, *in Messen.*, cap. XXXI.)

### LI<sup>e</sup>.

*Page* 36. Ce père malheureux étoit assis à terre, près du foyer; la tête couverte d'un pan de sa robe, il arrosoit les cendres de ses pleurs.

Tout le monde sait que les suppliants et les malheureux s'asseyoient au foyer parmi les cendres. (Voyez l'*Odyssée*, liv. XVI; et Plutarque, dans la *Vie de Thémistocle*.)

LIIᵉ.

*Page* 36. Tels sont les cris dont retentit le nid des oiseaux lorsque la mère apporte la nourriture à ses petits.

On a critiqué cette comparaison : on a dit que la douleur ou la joie morale ne pouvoit jamais être comparée au mouvement de la douleur ou des besoins physiques. S'il en étoit ainsi, il faudroit renoncer à toute comparaison, et même à toute poésie ; car les comparaisons et la poésie consistent surtout à transporter, pour ainsi dire, le physique dans le moral, et le moral dans le physique. C'est ce qui est reconnu par tous les critiques dignes de porter ce nom.

Au reste, cette comparaison se trouve dans Homère, et presque dans les mêmes circonstances où elle est placée ici. (*Odyssée,* liv. XVI.)

LIIIᵉ.

*Page* 37. On auroit vu ton père racontant sa douleur au soleil.

Usage antique qu'on retrouve dans les tragiques grecs. Jocaste, dans *les Phéniciennes,* ouvre la scène par un monologue où elle apostrophe l'astre du jour. De là le beau vers de Virgile, et l'un des plus beaux vers de son illustre traducteur :

Solem quis dicere falsum
Audeat?
Qui pourroit, ô Soleil, t'accuser d'imposture?

LIVᵉ.

*Page* 37. La destinée d'un vieillard qui meurt sans enfants est digne de pitié, etc.

Imitation de Solon. Ce grand législateur étoit poëte. Il nous reste de lui quelques fragments d'une espèce d'élégie politique. (*In min. Poet. Græc.*)

## LVᵉ.

*Page* 37. Ah! je ne sentirois pas un chagrin plus mortel quand on cesseroit de m'appeler le père de Cymodocée!

Formule touchante empruntée des Grecs. Ulysse s'en sert dans l'*Iliade* en parlant de Télémaque.

## LVIᵉ.

*Page* 38. Et nous avons craint les soupçons qui s'élèvent trop souvent dans le cœur des enfants de la terre.

Δύσζηλοι γάρ τ' εἰμὲν ἐπὶ χθονὶ φῦλ' ἀνθρώπων.
(*Odyss.*, liv. VII, v. 307.)

## LVIIᵉ.

*Page* 38. Euryméduse, repartit Démodocus, quelles paroles sont échappées à tes lèvres! Jusqu'à présent tu n'avois pas paru manquer de sagesse, etc.

Οὐ μὲν νήπιος ἦσθα, Βοηθοΐδη Ἐτεωνεῦ,
Τὸ πρὶν· ἀτὰρ μὲν νῦν γε, παῖς ὣς, νήπια βάζεις.
(*Odyss.*, liv. IV, v. 31.)

## LVIIIᵉ.

*Page* 38. La colère, comme la faim, est mère des mauvais conseils.

Et malesuada fames. (VIRG., VI, 276.)

## LIXᵉ.

*Page* 38. Qui pourroit égaler les Grâces, surtout la plus jeune, la divine Pasithée!

Les noms ordinaires des Grâces sont Aglaé, Thalie et Euphrosine. Homère nomme la plus jeune Pasithée, et il a été suivi par Stace.

## LX&deg;.

*Page* 39. Orphée, Linus, Homère, ou le vieillard d'Ascrée.

Poëtes connus de tout le monde. Hésiode est le vieillard d'Ascrée.

> Ascræumque cano romana per oppida carmen.
> (Virg., *Georg.* ii, 176.)

## LXI&deg;.

*Page* 39. Philopœmen, et Polybe aimé de Calliope, fille de Saturne et d'Astrée.

Philopœmen, le dernier des Grecs, et Polybe l'historien, étoient de Mégalopolis en Arcadie. Calliope, prise ici pour l'Histoire, étoit fille de Saturne et d'Astrée, c'est-à-dire du Temps et de la Justice. Voici le commencement de la généalogie du principal personnage qui doit représenter les héros de la Grèce. Le nom d'Eudore est tiré d'Homère. Eudore étoit un des compagnons d'Achille.

## LXII&deg;.

*Page* 39. Dicé, Irène et Eunomie.

Noms des Heures, d'après Hésiode, qui n'en compte que trois. Elles étoient filles de Jupiter et de Thémis.

## LXIII&deg;.

*Page* 39. Un esclave, tenant une aiguière d'or et un bassin d'argent, verse une eau pure sur les mains du prêtre d'Homère.

> Χέρνιβα δ' ἀμφίπολος προχόῳ ἐπέχευε φέρουσα
> Καλῇ, χρυσείῃ, ὑπὲρ ἀργυρέοιο λέβητος.
> (*Odyss.*, liv. vii, v. 172.)

## LXIVᵉ.

*Page* 40. Ce fut en vain qu'elle pria la Nuit de lui verser la douceur de ses ombres.

Il y avoit dans les éditions précédentes l'*ambroisie* de ses ombres, expression grecque que j'avois essayé de faire passer dans notre langue; mais, outre qu'on ne peut pas dire *verser* de l'ambroisie, j'ai trouvé ce tour un peu recherché.

## LXVᵉ.

*Page* 40. Il emboîte l'essieu dans des roues bruyantes, etc.

Ἤδη δ' ἀμφ' ὀχέεσσι θοῶς βάλε καμπύλα κύκλα,
Χάλκεα, ὀκτάκνημα, σιδηρέῳ ἄξονι ἀμφίς,
Τῶν ἤτοι χρυσέη ἴτυς ἄφθιτος, αὐτὰρ ὕπερθεν
Χάλκε' ἐπίσσωτρα προσαρηρότα, θαῦμα ἰδέσθαι·
Πλῆμναι δ' ἀργύρου εἰσὶ περίδρομοι ἀμφοτέρωθεν·
Δίφρος δὲ χρυσέοισι καὶ ἀργυρέοισιν ἱμᾶσιν
Ἐντέταται· δοιαὶ δέ περίδρομοι ἄντυγές εἰσιν·
Τοῦ δ' ἐξ ἀργύρεος ῥυμὸς πέλεν· αὐτὰρ ἐπ' ἄκρῳ
Δῆσε χρύσειον καλὸν ζυγόν, ἐν δὲ λέπαδνα
Κάλ' ἔβαλε, χρύσει'· ὑπὸ δὲ ζυγὸν ἤγαγεν Ἥρη
Ἵππους ὠκύποδας, μεμαυῖ' ἔριδος καὶ ἀϋτῆς.

(*Iliad.*, liv. v, v. 722.)

## LXVIᵉ.

*Page* 40. C'étoit une coupe de bronze à double fond, etc.

Toute cette histoire de la coupe est faite d'après l'*Iliade* et la *Vie d'Homère* attribuée à Hérodote. Le bouclier d'Ajax étoit l'ouvrage de Tychus, armurier de la ville d'Hylé. Homère eut pour hôte Créophyle de Samos, et l'on sait que Lycurgue apporta le premier dans la Grèce les poëmes d'Homère, qu'il avoit trouvés chez les descendants de Créophyle. (Voyez la *Vie d'Homère*, traduct. de M. Larcher.)

### LXVIIᵉ.

*Page* 41. Les Grâces décentes.

Gratiæ decentes. (Hor., lib. 1, od. iv.)

### LXVIIIᵉ.

*Page* 41. Le voile blanc des Muses qui brilloit comme le soleil, et qui étoit placé sous tous les autres dans une cassette odorante.

Τῶν ἓν' ἀειραμένη Ἑκάβη φέρε δῶρον Ἀθήνῃ,
Ὃς κάλλιστος ἔην ποικίλμασιν, ἠδὲ μέγιστος,
Ἀστὴρ δ' ὣς ἀπέλαμπεν· ἔκειτο δὲ νείατος ἄλλων.
(*Iliad.*, liv. vi, v. 293.)

### LXIXᵉ.

*Page* 41. Il portoit sur sa tête une couronne de papyrus.

C'étoit la couronne des poëtes.

### LXXᵉ.

*Page* 42. Les dieux voulurent naître parmi les Égyptiens, parce qu'ils sont les plus reconnoissants des hommes.

C'est Platon qui le dit. Les Égyptiens avoient une loi contre l'ingratitude. Cette loi s'est perdue.

# REMARQUES

## SUR LE DEUXIÈME LIVRE.

Ce second livre des *Martyrs* n'a éprouvé aucune critique; il a été loué généralement par tous les censeurs. J'ai pourtant vu des personnes de goût qui préféroient le premier pour les souvenirs de l'antiquité. Il est certain que le premier livre m'a coûté plus de peine, et je l'ai revu plus souvent et plus long-temps.

### PREMIÈRE REMARQUE.

*Page* 43. A l'heure où le magistrat fatigué quitte avec joie son tribunal pour aller prendre son repas.

— Ἦμος δ' ἐπὶ δόρπον ἀνὴρ ἀγορῆθεν ἀνέστη,
Κρίνων νείκεα πολλὰ δικαζομένων αἰζηῶν.
(*Odyss.*, liv. xii, v. 439.)

### IIe.

*Page* 43. Vint se reposer à Phigalée, célèbre par le dévouement des Oresthasiens.

Phigalée, ville de l'Arcadie, bâtie sur un rocher, et traversée par un ruisseau nommé Lymax, qui tomboit dans la Néda. Les Phigaliens, ayant été chassés de leur pays par les Lacédémoniens, consultèrent l'oracle de Delphes. L'oracle répondit : « Que les Phigaliens prennent « avec eux cent jeunes gens de la ville d'Oresthasium : ces « cent jeunes gens périront dans le combat contre les Spar- « tiates, mais les Phigaliens rentreront dans leur ville. » Les cent Oresthasiens se dévouèrent. (PAUSANIAS, *in Arcad.*) cap. XXXIX.)

### III<sup>e</sup>.

*Page* 44. Le prince de la jeunesse, l'aîné des fils d'Ancée, etc.

Pour les détails de ce sacrifice homérique, voyez le III<sup>e</sup> livre de l'*Odyssée*, vers la fin. Le dos de la victime étoit servi comme le morceau le plus honorable. Ulysse le donne à Démodocus, livre VIII de l'*Odyssée*, pour le récompenser de ses chants.

### IV<sup>e</sup>.

*Page* 44. Les dons de Cérès, que Triptolème fit connoître au pieux Arcas, remplacent le gland dont se nourrissoient jadis les Pélasges, premiers habitants de l'Arcadie.

Pélasgus régna le premier en Arcadie, et donna son nom à son peuple. Pélasgus eut pour fils Lycaon, qui fut changé en loup. Lycaon laissa une fille, Callisto, qui fut mère d'Arcas. Arcas, instruit par Triptolème, apprit à ses sujets à semer du blé, et à s'en nourrir au lieu de gland. (PAUSANIAS, *in Arcad.*, cap. I, II, III et IV.)

### V<sup>e</sup>.

*Page* 44. On sépare la langue de la victime.

C'étoit la dernière cérémonie du sacrifice.

### VI<sup>e</sup>.

*Page* 45. Il n'est pas permis d'entrer dans les temples des dieux avec du fer;

et même dans certains temples avec de l'or, selon Plutarque. Belle leçon! (*Moral. prœcep. Administ. public.*)

### VII<sup>e</sup>

*Page* 45. Aussitôt que l'aurore eut éclairé de ses

premiers rayons l'autel de Jupiter qui couronne le mont Lycée, etc.; jusqu'à l'alinéa.

Les premières éditions portoient: *le temple de Jupiter.* Je m'étois trompé. Le mont Lycée étoit la plus haute montagne d'Arcadie; on l'appeloit le Mont-Sacré, parce que Jupiter, selon les Arcadiens, y avoit été nourri. Ce dieu avoit un autel sur le sommet de la montagne, et de cet autel on découvroit presque tout le Péloponèse. Les hommes ne pouvoient entrer dans l'enceinte consacrée à Jupiter. Les corps n'y donnoient aucune ombre, quoique frappés des rayons du soleil, etc. (PAUSANIAS, *in Arcad.,* cap. XXXVIII; et *Voyage du jeune Anacharsis.* Voyez *Arcadie.*)

### VIIIe.

*Page* 45. Il prend sa course vers le temple d'Eurynome, caché dans un bois de cyprès.

Ce temple étoit à douze stades au-dessous de Phigalée, un peu au-dessus du confluent du Limax et de la Néda. Eurynome étoit une fille de l'Océan. La statue de cette divinité étoit attachée dans le temple avec une chaîne d'or, et ce temple ne s'ouvroit qu'une fois l'année. (PAUSANIAS, lib. VIII, *in Arcad.,* cap. XLI.)

### IXe.

*Page* 45. Il franchit le mont Élaïus; il dépasse la grotte où Pan retrouva Cérès, etc.

Élaïus étoit à trente stades à droite de Phigalée: la grotte de Cérès, surnommée la Noire, étoit dans cette montagne. Cérès, pleurant l'enlèvement de Proserpine, prit une robe noire, et se cacha pour pleurer dans la grotte du mont Elaïus. Les fruits et les moissons périssoient, les hommes mouroient de faim, les dieux ne savoient ce qu'étoit devenue la déesse. Pan, en chassant sur les montagnes d'Arcadie, retrouva enfin Cérès. Il en avertit Jupiter. Jupiter envoya les Parques à Cérès, et ces divinités inexorables fléchirent, par leurs prières, le courroux de Cérès : elle rendit les moissons aux hommes. (PAUSANIAS, lib. VIII, *in Arcad.*, cap. XLII.)

### X<sup>e</sup>.

*Page* 45. Les voyageurs traversent l'Alphée au-dessous du confluent du Gorthynius, et descendent jusqu'aux eaux limpides du Ladon.

Il n'est point de lecteur qui n'ait entendu parler de l'Alphée et du Ladon : de l'Alphée, à cause de ses amours avec Aréthuse, et de son passage à Olympie; et du Ladon, à cause de la beauté de ses eaux.

J'ai traversé, au mois d'août 1806, une des sources de l'Alphée, entre Léontari, Tripolizza et Misitra : cette source étoit tarie.

Le Gorthynius, dit Pausanias, est de tous les fleuves celui dont les eaux sont les plus fraîches. (Liv. VIII, ch. XXVIII.)

Démodocus venant de Phigalée, et descendant l'Alphée, devoit rencontrer d'abord le Gorthynius, et puis le Ladon.

### XI<sup>e</sup>.

*Page* 45. Là se présente une tombe antique, que les nymphes des montagnes avoient environnée d'ormeaux.

Ἠδ' ἐπὶ σῆμ' ἔχεεν· περὶ δὲ πτελέας ἐφύτευσαν
Νύμφαι ὀρεστιάδες.        (*Iliad.*, liv. VI, v. 419.)

### XII<sup>e</sup>.

*Page* 45. C'étoit celle de cet Arcadien pauvre et vertueux, d'Aglaüs de Psophis.

« On nous montra un petit champ et une petite chau-
« mière : c'est là que vivoit, il y a quelques siècles, un
« citoyen pauvre et vertueux ; il se nommoit Aglaüs. Sans
« crainte, sans désirs, ignoré des hommes, ignorant ce qui
« se passoit parmi eux, il cultivoit paisiblement son petit

«domaine, dont il n'avoit jamais passé les limites. Il étoit
«parvenu à une extrême vieillesse, lorsque des ambassa-
«deurs du puissant roi de Lydie, Gygès ou Crésus, furent
«chargés de demander à l'oracle de Delphes s'il existoit
«sur la terre entière un mortel plus heureux que ce prince.
«La Pythie répondit : Aglaüs de Psophis.» (*Voyage d'Anacharsis*, Arcadie.) On voit que je n'ai point suivi ce récit.
J'ai disposé à mon gré de la tombe de Psophis : c'étoit celle
d'un homme heureux et sage; elle m'a paru bien placée à
l'entrée de l'héritage de Lasthénès.

XIII<sup>e</sup>.

*Page* 45. La robe dont cet homme étoit vêtu ne différoit de celle des philosophes grecs que parce qu'elle
étoit d'une étoffe blanche assez commune.

Il est inutile d'étaler ici une vaine érudition, et de citer
les Pères et les écrivains de l'Histoire ecclésiastique, Eusèbe, Socrate, Zonare, etc. : une autorité aussi fidèle qu'agréable nous suffira pour les mœurs des chrétiens; c'est
celle de Fleury :

«Les chrétiens rejetoient les habits de couleur trop écla-
«tante, mais saint Clément d'Alexandrie recommandoit le
«blanc, comme symbole de pureté....................
«Tout l'extérieur des chrétiens étoit sévère et négligé, au
«moins simple et sérieux. Quelques-uns quittoient l'habit
«ordinaire pour prendre celui des philosophes, comme
«Tertullien et saint Héraclas, disciples d'Origène.» (FLEURY, *Mœurs des Chrétiens.*)

XIV<sup>e</sup>.

*Page* 46. Mercure ne vint pas plus heureusement à
la rencontre de Priam.

(Voyez l'*Iliade*, liv. XXIV.)

## XVe.

*Page 46.* Ce palais appartient à Hiéroclès.

Ceci n'est point une phrase jetée au hasard. J'ai tâché, autant que je l'ai pu, de ne faire entrer dans ma composition rien d'inutile. Ce palais deviendra le théâtre d'une des scènes de l'action.

## XVIe.

*Page 47.* En arrivant au milieu des moissonneurs, l'inconnu s'écria : « Le Seigneur soit avec vous ! »

« Et ecce, ipse veniebat de Bethlehem, dixitque messori-« bus : Dominus vobiscum. Qui responderunt ei : Benedicat « tibi Dominus. » (RUTH., cap. II, v. 4.)

## XVIIe.

*Page 47.* Des glaneuses les suivoient en cueillant les nombreux épis, etc.

« Præcepit autem Booz pueris suis, dicens : Et de vestris « quoque manipulis projicite de industria, et remanere per-« mittite, ut absque rubore colligat. » (RUTH, c. II, v. 15-16.)

## XVIIIe.

*Page 48.* Qui triompha de Carrausius.

On verra, dans le récit et dans les notes du récit, quel étoit ce Carrausius.

## XIXe.

*Page 48.* Méléagre étoit moins beau que toi lorsqu'il charma les yeux d'Atalante !

Homère a, sur Méléagre, une tradition différente de celle des autres poëtes. Je ne fais ici d'allusion qu'à la dernière. Méléagre étoit un jeune héros qui donna la hure du sanglier de Calydon à Atalante, fille de Jasius, roi d'Arcadie. Sa mère Althée le fit mourir en jetant au feu le tison auquel sa vie étoit attachée. Il ne faut pas confondre cette Atalante avec celle qui fut vaincue par Hippomène. Stace a donné un fils à Atalante, qui suivit les sept chefs au siége de Thèbes. (*Thébaïde,* liv. IV.)

## XX<sup>e</sup>.

*Page* 48. Heureux ton père, heureuse ta mère, etc.

Τρισμάκαρες μὲν σοί γε πατὴρ καὶ πότνια μήτηρ,
Τρισμάκαρες δὲ κασίγνητοι...
Κεῖνος δ' αὖ περὶ κῆρι μακάρτατος ἔξοχον ἄλλων,
Ὅς κέ σ' ἐέδνοισι βρίσας οἶκόν δ' ἀγάγηται.
(*Odyss.*, liv. VI, v. 154-158.)

## XXI<sup>e</sup>.

*Page* 49. J'accepterai le présent que vous m'offrez, s'il n'a pas servi à vos sacrifices.

Tout ce qui avoit servi aux sacrifices des païens étoit en abomination aux chrétiens.

## XXII<sup>e</sup>.

*Page* 49. Je ne me souviens pas d'avoir vu la peinture d'une scène pareille, si ce n'est sur le bouclier d'Achille.

(*Iliade,* liv. XVII.)

## XXIII<sup>e</sup>.

*Page* 49. Ces moissonneurs ne sont plus mes esclaves.

Cette religion, contre laquelle on a tant déclamé, a pourtant aboli l'esclavage. Tous les chrétiens primitifs n'affranchirent cependant pas sur-le-champ leurs esclaves;

mais Lasthénès suivoit de plus près cet esprit évangélique qui a brisé les fers d'une grande partie du genre humain.

### XXIV$^e$.

*Page* 50. La vérité... mère de la vertu.

On la fait aussi la mère de la justice.

### XXV$^e$.

*Page* 50. Voyageur, les chrétiens.

Sur ce mot de voyageur opposé à celui d'étranger, qu'il me soit permis de rapporter un passage du *Génie du Christianisme* :

« L'hôte inconnu est un étranger chez Homère, et un « voyageur dans la *Bible*. Quelles différentes vues de l'hu- « manité! Le Grec ne porte qu'une idée politique et locale « où l'Hébreu attache un sentiment moral et universel. »

### XXVI$^e$.

*Page* 50. Que Dieu lui rende sept fois la paix.

Tour hébraïque. Les Grecs et les Romains disoient *terque quaterque*. On en a vu un exemple dans la note XX: Τρισμάκαρες.

### XXVII$^e$.

*Page* 51. Non sur les ailes d'or d'Euripide, mais sur les ailes célestes de Platon.

Plutarque, dans ses *Morales*, parle de ces ailes; mais je crois qu'il faut lire les ailes d'or de Pindare.

### XXVIII$^e$.

*Page* 51. Dieu m'en a donné la direction; Dieu me l'ôtera peut-être : que son saint nom soit béni !

« Dominus dedit, Dominus abstulit... Sit nomen Domini « benedictum! » ( Job, cap. I, v. 21. )

## XXIX<sup>e</sup>.

*Page* 51. Le soleil descendit sur les sommets du Pholoë, etc.

Par l'endroit où la scène est placée, Lasthénès avoit le mont Pholoë à l'occident, un peu vers le nord; Olympie à l'occident vrai; le Telphusse et le Lycée étoient derrière les spectateurs, vers l'orient, et se coloroient des feux opposés du soleil. Toutes ces descriptions sont exactes; ce ne sont point des noms mis au hasard, sans égard aux positions géographiques. Au reste, le mont Pholoë est une haute montagne d'Arcadie, où Hercule reçut l'hospitalité chez le centaure Pholus, qui donna son nom à la montagne. Telphusse est une montagne, ou plutôt une longue chaîne de terre haute et rocailleuse, où étoit placée une ville du même nom. (Voyez PAUSANIAS, lib. VII, *in Arcad.*, cap. XXV.) J'ai déjà parlé ailleurs du Lycée, de l'Alphée et du Ladon.

## XXX<sup>e</sup>.

*Page* 52. On entendit le son d'une cloche.

Ce ne fut que dans le moyen-âge que l'on commença à se servir des cloches dans les églises; mais on se servoit dans l'antiquité, et surtout en Grèce et à Athènes, de cloches ou de sonnettes pour une foule d'usages domestiques. J'ai donc cru pouvoir appeler les chrétiens grecs à la prière par le son d'une cloche. L'esprit, accoutumé à allier le son des cloches au souvenir du culte chrétien, se prête sans peine à cet anachronisme, si c'en est un.

## XXXI<sup>e</sup>.

*Page* 52. Me préservent les dieux de mépriser les prières!

Tout le monde connoît la belle allégorie des prières, mise par Homère dans la bouche d'Achille. Démodocus détourne le sens des paroles de Lasthénès au profit de la mythologie. Até, le mal ou l'injustice, étoit sœur des lites ou des prières.

### XXXII<sup>e</sup>.

*Page* 53. Seigneur, daignez visiter cette demeure.

Nous sommes aujourd'hui si étrangers aux choses religieuses, que cette prière aura paru toute nouvelle à la plupart des lecteurs : elle est cependant dans tous les livres d'église, à quelques légers changements près. J'ai déjà dit, dans le *Génie du Christianisme,* qu'il n'y avoit point d'Heures à l'usage du peuple qui ne renfermât des choses sublimes ; choses que l'habitude dans les uns et l'impiété dans les autres nous empêchent de sentir.

### XXXIII<sup>e</sup>.

*Page* 53. Le serviteur lava les pieds de Démodocus.

« La première action de l'hospitalité étoit de laver les « pieds aux hôtes... Si l'hôte étoit dans la pleine communion « de l'Église, on prioit avec lui, et on lui déféroit tous les « honneurs de la maison : de faire la prière, d'avoir la pre- « mière place à table, d'instruire la famille... Les chrétiens « exerçoient l'hospitalité même envers les infidèles. » (FLEURY, *Mœurs des Chrétiens.*)

### XXXIV<sup>e</sup>.

*Page* 53. Des mesures de pierre en forme d'autel, ornées de têtes de lion.

J'ai vu de pareilles mesures à Rome, dans le Musée Clémentin.

### XXXV<sup>e</sup>.

*Page* 54. Lasthénès leur ordonne de dresser, dans la salle des agapes, une table, etc.

Les agapes étoient les repas primitifs des chrétiens. Il y

en avoit de deux sortes : les uns, faits en commun à l'église par tous les fidèles; les autres, dans les demeures particulières.

### XXXVI<sup>e</sup>.

*Page* 54. Nourriture destinée à la famille.

«S'ils mangeoient de la chair (les chrétiens)... c'étoit «plutôt du poisson ou de la volaille que de la grosse «viande... Plusieurs donc ne vivoient que de laitage, de «fruits ou de légumes.» (FLEURY, *Mœurs des Chrétiens*.)

### XXXVII<sup>e</sup>.

*Page* 54. On vit bientôt entrer un homme d'un visage vénérable, portant, sous un manteau blanc, un habit de pasteur.

«Comme j'étois dans ma maison, et qu'après avoir prié «je me fus assis sur mon lit, je vis entrer un homme d'un «visage vénérable, en habit de pasteur, vêtu d'un manteau «blanc, portant une panetière sur ses épaules, et tenant «un bâton à la main.» (HER., liv. II.)

### XXXVIII<sup>e</sup>.

*Page* 55. C'étoit Cyrille, évêque de Lacédémone.

Ce n'est point ici l'un des saints connus sous le nom de Cyrille. J'ai cherché inutilement un évêque de Lacédémone de cette époque; je n'ai trouvé qu'un évêque d'Athènes. Au reste, j'ai peint Cyrille d'après plusieurs grands évêques de ce temps-là; et, dans toute son histoire, dans les cicatrices de son martyre, dans la force qu'on fut obligé d'employer pour l'élever à l'épiscopat, tout est vrai, hors son nom.

On se prosternoit devant les évêques, et on leur donnoit les noms sacrés que la famille de Lasthénès donne à Cyrille.

XXXIX.

*Page* 56. Il m'a promis de me raconter son histoire.

De là le récit. La promesse qu'Eudore a faite à Cyrille est censée avoir précédé le commencement de l'action. L'empressement de Cyrille à connoître l'histoire d'Eudore est pleinement justifié, et par le caractère de l'évêque, et par celui du pénitent, et par les mœurs des chrétiens.

XL.

*Page* 56. Eudore lut pendant une partie du repas, etc.

« Les chrétiens faisoient lire l'Écriture sainte, et chan-
« toient des cantiques spirituels et des airs graves, au lieu
« des chansons profanes et des bouffonneries dont les païens
« accompagnoient leurs festins : car ils ne condamnoient ni
« la musique ni la joie, pourvu qu'elle fût sainte. » (FLEURY, *Mœurs des Chrétiens*.)

XLI.

*Page* 56. Cymodocée trembloit.

Premier fil d'une trame qui va s'étendre par degrés.

XLII.

*Page* 56. Le repas fini, on alla s'asseoir à la porte du verger, sur un banc de pierre.

Cette coutume antique se retrouve dans la *Bible* et dans Homère. Nestor s'assied à sa porte sur une pierre polie, et les juges d'Israël vont s'asseoir devant les portes de la ville. On aperçoit quelques traces de ces mœurs jusque chez nos aïeux, du temps de saint Louis, c'est-à-dire dans le siècle de la religion, de l'héroïsme et de la simplicité.

XLIII.

*Page* 57. L'Alphée rouloit au bas du verger, sous

une ombre champêtre, des flots que les palmes de Pise alloient bientôt couronner.

L'Alphée, qui couloit d'abord en Arcadie, parmi des vergers, passoit en Élide au milieu des triomphateurs. Tout le reste de la description est appuyé par le témoignage de Pausanias, d'Aristote et de Théophraste, pour les animaux et les arbres de l'Arcadie, et par ce que j'ai vu de mes propres yeux. On sait que Mercure fit une lyre de l'écaille d'une grande tortue qu'il trouva sur le mont Chélydoré. Quant à la manière dont les chèvres cueillent la gomme du ciste, Tournefort raconte la même chose des troupeaux de la Crète. (*Voyage au Levant.*)

### XLIV<sup>e</sup>.

*Page* 57. La Puissance... dont les pas font tressaillir les montagnes comme l'agneau timide, ou le bélier bondissant. Il admiroit cette sagesse, qui s'élève comme un cèdre sur le Liban, comme un plane aux bords des eaux.

«Montes, exultastis sicut arietes, et colles sicut agni «ovium. (*Psalm.* CLIII, v. 6.)
«Quasi cedrus exaltata sum in Libano.
«Quasi platanus exaltata sum juxta aquam in plateis.»

### XLV<sup>e</sup>.

*Page* 58. Il laissa un chantre divin auprès de Clytemnestre.

(*Odyss.*, liv. IV.)

### XLVI<sup>e</sup>.

*Page* 58. Elle commença par l'éloge des Muses.

Pour tout le chant de Cymodocée, je ne puis que renvoyer le lecteur aux *Métamorphoses d'Ovide*, à l'*Iliade*, à l'*Odyssée*, et à la vie d'Homère par divers auteurs. J'ai admis le combat de lyre entre Homère et Hésiode, quoiqu'il soit prouvé que ces deux poëtes n'ont pas vécu dans le même temps. Il ne s'agit pas ici de vérités historiques.

## XLVII<sup>e</sup>.

*Page* 61. Les Parques même, vêtues de blanc.

Démodocus arrange tout cela un peu à sa façon. C'est Platon, à la fin du X<sup>e</sup> livre de sa *République*, qui fait cette histoire des Parques : elle n'est pas tout-à-fait telle qu'on la voit ici. Comment les ennemis des *Martyrs* n'ont-ils pas vu cette erreur? Quel beau sujet pour eux de triomphe et de pédanterie!

## XLVIII<sup>e</sup>.

*Page* 61. La colombe qui portoit dans les forêts de la Crète l'ambroisie à Jupiter.

Jupiter enfant fut nourri sur le mont Ida par une colombe qui lui apportoit l'ambroisie.

## XLIX<sup>e</sup>.

*Page* 62. Chantez-nous ces fragments des livres saints que nos frères les Apollinaires, etc.

Anachronisme. Les Apollinaires vivoient sous Julien, et ce fut pendant la persécution suscitée par cet empereur qu'ils mirent en vers une partie des livres saints.

## L<sup>e</sup>.

*Page* 62. Il chanta la naissance du chaos.

Pour le chant d'Eudore, *voyez* toute la *Bible*.

## LI<sup>e</sup>.

*Page* 65. Ils crurent que les Muses et les Sirènes, etc.

Les Sirènes, filles du fleuve Achéloüs et de Calliope, défièrent les Muses à un combat de chant. Elles furent vaincues : les Muses les dépouillèrent de leurs ailes et s'en firent des couronnes. On plaça en divers lieux la scène de ce combat.

### LIIe.

*Page* 66. Mais à peine avoit-il fermé les yeux qu'il eut un songe.

Ce songe est le premier présage du dénoûment. Je prie encore une fois les amis de l'art de faire attention à la composition des *Martyrs* : il y a peut-être dans cet ouvrage un travail caché qui n'est pas tout-à-fait indigne d'être connu.

# REMARQUES
## SUR LE TROISIÈME LIVRE.

Voici le livre le plus critiqué des *Martyrs*. J'ose dire pourtant que si j'ai jamais écrit dans ma vie quelques pages dignes de l'attention du public, elles se trouvent dans ce même livre. Si l'on songe combien les deux premiers sont différents du troisième, et combien le quatrième diffère lui-même des trois premiers, peut-être jugera-t-on que j'aurois mérité d'être traité avec moins d'indécence. La difficulté du sujet qui varie sans cesse n'a point été appréciée. Le tableau complet de l'empire romain, une grande action, des scènes dans un monde surnaturel, voilà le fardeau qu'il m'a fallu porter, sans que le lecteur s'aperçût de la longueur et des dangers du chemin.

Au reste, on a vu comment j'ai remplacé les discours des Puissances divines dans ce troisième livre. Les notes suivantes prouveront que les chicanes qu'on m'a faites étoient peu fondées en savoir et en raison.

#### PREMIÈRE REMARQUE.

*Page* 67. Les dernières paroles de Cyrille montèrent au trône de l'Éternel. Le Tout-Puissant agréa le sacrifice.

Première transition de l'ouvrage. On a trouvé qu'elle lioit naturellement la fin du second livre au commencement du troisième, et pourtant elle amène une scène nouvelle et produit un livre tout entier.

#### II$^e$.

*Page* 67... flotte cette immense Cité de Dieu, dont la langue d'un mortel ne sauroit raconter les merveilles.

«Captus est in paradisum: et audivit arcana verba, quæ «non licet homini loqui.» (*Epist.* II$^a$ *ad Corinth.*, c. XII, v. 4.)

«Gloriosa dicta sunt de te, civitas Dei.» (*Ps.* LXXXVI, v. 3.)

#### III$^e$.

*Page* 67. L'Éternel en posa lui-même les douze

fondements, et l'environna de cette muraille de jaspe que le disciple bien-aimé vit mesurer par l'ange avec une toise d'or.

Il est assez singulier qu'on ait pu croire, ou plutôt qu'on ait feint de croire que j'étois l'inventeur de toutes les *pierreries* que l'on voit dans le troisième livre.

Un auteur ne peut employer que les matériaux fournis par son sujet. S'il avoit à parler de l'Élysée des anciens, il ne pourroit y mettre que le Léthé, des bois de myrtes, une porte d'ivoire et une porte de corne ; s'il décrit un ciel chrétien, il est encore plus strictement obligé de suivre les traditions de l'Écriture. Alors il ne rencontre que des images empruntées de l'or, du verre, des diamants, et de toutes les pierres précieuses : tout ce qu'on doit exiger de lui, c'est qu'il *fasse un choix*. Que l'on ouvre donc *les Prophètes, l'Apocalypse, les Pères*, et l'on verra ce que j'ai écarté, et les écueils sans nombre que j'ai évités. Jamais je n'ai fait un travail plus pénible et plus ingrat. Au reste, le Tasse et Milton ont rempli comme moi leur ciel de perles et de diamants. Ce sont, si j'ose m'exprimer ainsi, des *richesses* inévitables pour quiconque est obligé de peindre un ciel chrétien. Je vais rassembler ici sous un seul point de vue les autorités, et le lecteur jugera de bonne foi de la loyauté et des connoissances de mes ennemis.

« Et habebat ( civitas Dei ) murum magnum et altum, ha-
« bentem-portas duodecim...

« Et murus civitatis habens fundamenta duodecim... Et
« qui loquebatur mecum habebat mensuram arundineam
« auream ut metiretur civitatem.

« Et erat structura muri ejus ex lapide jaspide, ipsa vero
« civitas, aurum mundum simile vitro mundo.

« Et fundamenta muri civitatis omni lapide pretioso or-
« nata. Fundamentum primum, jaspis ; secundum, sapphi-
« rus ; tertium, calcedonius ; quartum, smaragdus.

« Quintum, sardonyx ; sextum, sardius ; septimum, chry-
« solithus ; octavum, beryllus ; nonum, topazius ; decimum,

« chrysoprasus; undecimum, hyacinthus; duodecimum, ame-
« thystus.

« Et duodecim portæ, duodecim margaritæ sunt per sin-
« gulas.... et platea civitatis aurum mundum, tanquam vi-
« trium perlucidum. » (*Apocal.*, c. xxi, v. 12, 14-15, 18, 21.)

« Et similitudo super capita animalium firmamenti, quasi
« aspectus crystalli...

« Et super firmamentum.... quasi aspectus lapidis sap-
« phiri similitudo throni. » ( *Ezech.*, v. 22, 26. )

Voyons maintenant les poëtes.;

> Weighs his spread wings (Satan), at leisure, to behold
> Far off th' empyreal heav'n, extended wide
> In circuit, undetermin'd square or round
> With opal tow'rs, and battlements adorn'd
> Of living saphir, once his native seat;
> And fast by hanging in a golden chain
> This pendent world, in bigness as a star
> Of smallest magnitude close by the moon.
>     ( Milton, *Parad. lost*, book ii, 1046. )

> Now in loose garlands thick thrown off, the bright
> Pavement, that like a sea of jasper shone,
> Impurpled with celestial roses smil'd.
>         ( Book iii, 362.)

> Far distant he descries
> Ascending by degrees magnificent
> Up to the wall of heav'n a structure high;
> At top whereof, but far more rich appear'd
> The work as of a kingly palace gate,
> With frontispiece of diamond and gold
> Embellish'd; thick with sparkling orient gems
> The portal shone, inimitable on earth
> By model, or by shading pencil drawn.
>         ( Book iii, 501. )

Nous verrons le Tasse, dans une note plus bas, donner à Michel une armure de diamant.

Que deviennent donc les bonnes plaisanteries sur la richesse de mon ciel, et la pauvreté que prêche mon Dieu? N'ai-je pas été beaucoup plus avare de magnificences que l'Écriture et les poëtes qui ont décrit avant moi le séjour des justes? Il est probable, après tout, que ce n'est pas de moi dont on vouloit rire ici : cela supposeroit dans les critiques une trop profonde ignorance. Je les tiens pour habiles, l'impiété leur restera.

IV<sup>e</sup>.

*Page* 67. Revêtue de la gloire du Très-Haut, l'invisible Jérusalem est parée comme une épouse pour son époux.

« Veni, et ostendam tibi sponsatam uxorem Agni.
« Ostendit mihi civitatem sanctam Jerusalem, descen-
« dentem de cœlo à Deo. » (*Apocal.*, c. XXI, 9, 10.)

V<sup>e</sup>.

*Page* 68. Cette architecture est vivante.

Milton dit aussi *living saphir*.
La cité de Dieu est l'épouse mystique : elle descend du ciel, etc. Toutes ces pierres précieuses sont prises, et doivent être prises dans un sens allégorique. « Ces diverses « beautés, dit Sacy, représentent les dons divers que Dieu « a mis dans ses élus, et les divers degrés de la gloire des « saints. Plusieurs interprètes appliquent les propriétés de « chacune de ces pierres aux vertus de chaque apôtre. » (*Apocal.*, c. XXI.)

VI<sup>e</sup>.

*Page* 68. Un fleuve découle du trône du Tout-Puissant.

On lisoit dans les premières éditions *quatre fleuves*. J'avois voulu rappeler le paradis terrestre. Je suis revenu à une image plus fidèle à la lettre de l'Écriture.

« Et ostendit mihi fluvium aquæ vitæ, splendidum tan-
« quam crystallum, procedentem de sede Dei et Agni. »
(*Apocal.*, cap. XXII, v. 1.)

17.

## VIIᵉ.

*Page* 68. Et font croître, avec la vigne immortelle, le lis semblable à l'épouse, et les fleurs qui parfument la couche de l'époux.

« Je suis la vraie vigne. » (*Évang.*)

« Botrus Cypri dilectus meus mihi, in vineis Engaddi. » (*Cant.*, c. I, v. 12.)

« Sicut lilium inter spinas, sic amica mea inter filias. » (*Cant.*, c. II, v. 2.)

« Lectulus noster floridus. » (*Cant.*, c. I, v. 16.)

## VIIIᵉ.

*Page* 68. L'arbre de vie s'élève sur la colline de l'encens.

« In medio plateæ ejus, et ex utraque parte fluminis lig-
« num vitæ, afferens fructus. » (*Apocal.*, c. XXII, v. 2.)

La colline de l'encens.

« Ad montem myrrhæ, et ad collem thuris. » (*Cant.*, c. IV, v. 16.)

J'espère qu'on ne me reprochera plus des descriptions où il n'y a pas un mot sans une autorité : et pourtant il m'a fallu trouver, dans ces passages si courts de l'Écriture, le germe de ma composition et les couleurs de mes tableaux. C'est ce qu'une critique éclairée auroit remarqué, sans s'arrêter à me chicaner sur un fonds *qui n'est pas à moi*.

J'ai été bien mal attaqué : ce n'étoit pas comme cela que m'ont combattu les censeurs du *Génie du Christianisme*. Au moins étoient-ce des littérateurs éclairés, qui savoient distinguer l'œuvre de la matière de l'œuvre.

IXe.

*Page* 69. Les deux grands ancêtres du genre humain.

Ceci est de moi, et on l'a trouvé bon.

X[e].

*Page* 69. La lumière qui éclaire ces retraites fortunées.

Ce passage sur la lumière du ciel a été généralement approuvé. J'avois deux comparaisons à craindre : l'une, avec les vers de Virgile sur les astres des Champs-Élysées ; l'autre, avec le beau morceau de *Télémaque* sur la lumière qui nourrit les ombres heureuses. Il falloit ne point ressembler à ces deux modèles, et trouver quelque chose de nouveau dans un sujet épuisé. Au reste, je ne m'écarte point des autorités sacrées : on va le voir.

XIe.

*Page*. 69. Aucun astre ne paroît sur l'horizon resplendissant.

« Et civitas non eget sole, neque luna, ut luceant in ea ; « nam claritas Dei illuminavit eam. » (*Apocal.*, c. XXI, 23.)

XIIe.

*Page* 69. C'est dans les parvis de cette Cité sainte.

Ici commence le morceau sur les fonctions des anges et le bonheur des élus, que plusieurs critiques regardent comme ce que j'ai écrit de moins foible jusqu'ici.

Quant aux fonctions des anges, je n'ai plus rien à ajouter à l'explication que j'ai donnée de cette admirable doctrine. Observons seulement que sur l'office des anges auprès des plantes, des moissons, des arbres, etc., on a l'opinion formelle d'Origène. (*Cont. Cels.*, lib. VIII, p. 398-9.) Quant au bonheur des élus, mon imagination étoit plus à l'aise, et j'ai pu, sans blesser la religion, me livrer davantage à mes propres idées : encore va-t-on voir que je me tiens dans les justes bornes des autorités.

### XIIIe.

*Page* 70. Nés du souffle de Dieu, à différentes époques.

Plusieurs Pères ont cru que les anges n'ont pas tous été créés à la fois, et j'ai suivi cette opinion : elle est conforme à la puissance de Dieu, toujours en action. Selon saint Jean Damascène, il y a plusieurs sentiments sur le temps de la création des anges. (*De Fide*, lib. II, cap. III.) Saint Grégoire de Nice croit que les anges se sont multipliés ou ont été multipliés par Dieu. (*De Hominis opificio*, p. 90-91, tom. 1.)

### XIVe.

*Page* 70. Le souverain bien des élus.

Je me suis demandé quel seroit le suprême bonheur, s'il étoit en notre puissance. Il m'a semblé qu'il se trouveroit dans la vertu, l'héroïsme, le génie, l'amitié noble et l'amour chaste, tout cela uni et prolongé sans fin. Je puis me tromper, mais mon erreur est pardonnable. Au reste, saint Augustin appuiera ce que je dis ici sur l'amitié, et sur l'éternité du bonheur.

« In æterna felicitate, quidquid amabitur, aderit ; nec
« desiderabitur, quod non aderit : omne quod ibi erit,
« bonum erit ; et summus Deus summum bonum erit : at-
« que ad fruendum amantibus præsto erit ; et quod est
« omnino beatissimum, ita semper fore, certum erit. »
(*Trinit.*, cap. VII.)

### XVe.

*Page* 71. Tantôt les prédestinés, pour mieux glorifier le Roi des rois, parcourent son merveilleux ouvrage.

Toute l'Écriture dit que les justes contempleront les ouvrages de Dieu, et l'abbé Poule, suivant comme moi cette idée, s'écrie :

« Ils ne seront plus cachés pour nous ces êtres innom-
« brables qui échappent à nos connoissances par leur éloi-
« gnement ou par leur petitesse ; les différentes parties qui
« composent le vaste ensemble de l'univers, leur structure,
« leurs rapports, leur harmonie : ils ne seront plus des
« énigmes pour nous, ces jeux surprenants, ces secrets
« profonds de la nature, ces ressorts admirables que la
« Providence emploie pour la conservation et la propaga-
« tion de tous les êtres. » (*Sermon sur le Ciel.*)

Milton, qui a peint les demeures divines au moment de la création du monde, n'a pu représenter le bonheur des saints. Voici le tableau du ciel dans *la Jérusalem;* on peut comparer et juger :

> Gli occhi frattanto alla battaglia rea
> Dal suo gran seggio il Re del ciel volgea.
>
> Sedea colà dond' egli e buono e giusto
> Dà legge al tutto, e 'l tutto orna e produce ;
> Sovra i bassi confin del mondo angusto
> Ove senso o ragion non si conduce :
> E dell' eternità nel trono augusto
> Risplendea con tre lumi in una luce.
> Ha sotto i piedi il Fato e la Natura,
> Ministri umili ; e 'l moto, e chi 'l misura ;
>
> E 'l loco ; e quella che, qual fumo o polve,
> La gloria di quaggiuso e l' oro e i regni,
> Come piace lassù, disperde e volve,
> Nè, Diva, cura i nostri umani sdegni.
> Quivi ei così nel suo splendor s' involve,
> Che v' abbaglian la vista anco i più degni ;
> D' intorno ha innumerabili immortali,
> Disegualmente in lor letizia eguali.
>
> Al gran concento de' beati carmi
> Lieta risuona la celeste reggia.

> Chiama egli a se Michele, il qual nell' armi
> Di lucido diamante arde e lampeggia :
> E dice lui : non vedi or come s' armi
> Contra la mia fedel diletta greggia
> L'empia schiera d' Averno, e insin dal fondo
> Delle sue morti a turbar sorga il mondo?
>
> Va; dille tu, che lasci omai le cure
> Della guerra ai guerrier cui ciò conviene :
> Nè il regno de' viventi, nè le pure
> Piagge del ciel conturbi ed avvelene :
> Torni alle notti d' Acheronte oscure,
> Suo degno albergo, alle sue giuste pene ;
> Quivi se stessa, e l' anime d' Abisso
> Crucii. Così comando, e così ho fisso.
>
> (*Gerus. Lib.*, canto IX, stanz. 55.)

Si j'avois écrit quelque chose d'aussi sec, si j'avois fait parler Dieu si froidement, si longuement, si peu noblement pour si peu de chose, comme j'aurois été traité! Qu'on lise encore le *Paradis* du Dante. J'ose dire qu'on a prononcé sur le troisième livre des *Martyrs* sans la moindre connoissance de cause et sans la moindre justice. Mais qu'importe? le parti étoit pris; et s'il eût été nécessaire, on m'auroit mis au-dessous de Chapelain et du père Lemoine.

### XVIᵉ.

*Page* 73. Asaph, qui soupira les douleurs de David.

Asaph étoit le chef des musiciens qui devoient chanter devant l'arche des psaumes de David; il a composé lui-même plusieurs cantiques, et l'Écriture lui donne le nom de prophète. (Voyez D. CALMET.)

### XVIIᵉ.

*Page* 73. Et les fils de Coré.

On ne sait si les fils de Coré descendoient de ce Coré qui périt dans sa rébellion contre Moïse, ou s'ils étoient les enfants de quelque Lévite du même nom. Quoi qu'il en soit, on les trouve nommés à la tête de plusieurs psaumes, comme devant les chanter dans le tabernacle. Les divers instruments que je soumets à Asaph et aux fils de Coré semblent indiqués par quelques mots hébreux à la tête des psaumes.

### XVIII.

*Page* 73... les fêtes de l'ancienne et de la nouvelle loi sont célébrées tour à tour.

Saint Hilaire dit positivement que les anges célèbrent dans le ciel différentes solennités (*in Ps.*, p. 281.) Théodoret assure que les anges remplissent des fonctions dans les saints mystères (*de Hæres.*, lib. v, num. 7.) Milton a suivi comme moi cette opinion.

### XIX.

*Page* 74. Marie est assise sur un trône de candeur.

Cette description est fondée sur une histoire et sur une doctrine dont tout le monde connoît les autorités.

### XX.

*Page* 75. Des tabernacles de Marie on passe au sanctuaire du Sauveur des hommes.

Ici se trouvoient les cent degrés de rubis qui ont fait faire des plaisanteries d'un si bon goût à des esprits délicats. On a vu, dans la note III, que Milton a placé aussi un grand escalier de diamants à la porte du ciel : c'est de là que Satan jette un premier regard sur la création nouvelle. On convient que c'est un des plus beaux morceaux de son poëme. Ainsi les *Prières boiteuses doivent être aussi bien fatiguées*, quand elles entrent dans le *Paradis* de Milton. Il est triste de voir la critique descendre si bas. Au reste, j'ai coupé court à ces ignobles bouffonneries, en retranchant deux lignes qui ne faisoient pas beauté.

## XXI$^e$.

*Page* 75. Il est assis à une table mystique : vingt-quatre vieillards, etc.

Personne n'ignore que cette table et ces vieillards se trouvent dans l'*Apocalypse*. Veut-on avoir une idée juste du choix que j'ai fait des matériaux? qu'on lise le même passage dans saint Jean. On y verra des cheveux de laine blanche, une mer de verre très clair, des animaux étrangers, etc. Une critique impartiale m'eût loué de ce que j'ai omis, en observant que je n'ai pas employé un seul trait qui ne soit approuvé par le goût. Franchement je suis humilié d'avoir si souvent et si pleinement raison.

## XXII$^e$.

*Page* 75. Près de lui est son char vivant.

«Totum corpus oculis plenum in circuitu ipsarum (rota-«rum) quatuor... spiritus vitæ erat in rotis (*Ezech.*, cap. I, «v. 18, 20). Species autem rotarum erat quasi visio lapidis «chrysolithi.» (Cap. X.)

Milton a décrit le char du Messie d'après cette autorité.

## XXIII$^e$.

*Page* 75. Les élus tombent comme morts devant sa face.

«Cecidi ad pedes ejus tanquam mortuus. Et posuit dexte-«ram suam super me, dicens : Noli timere : ego sum primus «et novissimus.» (*Apocal.*, cap. I, v. 17.)

## XXIV$^e$.

*Page* 75. Là sont cachées les sources des vérités incompréhensibles.

Je ne pouvois me dispenser de dire un mot de ces hautes vérités métaphysiques qui distinguent les dogmes chrétiens des mystères ridicules du paganisme, et qui donnent à notre ciel cet air de grandeur et de raison si convenable à la dignité de l'homme. Cela a été senti par tous les poëtes qui m'ont précédé ; c'est pourquoi ils ont omis, très mal à propos, l'espace, la durée, etc., aux pieds de Dieu. Je ne sais si j'ai mieux réussi.

## XXV<sup>e</sup>.

*Page* 76. Le Père tient un compas à la main, etc.

Je suis ici les idées des peintres et des poëtes. On a beaucoup loué Milton d'avoir imaginé le compas d'or avec lequel Dieu trace la création dans le néant. Il me semble que l'idée primitive appartient à Raphaël. Milton l'aura prise au Vatican. On sait qu'il voyagea en Italie, et qu'il pensa se faire une querelle sérieuse à Rome, en disputant sur la religion.

## XXVI<sup>e</sup>.

*Page* 77. A la voix de son vénérable martyr, le Christ s'inclina devant l'arbitre des humains.

Ici commence, dans les éditions précédentes, les discours des Puissances : c'est au lecteur à juger si j'ai fait un changement heureux. J'ai été obligé de conserver la substance de ces discours, puisque ces discours sont l'axe sur lequel tourne toute ma machine ; ils n'auroient jamais dû être examinés que sous ce rapport ; mais il semble qu'on n'entende plus rien à la composition d'un ouvrage.

## XXVII<sup>e</sup>.

*Page* 78. Le moment est arrivé où les peuples soumis aux lois du Messie, etc.

Exposition du sujet, cause de la persécution.

## XXVIII<sup>e</sup>.

*Page* 79. Les justes connoissent ensuite l'holocauste

demandé et les conditions qui le rendent agréable au Très-Haut.

Choix du héros, et motif de ce choix.

### XXIX$^e$.

*Page* 79. En lui la religion va triompher du sang des héros païens et des sages de l'idolâtrie; en lui seront honorés par un martyre oublié de l'histoire ces pauvres ignorés du monde.

Ceci est ajouté, d'après la critique très fondée d'un homme de talent, qui trouvoit, avec raison, que je n'avois pas assez insisté sur cette idée. Par-là mon personnage d'invention acquiert toute l'importance nécessaire à mon sujet.

### XXX$^e$.

*Page* 79. Ame de tous les projets des fidèles, soutien du prince qui renversera les autels des faux dieux, etc.

Voilà tout le rôle d'Eudore tracé, et la victoire de Constantin formellement annoncée.

### XXXI$^e$.

*Page* 79. Il faut encore que ce chrétien appelé ait scandalisé l'Église.

Préparation aux erreurs du héros.

### XXXII$^e$.

*Page* 79. L'ange du Seigneur l'a conduit par la main, etc., etc.

Voilà le récit : la religion d'Eudore, ses voyages, Velléda, Paul ermite, etc. : voilà cent fois plus de motifs qu'il n'en faut pour autoriser le héros à raconter son histoire, et voilà surtout ce qui lie essentiellement le récit à l'action.

### XXXIII<sup>e</sup>.

*Page* 80. Cette victime sera dérobée au troupeau innocent des vierges, etc., etc.

Voilà pourquoi Cymodocée est païenne, pourquoi elle est fille d'Homère et prêtresse des Muses, etc. On doit remarquer ici un changement considérable. Cymodocée n'est point demandée par un décret irrévocable, et elle n'aura ni le mérite, ni l'éclat de la première victime. Ainsi, je pourrai montrer la fille d'Homère un peu foible, selon la nature, sans blesser les convenances de la religion, etc.

Je demande si un juge équitable et un homme sans passion peuvent trouver quelque chose de raisonnable à dire contre un morceau qui fait naître et justifie tout l'ouvrage? Une phrase nouvelle introduite ici sur les anges : « Il leur « confie l'exercice de sa miséricorde, » prépare le lecteur au rôle que les messagers de Dieu joueront dans la suite.

### XXXIV<sup>e</sup>.

*Page* 81. Les palmes des confesseurs reverdissent dans leurs mains.

Ce mouvement du ciel a semblé plaire à des hommes de goût; ils ont trouvé qu'il ranimoit bien le tableau en finissant.

### XXXV<sup>e</sup>.

*Page* 81. Entre Félicité et Perpétue.

Fameuses martyres, qui furent exposées, dans l'amphithéâtre de Carthage, aux attaques d'une génisse furieuse. Perpétue n'est point ici placée au hasard; elle reparoîtra au dénoûment, dans le vingt-quatrième livre.

XXXVI$^e$.

*Page* 82. Les chérubins roulent leurs ailes impétueuses.

« Et sonitus alarum cherubim audiebatur usque ad atrium exterius. » (*Ezech.*, cap. x.)

XXXVII$^e$.

*Page* 82. Qui présentent à sa bénédiction deux robes nouvellement blanchies.

Allusion à la catastrophe.

XXXVIII$^e$.

*Page* 82. Gloire à Dieu dans les hauteurs du ciel, etc.

« Gloria in excelsis Deo; et in terra pax hominibus bonæ « voluntatis... Agnus Dei, qui tollis peccata mundi. » S'il est facile de donner un tour ridicule aux choses les plus graves, on voit qu'il est plus aisé encore de laisser aux choses nobles en elles-mêmes leur noblesse. Plusieurs personnes auront lu peut-être ce chant religieux, sans se douter qu'elles lisoient le *Gloria in excelsis,* tant il est vrai que l'expression fait tout! Il y a dans le reste de l'hymne quelques imitations des Psaumes, surtout du LXXII$^e$, mais tellement appropriées à mon sujet et mêlées à mes propres idées, que je puis les réclamer comme à moi. Le cantique est tourné de manière qu'il s'applique à la persécution prochaine et aux destinées du martyr. « O miracle de can- « deur et de modestie! vous permettez à des victimes sorties « du néant de vous imiter, de se dévouer... Heureux celui à « qui les iniquités sont pardonnées, et qui trouve la gloire « dans la pénitence! etc. » Ainsi le sujet n'est jamais oublié.

# REMARQUES
## SUR LE QUATRIÈME LIVRE.

Le récit qui commence dans ce livre n'a presque point éprouvé de critiques. Je crois avoir prouvé que jamais récit, dans aucune épopée, ne se rattacha plus intimement à l'action.

### PREMIÈRE REMARQUE.

*Page* 84. Eudore et Cymodocée... ignoroient qu'en ce moment les saints et les anges avoient les regards attachés sur eux.

Seconde transition de l'ouvrage : elle ramène la scène sur la terre.

### II$^e$.

*Page* 84. Ainsi les pasteurs de Chanaan.

« Tetendit ibi (Abram) tabernaculum suum, ab occi-
« dente habens Bethel... » (*Genèse*, XII, 8.)

### III$^e$.

*Page* 84. Aussitôt que le gazouillement des hirondelles, etc., etc.

> Hæc pater Æoliis properat dum Lemnius oris
> Evandrum ex humili tecto lux suscitat alma,
> Et matutini volucrum sub culmine cantus.
> Consurgit senior, tunicaque induitur artus...
> Necnon et gemini custodes lumine ab alto
> Procedunt, gressumque canes comitantur herilem.
> (*Æneid.*, VIII, 454.)

Ce passage est imité ou plutôt traduit d'Homère. Je crois qu'on doit être détrompé à présent sur mes prétendues imitations *directes*. On peut voir comme je m'écarte encore ici de l'original :

Οὐκ οἷος, ἅμα τῷγε δύω κύνες ἀργοὶ ἕποντο.
(*Odyss.*, 11, 11.)

IV<sup>e</sup>.

*Page 85.* Tel l'Arcadien Évandre conduisit Anchise...

Nam memini Hesiones visentem regna sororis
Laomedontiaden Priamum, Salamina petentem,
Protinus Arcadiæ gelidos invisere fines...
 Cunctis altior ibat
Anchises. Mihi mens juvenili ardebat amore
Compellare virum, et dextræ conjungere dextram :
Accessi, et cupidus Phenei sub mœnia duxi.
(*Æneid.*, VIII, 157, 162.)

V<sup>e</sup>.

*Page 85.* Ou tel le même Évandre, exilé aux bords du Tibre, reçut l'illustre fils de son ancien hôte.

Cum muros, arcemque procul, ac rara domorum
Tecta vident, quæ nunc Romana potentia cœlo
Æquavit; tum res inopes Evandrus habebat...
(*Æneid*, VIII, 98.)

 Ut te, fortissime Teucrum,
Accipio agnoscoque libens! ut verba parentis
Et vocem Anchisæ magni vultumque recordor.
(*Æneid.*, VIII, 154.)

VI<sup>e</sup>.

*Page 86.* Il attache à ses pieds des brodequins gaulois formés de la peau d'une chèvre sauvage; il cache son cilice sous la tunique d'un chasseur; il jette sur ses épaules et ramène sur sa poitrine la dépouille d'une biche blanche.

C'est encore ici Évandre et Télémaque, mais tout est différent dans la peinture.

Et Tyrrhena pedum circumdat vincula plantis.
Tum lateri atque humeris tegæum subligat ensem,
Demissa ab læva pantheræ terga retorquens.

(*Æneid*, VIII, 458.)

Ὄρνυτ' ἄρ ἐξ εὐνῆφιν Ὀδυσσῆος φίλος υἱὸς,
Εἵματα ἐσσάμενος· περὶ δὲ ξίφος ὀξὺ θέτ' ὤμῳ,
Ποσσὶ δ' ὑπὸ λιπαροῖσιν ἐδήσατο καλὰ πέδιλα.

(*Odyss.*, II, 2.)

### VIIe.

*Page* 86. Il suspend à sa main droite une de ces couronnes de grains de corail dont les vierges martyres ornoient leurs cheveux en allant à la mort.

La plupart des Grecs portent encore aujourd'hui un chapelet à la main. Il étoit assez difficile d'exprimer un chapelet dans le style noble; je ne sais si j'ai réussi. L'origine des chapelets, comme on voit, est touchante : c'étoit, ainsi que je le dis dans le texte, une espèce de couronne que les chrétiennes portèrent en allant au martyre. On en fit dans la suite un ornement pour les images de la Vierge, ou un *ex-voto* sur lequel on prononça des prières. De là le nom que le chapelet porte encore en italien, *corona* : le latin le rend par *beatæ Virginis corona*. Au reste, l'usage des chapelets est bien postérieur au quatrième siècle ; mais il m'étoit très permis d'en placer ici l'origine.

### VIIIe.

*Page* 86. Comme un soldat chrétien de la légion thébaine.

La légion thébaine, qui étoit toute composée de chrétiens, fut mise à mort par Maximin, près d'Agaune, dans les Alpes. Il en sera question ailleurs.

### IXᵉ.

*Page* 87. Eudore, dit-il, vous êtes l'objet de la curiosité de la Grèce chrétienne.

On voit toutes les précautions que je prends pour motiver et amener le récit, déjà pleinement motivé dans le ciel.

### Xᵉ.

*Page* 87. Sage vieillard, dont l'habit annonce un pasteur des hommes.

Je n'ose avouer ma foiblesse pour Démodocus. Si l'on a comparé sa douleur à celle de Priam, sa joie est-elle tout-à-fait dénuée de cette simplicité antique qui a tant de charmes dans Homère? et ce qu'il dit ici, par exemple, passeroit-il dans la bouche de Nestor pour un bavardage insipide?

### XIᵉ.

*Page* 87. Contemple avec un charme secret son gouvernail.

Les anciens, dont les vaisseaux n'étoient guère que de grandes barques, restoient dans le port pendant l'hiver, et emportoient dans leurs maisons le gouvernail et les rames de leurs galères.

Ὅπλα δ' ἐπάρμενα πάντα τεῷ ἐνικάτθεο οἴκῳ,
Εὐκόσμως στολίσας νηὸς πτερὰ ποντοπόροιο·
Πηδάλιον δ' εὐεργὲς ὑπὲρ καπνοῦ κρεμάσασθαι.
(Hésiod., *Opera et dies*, v. 625.)

Invitat genialis hiems, curasque resolvit :
Ceu pressæ cum jam portum tetigere carinæ,
Puppibus et læti nautæ imposuere coronas.
(*Georg.*, I, v. 302.)

### XIIᵉ.

*Page* 88. De ces vieux arbres que les peuples de l'Arcadie regardoient comme leurs aïeux.

Les Arcadiens prétendoient qu'ils étoient enfants de la terre, ou nés des chênes de leur pays.

### XIIIe.

*Page* 88. C'étoit là qu'Alcimédon coupoit autrefois le bois de hêtre, etc.

> Pocula ponam
> Fagina, cœlatum divini opus Alcimedontis;
> Lenta quibus torno facili superaddita vitis,
> Diffusos hedera vestit pallente corymbos.
> (VIRG., *Bucol.*, III, 36.)

### XIVe.

*Page* 88. C'étoit là qu'on montroit aussi la fontaine Aréthuse, et le laurier qui retenoit Daphné sous son écorce.

Tout le monde connoît l'histoire d'Aréthuse et d'Alphée, et les beaux vers de la *Henriade* :

Belle Aréthuse, ainsi, etc.

L'histoire de Daphné n'est pas moins connue; mais cette histoire, dont on place la scène sur les bords du Pénée, est racontée autrement par Pausanias, et placée en Arcadie. (*Voyez* PAUSANIAS, VIII, 20; et BARTH., *Voyage d'Anacharsis*, chap. LII.)

### XVe.

*Page* 88. Une longue nacelle, formée du seul tronc d'un pin.

Ces espèces de pirogues sont encore en usage sur les côtes de la Grèce : on les appelle d'un nom qui exprime leur espèce, *monoxylon*.

### XVIe.

*Page* 88. Arcadiens! qu'est devenu le temps où les Atrides étoient obligés de vous prêter des vaisseaux pour aller à Troie, et où vous preniez la rame d'Ulysse pour le van de la blonde Cérès?

Homère, en faisant le dénombrement de l'armée des Grecs, dit qu'Agamemnon avoit fourni des vaisseaux aux Arcadiens pour les transporter à Troie, parce que ce peuple ignoroit l'art de la navigation (*Iliade* II). Ulysse, de retour dans sa patrie, raconte à Pénélope que ses travaux ne sont point encore finis; que, l'aviron à la main, il doit parcourir la terre jusqu'à ce qu'il arrive chez un peuple auquel la mer soit inconnue. Ce peuple, en voyant la rame qu'Ulysse portera sur son épaule, doit s'écrier: *Voilà le van de Cérès!* Ulysse terminera ses courses dans cet endroit, plantera son aviron en terre, et fera un sacrifice à Neptune. (*Odyss.* XXIII.)

Cette histoire du van de Cérès a exercé tous les commentateurs. Quel lieu de la terre Homère a-t-il voulu indiquer par cette circonstance? J'ai osé le fixer en Arcadie, et voici pourquoi:

Homère a déjà dit, comme on l'a vu, que les Arcadiens étoient si étrangers à la marine, qu'Agamemnon fut obligé de leur prêter des vaisseaux. On lit ensuite dans Pausanias ce passage remarquable: «Sur la cime du mont Borée (en «Arcadie), on aperçoit quelques restes d'un vieux temple «qu'Ulysse bâtit à Minerve et à Neptune, lorsqu'il fut enfin «revenu de Troie.» (PAUSANIAS, VIII, 44.) Que l'on rapproche ce passage de ceux de l'*Iliade* et de l'*Odyssée* cités plus haut, et l'on trouvera peut-être ma conjecture assez probable; du moins elle pourra servir à expliquer un point d'antiquité très curieux, jusqu'à ce qu'on ait rencontré plus juste.

XVII<sup>e</sup>.

*Page* 89. Je descends, par ma mère, de cette pieuse femme de Mégare qui enterra les os de Phocion sous son foyer.

«Ses ennemis (de Phocion) firent ordonner par le peuple

«que le corps de Phocion seroit exilé et porté hors du ter-
«ritoire de l'Attique, et qu'aucun des Athéniens ne donne-
«roit du feu pour honorer d'un bûcher ses funérailles : c'est
«pourquoi aucun de ses amis n'osa seulement toucher à
«son corps. Mais un certain Cnopion, accoutumé à ga-
«gner sa vie à ces sortes de fonctions funèbres, prit le
«corps pour quelques pièces d'argent qu'on lui donna, le
«porta au-delà des terres d'Éleusine ; et, ayant pris du feu
«sur celles de Mégare, il lui dressa un bûcher et le brûla.
«Une dame de Mégare, qui assista par hasard à ces funé-
«railles, avec ses servantes, lui éleva dans le même endroit
«un tombeau vide, sur lequel elle fit les effusions accou-
«tumées ; et mettant dans sa robe les os qu'elle recueillit
«avec grand soin, elle les porta la nuit dans sa maison, et
«les enterra sous son foyer, en lui adressant ces paroles :
«*Mon cher foyer, je te confie et je mets en dépôt dans ton sein
«ces précieux restes d'un homme de bien : conserve-les fidèle-
«ment, pour les rendre un jour au tombeau de ses ancêtres,
«quand les Athéniens seront devenus plus sages.*» (PLUT., *Vie
de Phocion.*)

## XVIII<sup>e</sup>.

*Page* 89. Notre patrie expirante, pour ne point démentir son ingratitude, fit boire le poison au dernier
de ses grands hommes. Le jeune Polybe, au milieu
d'une pompe attendrissante, transporta de Messène à
Mégalopolis la dépouille de Philopœmen.

«Quand l'exécuteur descendit dans le caveau, Philopœ-
«men étoit couché sur son manteau, sans dormir, et tout
«occupé de sa douleur et de sa tristesse. Dès qu'il vit de la
«lumière, et cet homme près de lui, tenant sa lampe d'une
«main et la coupe de poison de l'autre, il se releva avec
«peine, à cause de sa grande foiblesse, se mit en son séant,
«et, prenant la coupe, il demanda à l'exécuteur s'il n'avoit
«rien entendu dire de ses cavaliers, et surtout de Lycortas.
«L'exécuteur lui dit qu'il avoit ouï dire qu'ils s'étoient

« presque tous sauvés. Philopœmen le remercia d'un signe
« de tête ; et le regardant avec douleur : *Tu me donnes là
« une bonne nouvelle*, lui dit-il ; *nous ne sommes donc pas
« malheureux en tout.* Et sans dire une seule parole de plus,
« sans jeter le moindre soupir, il but le poison, et se recou-
« cha sur son manteau... »

Les Arcadiens vengèrent la mort de Philopœmen, et transportèrent les cendres de ce grand homme à Mégalopolis.

« Après qu'on eut brûlé le corps de Philopœmen, qu'on
« eut ramassé ses cendres et qu'on les eut mises dans une
« urne, on se mit en marche pour Mégalopolis. Cette marche
« ne se fit point turbulemment, ni pêle-mêle, mais avec
« une belle ordonnance, et en mêlant à ce convoi funèbre
« une sorte de pompe triomphale. On voyoit d'abord les
« gens de pied, la tête ceinte de couronnes, et tous fondant
« en larmes. Après cette infanterie suivoient les ennemis
« chargés de chaînes. Le fils du général, le jeune Polybe,
« marchoit ensuite, portant dans ses mains l'urne qui ren-
« fermoit les cendres, mais qui étoit si couverte de bande-
« lettes et de couronnes, qu'elle ne paroissoit presque
« point. Autour de Polybe marchoient les plus nobles et les
« plus considérables des Achéens. L'urne étoit suivie de
« toute la cavalerie, magnifiquement armée et montée su-
« perbement, qui fermoit la marche, sans donner ni de
« grandes marques d'abattement pour un si grand deuil, ni
« de grands signes de joie pour une telle victoire. Tous les
« peuples des villes et des villages des environs venoient au-
« devant de ce convoi, comme autrefois ils venoient au-de-
« vant de lui-même pour le recevoir et lui faire honneur,
« quand il revenoit de ses expéditions couvert de gloire ;
« et après avoir salué et touché respectueusement son urne,
« ils la suivoient et l'accompagnoient. » ( PLUTARQUE , *Vie de
Philopœmen.* )

## XIX<sup>e</sup>.

*Page* 89. Elle ressemble à cette statue de Thémistocle, dont les Athéniens de nos jours ont coupé la tête pour la remplacer par la tête d'un esclave.

Pausanias parle de quelques statues des grands hommes d'Athènes, qu'on avoit mutilées de son temps, pour mettre sur leurs bustes la tête d'un affranchi, d'un athlète. C'est d'après cela que j'ai imaginé ma comparaison.

### XX<sup>e</sup>.

*Page* 90. Le chef des Achéens ne reposa pas tranquille au fond de sa tombe.

« Plusieurs années après, dans les temps les plus calami-
« teux de la Grèce, lorsque Corinthe fut brûlée et détruite
« par le proconsul Mummius, un calomniateur romain fit
« tous ses efforts pour les faire abattre (les statues de Phi-
« lopœmen), et le poursuivit lui-même criminellement,
« comme s'il eût été en vie, l'accusant d'avoir été l'ennemi
« des Romains, et de s'être montré toujours malinten-
« tionné pour eux dans toutes leurs affaires. La chose fut
« portée au conseil devant Mummius. Le calomniateur étala
« tous les chefs d'accusation, et expliqua tous ses moyens;
« mais après que Polybe lui eut répondu pour le réfuter,
« ni Mummius, ni ses lieutenants ne voulurent point or-
« donner ni souffrir que l'on détruisît les monuments de
« la gloire de ce grand homme, quoiqu'il eût opposé une
« digue aux prospérités de Flaminius et d'Acilius. » ( PLUTARQUE, *Vie de Philopœmen.*)

### XXI<sup>e</sup>.

*Page* 90. Ils exigèrent qu'à l'avenir le fils aîné de ma famille fût envoyé à Rome.

Voilà le fondement de tout le récit, et ce qui fait naître toutes les aventures d'Eudore.

### XXII<sup>e</sup>.

*Page* 90. Tantôt dans un autre héritage que nous

possédons au pied du Taygète, le long du golfe de Messénie.

Dans cette circonstance, en apparence frivole, on voit le soin que j'ai mis à garder la vraisemblance. Par-là, la rencontre de Cymodocée et d'Eudore est justifiée : Eudore revenoit de visiter ses champs de la Messénie lorsqu'il trouva la fille d'Homère. On verra plus bas qu'Eudore, en s'éloignant des côtes de la Grèce, contemploit de loin les arbres de l'héritage paternel ; ce qu'il n'auroit pu faire encore s'il n'eût possédé des biens au bord de la mer.

### XXIIIe.

*Page* 90. La religion tenant mon âme à l'ombre de ses ailes, l'empêchoit, comme une fleur délicate, de s'épanouir trop tôt; et, prolongeant l'ignorance de mes jeunes années, elle sembloit ajouter de l'innocence à l'innocence même.

Un critique, d'ailleurs plein d'indulgence et de politesse, a cité cette phrase comme répréhensible. J'avoue que je n'ai jamais été plus étonné. J'ai consulté de bons juges, et des juges très sévères: ils m'ont tous unanimement conseillé de laisser ce passage tel qu'il est.

### XXIVe.

*Page* 91. Au port de Phères.

J'ai déjà parlé de Phères, à propos de l'arc d'Ulysse. Ce fut aussi à Phères que Télémaque reçut l'hospitalité chez Dioclès, lorsque le fils d'Ulysse alla demander des nouvelles de son père à Ménélas. (*Odyss.* III.)

### XXVe.

*Page* 92. L'île de Théganuse.

A la pointe de la Messénie, l'une des îles *OEnussæ*, qui forment aujourd'hui les groupes la *Sapienza* et de *Cabrera*, depuis Modon jusqu'à la pointe du golfe de Coron. J'ai touché à *Sapienza*. ( *Voyez* d'Anville. )

### XXVI*e*.

*Page* 92. Vers l'embouchure du Simoïs, à l'abri du tombeau d'Achille.

La vue de ce tombeau m'a guéri de la fièvre, comme je l'ai raconté dans un extrait de mon voyage inséré au *Mercure*. On peut consulter sur ce tombeau le Voyage de M. Lechevalier. Voici de bien beaux vers; aussi sont-ils du maître :

> Ἀμφ' αὐτοῖσι δ' ἔπειτα μέγαν καὶ ἀμύμονα τύμβον
> Χεύαμεν Ἀργείων ἱερὸς στρατὸς αἰχμητάων
> Ἀκτῇ ἐπὶ προὐχούσῃ, ἐπὶ πλατεῖ Ἑλλησπόντῳ·
> Ὥς κεν τηλεφανὴς ἐκ ποντόφιν ἀνδράσιν εἴη
> Τοῖς οἱ νῦν γεγάασι, καὶ οἱ μετόπισθεν ἔσονται.
>
> (*Odyss.*, liv. XXIV, v. 80.)

Il faut convenir que les pyramides des rois égyptiens sont bien peu de chose, comparées à la gloire de cette tombe de gazon chantée par Homère, et autour de laquelle courut Alexandre.

### XXVII*e*.

*Page* 92. Mais le constant zéphyr.

Zéphyr est pris ici, comme dans l'antiquité, pour le vent d'ouest. Ce vent règne au printemps sur la Méditerranée.

### XXVIII*e*.

*Page* 92. Nous fûmes jetés tantôt sur les côtes de l'Éolide.

L'Éolide, aujourd'hui toute la côte qui s'étend depuis Smyrne jusqu'à Adramiti. J'ai traversé par terre ce beau pays, en me rendant de Smyrne à Constantinople. Le second volume du Voyage de M. de Choiseul, qui vient de paroître, ne laisse plus rien à désirer pour la description de ces lieux à jamais célèbres.

## XXIX<sup>e</sup>.

*Page* 92. Cette montagne... avoit dû servir de statue à Alexandre ; cette autre montagne est l'Olympe, etc. ; jusqu'à l'alinéa.

On sait qu'un sculpteur proposa de faire du mont Athos une statue d'Alexandre. — Olympe, Tempé, Délos, Naxos, trop connus pour en parler. — Cécrops, Égyptien, premier législateur d'Athènes. — Platon donnoit quelquefois des leçons à ses disciples sur le cap Sunium. — Démosthènes, pour s'accoutumer à parler devant le peuple, haranguoit les vagues de la mer. — Phryné, se baignant un jour sur le rivage près d'Éleusis, les Athéniens la prirent pour Vénus.

## XXX<sup>e</sup>.

*Page* 93. Devant nous étoit Égine, etc.

On peut lire la lettre de Sulpitius à Cicéron ( lib. iv, epist. v, *ad familiares*) dont ce passage est une imitation.

## XXXI<sup>e</sup>.

*Page* 94. Babylone m'enseignoit Corinthe.

Le même critique qui a blâmé la phrase rapportée sous la note XXIII<sup>e</sup> trouve celle-ci répréhensible. On m'a encore conseillé de ne la point changer. En effet, la hardiesse du tour est sauvé par ce qui précède : *Je m'étois assis avec le prophète*, etc. Je n'ai point cherché à imiter Bossuet ; je crois qu'on ne doit imiter ni ce grand écrivain, ni aucun auteur moderne. Il n'y a que les anciens qui soient modèles ; eux seuls doivent être constamment l'objet de nos études et de nos efforts. Au reste, il y avoit une faute de mémoire ou d'impression dans la manière dont on avoit cité ma phrase ; on lisoit : *Corinthe m'enseignoit Babylone*, ce qui est très différent.

## XXXII<sup>e</sup>.

*Page* 94. Nous vîmes tout à coup sortir une théorie.

Grâce au *Voyage d'Anacharsis*, tout le monde sait aujourd'hui qu'une théorie veut dire une procession ou une pompe religieuse.

## XXXIII<sup>e</sup>.

*Page* 95. De nouvelles émotions m'attendoient à Brindes, etc.; jusqu'au second alinéa, *page* 96.

Brindes, autrefois Brundusium, célèbre par la mort de Virgile. Horace y fit un voyage, ce qui n'est pas ce qu'il a fait de mieux. — La voie Appienne, chemin qui conduisoit de Rome à la pointe de l'Italie; on en voit encore des restes entre Naples et Rome. — Apulie, aujourd'hui la Pouille. — Auxur, aujourd'hui Terracine. — Le Forum et le Capitole sont bien connus. — Le quartier des Carènes :

> Passimque armenta videbant
> Romanoque foro, et lautis mugire Carinis.
> (*Æneid.*, liv. VIII, v. 360.)

— Le théâtre de Germanicus, près du Tibre; on en voit encore les ruines. — Le Môle Adrien, aujourd'hui le château Saint-Ange. — Le cirque de Néron, à la droite du Forum, lorsqu'on vient du Capitole. — Le Panthéon d'Agrippa; il existe encore : c'est le monument le plus élégant de Rome ancienne et de Rome moderne. Je l'admirois beaucoup plus avant d'avoir vu les ruines d'Athènes.

## XXXIV<sup>e</sup>.

*Page* 96. Les grands bœufs du Clytumne traînoient au Forum l'antique chariot du Volsque.

On dit que ce Volsque avoit sans doute acheté ces bœufs du Clytumne à la foire. Je le veux bien, et cela est très possible.

### XXXV<sup>e</sup>.

*Page* 97. J'ai vu la carte de la Ville éternelle, tracée sur des rochers de marbre au Capitole.

Elle y est encore. Après avoir vu la ville entière, on sera peut-être bien aise d'en voir les ruines. On en trouvera la peinture dans ma lettre à M. de Fontanes. (Voyez le volume des *Voyages* de l'auteur.)

### XXXVI<sup>e</sup>.

*Page* 97. Le rhéteur Eumènes.

Un des savants hommes de cette époque. Il étoit d'Autun, quoiqu'il fût Grec d'origine. Il rétablit les écoles des Gaules. Il nous reste de lui un panégyrique prononcé devant Constantin. (Voyez *Panégyr. veter.*) Dans les premières éditions, je faisois étudier Eumènes sous un disciple de Quintilien, ce qui ne se pouvoit pas dans l'ordre des temps. J'ai mis : «Sous le fils d'un disciple,» ce qui rentre dans la vraie chronologie.

### XXXVII<sup>e</sup>.

*Page* 98. Augustin, Jérôme et le prince Constantin.

J'ai déjà prévenu le lecteur, dans la préface, de l'anachronisme touchant saint Augustin et saint Jérôme. Au reste, tous les caractères qui sont peints ici, saint Jérôme, saint Augustin, Constantin, Dioclétien et Galérius, sont conformes à la vérité historique.

### XXXVIII<sup>e</sup>.

*Page* 99. Heureux s'il ne se laisse pas emporter à ces éclats de colère.

Allusion au meurtre de sa femme et de son fils.

### XXXIX$^e$.

*Page* 99. Cette conformité de position, encore plus que celle de l'âge, décida du penchant du jeune prince en ma faveur.

Commencement de l'amitié d'Eudore et de Constantin, qui doit avoir une influence si grande sur l'action de l'ouvrage et sur les destinées de mon héros.

### XL$^e$.

*Page* 102. Armentarius.

Gardeur de troupeaux.

### XLI$^e$.

*Page* 103. Une fureur aveugle contre les chrétiens.

Toute la page qui suit est une préparation de l'action. *Cause de la haine de Galérius contre les chrétiens; projet d'usurper l'empire, etc.* On voit donc que le récit tient évidemment à l'action.

### XLII$^e$.

*Page* 103. Dorothée, premier officier de son palais, etc.

Ce personnage est historique; il étoit chrétien et il subit le martyre avec plusieurs autres officiers du palais.

### XLIII$^e$.

*Page* 105. Ceux-ci s'occupent sérieusement d'une ville à bâtir, etc.; jusqu'à l'alinéa.

Toutes les folies rassemblées ici ne sont point prêtées gratuitement aux faux sages. Ce fut Plotin, d'ailleurs très honnête homme, qui voulut faire bâtir une ville par l'empereur Gallien; ce fut Porphyre qui chercha les secrets de la nature dans les mystères de l'Égypte. Les sectes qui voyoient tout dans la pensée ou dans la matière étoient les Platoniciens et les Épicuriens ; ceux qui prêchoient la république dans le sein de la monarchie allèrent jusqu'à attaquer Trajan, qui fut obligé de les chasser de Rome ; ceux qui, à l'imitation des fidèles, vouloient enseigner la morale au peuple, se signalèrent surtout pendant le règne de Julien. « Tout étoit plein de philosophes, dit Fleury (*Mœurs « des Chrétiens*), qui faisoient aussi profession de pratiquer « la vertu et de l'enseigner. Il y en eut même plusieurs dans « ces premiers siècles de l'Église qui, peut-être à l'imitation « des chrétiens, coururent le monde, prétendant réformer « le genre humain. » Tout est donc ici historique. Hélas! les folies humaines se sont plus d'une fois répétées, et souvent on croit lire l'histoire de ses propres maux dans l'histoire des hommes qui nous ont précédés.

### XLIV$^e$.

*Page* 107. Une offense que je reçus d'Hiéroclès.

Commencement de l'inimitié entre Eudore et Hiéroclès.

### XLV$^e$.

*Page* 107. Marcellin, évêque de Rome.

Marcellin étoit pape à cette époque ; je ne lui donne pas ce titre dans le texte, parce que les papes ne le portoient pas encore exclusivement. Marcellin occupa le trône pontifical pendant un peu plus de huit années. Les Donatistes l'accusèrent d'avoir sacrifié aux idoles pendant la persécution. Saint Augustin l'a justifié dans son ouvrage contre Pétilien. Les actes du concile de Sinuesse sont apocryphes.

### XLVI$^e$.

*Page* 108. Au tombeau de saint Pierre et de saint-Paul.

C'est-à-dire au Vatican, près de la basilique de Saint-Pierre.

### XLVIIe.

*Page* 108. Là se rencontroient et Paphnuce de la haute Thébaïde, etc., etc.

Tous ces noms portent leur commentaire avec eux. Tous ces grands hommes, dont l'Église a mis plusieurs au rang des saints, vivoient à cette époque, et parurent au concile de Nicée. On peut remarquer en outre que ce qui manque dans le récit d'Eudore à la peinture de l'état du christianisme sur la terre se trouve ici. Eudore ne parle pas des églises de la Perse et des Indes, où il n'a pas voyagé. Les Ibériens dont il est question dans ce passage ne sont pas les Espagnols : c'étoient des peuples placés entre le Pont-Euxin et la mer Caspienne. La position de l'Église, par rapport aux hérésies, est aussi indiquée dans ce tableau.

### XLVIIIe.

*Page* 109. Et bénissoit la ville et le monde.

Je place ici l'origine d'une cérémonie touchante encore pratiquée de nos jours : *urbi et orbi*.

### XLIXe.

*Page* 109. Je redemandois secrètement les platanes de Fronton, le portique de Pompée, ou celui de Livie, etc.

Il y avoit à Rome des jardins publics connus sous le nom de Fronton; voyez Juvénal. — Le portique de Pompée et celui de Livie sont célèbres dans *l'Art d'aimer* d'Ovide.

### Le.

*Page* 111. La porte sainte est fermée devant moi.

Tout le monde a remarqué cette scène d'où l'action entière va sortir.

LI$^e$.

*Page* 111. A l'amphithéâtre de Vespasien.

Aujourd'hui le Colisée : voyez la peinture de ses ruines dans la lettre à M. de Fontanes, citée plus haut (note xxxv$^e$).

LII$^e$.

*Page* 112. Il faut que ce peuple, même au milieu de toutes ses misères, ait la main dans toutes les grandeurs.

Encore une phrase désapprouvée par le critique qui a désapprouvé les deux autres (notes xxiii$^e$ et xxxi$^e$). Quant à celle-ci, qui, par une grande fatalité, n'étoit point encore exactement citée dans le journal, je ne sais qu'en dire. J'ai vu les opinions partagées. Il me semble pourtant que les autorités prépondérantes sont en sa faveur. Dans tous les cas, si elle est douteuse, elle est la seule de cette espèce dans *les Martyrs*.

LIII$^e$.

*Page* 112. Les bêtes féroces... se mirent à rugir.

Présage qui m'a semblé propre à réveiller la crainte et la curiosité des lecteurs. Eudore s'en souviendra au xxiv$^e$ liv.

# REMARQUES

## SUR LE CINQUIÈME LIVRE.

### PREMIÈRE REMARQUE.

*Page* 115. Nous fréquentions surtout à Naples le palais d'Aglaé, etc. ; jusqu'à la fin du dernier alinéa de la page 116.

L'histoire d'Aglaé et de saint Boniface, martyrs, est peut-être la plus agréable de toutes les histoires de nos saints. J'en donne dans le texte un précis trop exact pour qu'il soit nécessaire d'y ajouter quelque chose dans la note; il suffira de savoir que tout ce que dit Aglaé sur les cendres des martyrs, et tout ce que lui répond Boniface, est conforme à la vérité historique. On verra, dans le XVI<sup>e</sup> livre, quelle fut la fin d'Aglaé, de saint Sébastien, de saint Pacôme, de saint Boniface, de saint Génès. Celui-ci a fourni à l'abbé Nadal le sujet d'une tragédie. ( Voyez FLEURY, *Hist. ecclés.*, tom. II, in-4º : *Acta SS. Mart.*; *Vies des Pères du désert*, tome 1<sup>er</sup>.)

Une partie essentielle de mon plan est d'offrir le tableau complet du christianisme à l'époque de la persécution de Dioclétien. J'ai eu soin de rappeler les noms de presque tous les martyrs et saints du IV<sup>e</sup> siècle, et de les lier plus ou moins au sujet par un mot ou par un souvenir. Ces misères échappent à la plupart des lecteurs, mais elles coûtent à l'écrivain; et, en dernier résultat, elles font pourtant qu'un ouvrage est plein et nourri de faits, ou qu'il est *dépourvu de sens et de lecture*. D'ailleurs, il est peut-être assez piquant de voir agir ces grands personnages dont on nous conta l'histoire dans notre enfance, et qui, de persécuteurs des chrétiens qu'ils étoient, sont devenus souvent des saints illustres.

## II<sup>e</sup>.

*Page* 117. Chaque matin, aussitôt que l'aurore, etc.

Cette description de Naples a été faite sur les lieux, ainsi que celle de Rome. J'ai des preuves que les peuples de ce beau pays, si sensibles au charme de leur climat et aux grands souvenirs de leur patrie, ont reconnu la fidélité de mon tableau.

## III<sup>e</sup>.

*Page* 118. Parthénope fut bâtie sur le tombeau d'une sirène.

Parthénope est Naples, comme chacun sait.
*Tenet nunc Parthenope!* Elle fut fondée par des Grecs. Voilà pourquoi Eudore dira plus bas que les danses des Napolitaines lui rappeloient les mœurs de la Grèce.

## IV<sup>e</sup>.

*Page* 119. Des roses de Pœstum dans des vases de Nola.

Les roses, selon Virgile, fleurissoient deux fois à Pœstum. On connoît les beaux temples qui marquent encore l'emplacement de cette petite colonie grecque. Les vases antiques, appelés vases de Nola, sont dans les cabinets de tous les curieux. Nola étoit une ville près de Naples. Auguste y mourut.

## V<sup>e</sup>.

*Page* 119. Se retirant vers le tombeau de la nourrice d'Énée.

Tu quoque littoribus nostris, æneia nutrix,
Æternam moriens famam, Caieta, dedisti.
(*Æneid.*, liv. VII, v. 1.)

Gaëte est à l'ouest, par rapport à Naples, et le soleil, en descendant sur l'horizon, passe derrière le Pausilippe. On sait que le Pausilippe est une longue et haute colline, sous laquelle on a percé le chemin qui mène à Pouzzol. C'est à l'entrée de ce chemin souterrain que se trouve le tombeau de Virgile.

Pline fut englouti par les laves du Vésuve, sur le rivage de Pompeia. (Voyez PLINE LE JEUNE, *Epist.*) La Solfatare est une espèce de plaine ou de foyer de volcan, creusé au centre d'une montagne. Quand on y marche, la terre retentit sous vos pas ; le sol y est brûlant à une certaine profondeur, l'argent s'y couvre de soufre, etc. Tous les voyageurs en parlent.

Le lac Averne, le Styx, l'Achéron, lieux ainsi nommés aux environs de la mer et de Baïes, et admirablement décrits dans le vi<sup>e</sup> livre de *l'Énéide*. Tous ces lieux existoient aussi en Égypte et en Grèce.

### VI<sup>e</sup>.

*Page* 120. Nous retrouvions les ruines de la maison de Cicéron, etc. ; jusqu'à l'alinéa.

Cicéron avoit une maison de campagne près de Baïes ; on en montre encore les ruines. Pour le naufrage d'Agrippine, pour sa mort, pour le fameux *ventrem feri*, voyez TACITE (*Ann.* XIV, 5, 6, 7). Quant à Caprée, tout le monde connoît le séjour qu'y fit Tibère, et la vie infâme qu'il y mena.

### VII<sup>e</sup>.

*Page* 121. Aux trois sœurs de l'Amour, filles de la Puissance et de la Beauté.

Les Grâces, sœurs de l'Amour, et filles de Vénus et de Jupiter. Eudore parle ici comme il le faisoit dans le cours de ses erreurs.

### VIII<sup>e</sup>.

*Page* 121. Le front couronné d'ache toujours verte,

et de roses qui durent si peu, etc.; jusqu'au premier alinéa de la page 122.

On reconnoîtra ici facilement Horace, Virgile, Tibulle, Ovide. Le lecteur a vu l'antiquité grecque dans les premiers livres, voici l'antiquité latine. On ne m'accusera pas de choisir ce qu'il y a de moins beau parmi les anciens, pour faire mieux valoir les beautés du christianisme.

IX<sup>e</sup>.

*Page* 122. Notre bonheur eût été d'être aimés aussi bien que d'aimer.

Cette pensée est de saint Augustin : elle est délicate et tendre, mais elle n'est pas sans affectation et sans recherche, et je l'ai trop louée dans le *Génie du Christianisme* (t. III, liv. IV, ch. 2). Au reste, tout ce morceau est dans le ton de la morale chrétienne, prompte à nous détromper des illusions de la vie. Ce qu'il y a de remarquable, c'est que ce ton ne forme point un contraste violent avec ce qui précède, et que, si l'on n'en étoit averti, on ne s'apercevroit point qu'on est passé des poëtes élégiaques aux Pères de l'Église.

X<sup>e</sup>.

*Page* 123. Un jour, errant aux environs de Baïes, nous nous trouvâmes auprès de Literne.

Literne, aujourd'hui Patria. Voyez encore ma lettre à M. de Fontanes, citée dans les notes du livre précédent.

XI<sup>e</sup>.

*Page* 124. Quand vous voyez l'Africain rendre une épouse à son époux.

Personne n'ignore cette histoire.

XII^e.

*Page* 124. Quand Cicéron vous peint ce grand homme.

Il nous reste un fragment de Cicéron, connu sous le titre de *Songe de Scipion*. Cicéron suppose que Scipion l'Émilien eut un songe, pendant lequel Scipion l'Africain l'enleva au ciel, et lui fit voir le bonheur destiné aux hommes de bien. (Voyez l'*Itin.*, tom. II, pag. 233 et 234, édition de 1830.)

XIII^e.

*Page* 125. Ma mère qui est chrétienne.

C'est sainte Monique.

XIV^e.

*Page* 125. Un homme vêtu de la robe des philosophes d'Épictète.

Les premiers solitaires chrétiens étoient de véritables philosophes. Quelques anachorètes n'avoient pour toute règle que le Manuel d'Épictète.

XV^e.

*Page* 126. J'étois assis dans ce monument.

Les tombeaux des anciens, et surtout ceux des Romains, étoient des espèces de tours. Plusieurs solitaires en Égypte habitoient des tombeaux.

XVI^e.

*Page* 126. Je suis le solitaire chrétien du Vésuve.

On a remarqué dans cette histoire le morceau des Litanies; il offre au moins le mérite de la difficulté vaincue. On sait qu'il y a, de nos jours, un ermite établi sur le mont Vésuve : c'est une sentinelle avancée qui expose perpétuellement sa vie pour surveiller les éruptions du volcan.

Je fais ainsi remonter le dévouement religieux jusqu'à Thraséas.

### XVII<sup>e</sup>.

*Page* 126. Des pirates descendirent sur le rivage.

Fait historique.

### XVIII<sup>e</sup>.

*Page* 128. Un édifice d'un caractère grave.

C'est une chose singulière que les plus anciennes églises, bâties avant la naissance de l'architecture gothique, ont un caractère de gravité et de grandeur que les monuments païens du même âge n'ont pas. J'ai fait souvent cette remarque à Rome ; à Constantinople, à Jérusalem, où l'on voit des églises du siècle de Constantin, siècle qui au reste n'étoit pas celui du goût.

### XIX<sup>e</sup>.

*Page* 130. Sa voix avoit une harmonie...

Un critique, dans un extrait malheureusement trop court, et dont tout le monde a remarqué le ton excellent et les manières distinguées, a bien voulu m'appliquer ce passage. Je ne me flatte point de mériter un pareil éloge : je n'avois en vue, en écrivant ceci, que de peindre l'éloquence, le style et la personne même de Fénelon. En effet, on peut remarquer que cela s'applique de tous points à l'auteur du *Télémaque*.

### XX<sup>e</sup>.

*Page* 131. Que Jérôme se préparoit à visiter les Gaules, etc.

Saint Jérôme voyagea dans tous les pays, et se fixa ensuite dans la Judée, à Bethléem, où nous le retrouverons.

XXI<sup>e</sup>.

*Page* 131. Je ne sais... si nous nous reverrons jamais.

L'auteur a vu des personnes s'attendrir à la lecture de cette lettre. Le flattoit-on? Étoit-ce une de ces politesses convenues par lesquelles on trompe un auteur? Il ne sait.

XXII<sup>e</sup>.

*Page* 132. Comme Eudore alloit continuer son récit, etc.

Le récit étant très long, je l'ai interrompu plusieurs fois pour délasser le lecteur; j'ai même osé le couper entièrement vers le milieu, par le livre de l'Enfer. Cette innovation dans l'art, la seule que je me sois permise, étoit apparemment nécessaire et très naturelle, car personne ne l'a remarquée.

XXIII<sup>e</sup>.

*Page* 132. Des glands de phagus, etc.

Le phagus étoit une espèce de chêne ou de hêtre d'Arcadie: il portoit le gland dont on prétend que les premiers hommes se nourrissoient. (Voyez Théophraste.)

XXIV<sup>e</sup>.

*Page* 133. Lorsqu'un fils d'Apollon.

C'étoit Ulysse qui pleuroit en entendant le Démodocus d'Homère chanter les exploits des Grecs aux festins d'Alcinoüs. (*Odyss.*, VIII.)

XXV<sup>e</sup>.

*Page* 134. Maximien avoit été obligé.

Faits historiques. Toutes les fois que j'ai pu rappeler au lecteur l'amour naissant de Cymodocée pour Eudore, l'ambition de Galérius, la haine de César pour Constantin et pour les fidèles, enfin le nom et les projets d'Hiéroclès, je me suis empressé de le faire; le sujet n'est jamais tout-à-fait hors de vue.

L'empereur Valérien, dont on parle ici, fut pris par les Parthes et écorché vif, les uns disent après sa mort.

## XXVIe.

*Page* 135. J'entre hardiment dans la caverne.

Je comptois peu sur le succès de ce morceau, et cependant il a réussi. D'après l'histoire, il est très probable que Prisca et Valérie étoient chrétiennes. Il faut remarquer que les catacombes dont je donne la description sont celles qui prirent dans la suite le nom de Saint-Sébastien, parce que ce martyr y fut enterré; et Sébastien est ici présent au sacrifice. Le charmant tombeau de Cécilia Métella est en effet où je le place. Tout cela est exact et fait d'après la vue des lieux. M. Delille avoit peint les catacombes désertes; il ne me restoit qu'à représenter les catacombes habitées, pour ne pas engager une lutte trop inégale avec un grand poëte et de beaux vers.

## XXVIIe.

*Page* 138. C'est ce Grec sorti d'une race rebelle.

La rivalité d'Hiéroclès et d'Eudore, l'amitié d'Eudore et de Constantin, la haine de Galérius contre les chrétiens se développant, la foiblesse de Dioclétien s'accroit: le récit tient de toutes parts à l'action.

## XXVIIIe.

*Page* 139. Cependant telle est la force de l'habitude, et peut-être le charme attaché à des lieux célèbres.

J'ai éprouvé ce sentiment très vif en quittant Rome. De tous les lieux de la terre que j'ai visités, c'est le seul où je voulusse retourner, et où je serois heureux de vivre.

## XXIX<sup>e</sup>.

*Page* 140. La voie Cassia, qui me conduisoit vers l'Étrurie, etc., etc.

Les détails de ce voyage sont vrais. Il n'y a, je crois, aucun voyageur qui ne reconnoisse Radigofamini à ces mots, *planté de roches aiguës,* à ce torrent qui se replie vingt-quatre fois sur lui-même, et déchire son lit en s'écoulant. Les monticules tapissés de bruyères sont la Toscane, etc.

## XXX<sup>e</sup>.

*Page* 141. Sa fuite est si lente, que l'on ne sauroit dire de quel côté coulent les flots.

«Flumen est Arar... incredibili lenitate, ita ut oculis, «in utram partem fluat, judicari non possit.» (Cæs., *de Bell. Gall.*)

Ubi Rhodanus ingens amne præraapido fluit,
Ararque dubitans quo suos cursus agat
Tacitus; quietus alluit ripas vanis.
(Sen., *in Apocolocyntosi.*)

Fulmineis Rhodanus qua se fugat incitus undis,
Quaque pigro dubitat flumine mitis Arar;
Lugdunum jacet, etc. (Jul. Cæs., *Scaliger.*)

## XXXI<sup>e</sup>.

*Page* 142. Dont la cité est la plus belle et la plus grande des trois Gaules.

Trèves. Les choses sont bien changées.

# REMARQUES

## SUR LE SIXIÈME LIVRE.

#### PREMIÈRE REMARQUE.

*Page* 143. La France est une contrée sauvage.

La France d'autrefois, ou le pays des Francs, n'étoit point la France d'aujourd'hui : ce que nous nommons France à présent est proprement la Gaule des anciens. J'ai cité pour autorité, dans la préface, la *Carte de Peutinger*, et saint Jérôme dans *la Vie de saint Hilarion*. La Table-carte *de Peutinger* est une espèce de livre de poste des anciens, composé vraisemblablement dans le IV<sup>e</sup> siècle. Retrouvé par un ami de Peutinger, jurisconsulte d'Augsbourg, il fut publié à Venise, en 1591. Ce sont de longues bandes de papier sur lesquelles on a tracé les chemins de l'empire romain, avec les noms des pays, des villes, des mansions ou relais de poste; le tout sans division, sans méridien, sans longitude et sans latitude. Le mot *Francia* se trouve écrit de l'autre côté du Rhin, à l'endroit que je désigne.

Voici les paroles de saint Jérôme : «Entre les Saxons et «les Germains, on trouve une nation peu nombreuse, mais «très brave. Les historiens appellent le pays qu'habite cette «nation Germanie; mais on lui donne aujourd'hui le nom «de France.» (*In Vit. S. Hilar.*)

«La nation des Celtes, dit Libanius, habite au-dessus du «Rhin, le long de l'Océan. Ces Barbares se nomment «Francs, parce qu'ils supportent bien les fatigues de la «guerre.» (*In Basil.*)

## IIe.

*Page* 143. Les peuples qui habitent ce désert sont les plus féroces des Barbares.

« Les Francs, dit Nazaire, surpassent tous les peuples « barbares en férocité. » Selon l'auteur anonyme d'un panégyrique prononcé devant Constantin, « il n'étoit pas aisé « de vaincre les Francs, peuple qui se nourrissoit de la chair « des bêtes féroces. »

## IIIe.

*Page* 143. Ils regardent la paix comme la servitude la plus dure dont on puisse leur imposer le joug.

« La paix est pour les Francs une horrible calamité. » (LIBAN., *Orat. ad Constantin.*)

## IVe.

*Page* 143. Les vents, la neige, les frimas, font leurs délices ; ils bravent la mer, etc.

« Les Francs sont, au milieu de la mer et des tempêtes, « aussi tranquilles que s'ils étoient sur la terre : ils préfè-« rent les glaces du Nord à la douceur des plus agréables « climats. » ( LIBAN., *loc. cit.* ) Cette phrase qu'on lit dans le texte : *On diroit qu'ils ont vu le fond de l'Océan à découvert, etc.*, est appuyée sur un passage de Sidoine Apollinaire. ( Lib. VIII, *Epist. ad Namm.* )

## V[e].

*Page* 144. Ce fut sous le règne de Gordien-le-Pieux qu'elle se montra pour la première fois.

Depuis l'an 241 jusqu'à l'an 247. Voyez FLAV. VOPISC., cap. VII.

### VI.ᵉ

*Page* 144. Les deux Décius périrent dans une expédition contre elle.

Voyez la préface, et *Chron. Paschal.*

### VII.ᵉ

*Page* 144. Probus... en prit le titre glorieux de Francique.

*Vid.* FLAV. VOPISC., *in Vit. Prob.*

### VIII.ᵉ

*Page* 144. Elle a paru à la fois si noble et si redoutable, etc.

Fait très curieux, rapporté dans un ouvrage de l'empereur Constantin Porphyrogénète. Il dit que Constantin-le-Grand fut l'auteur de la loi qui permettoit aux empereurs romains de s'allier au sang des Francs. (*De Admin. imp.*)

### IX.ᵉ

*Page* 144. Enfin ces terribles Francs venoient de s'emparer de l'île de Batavie.

Fait historique. Voyez *Paneg.* prononcé devant *Max. Herc. et Const. Chl.*, chap. IV.

### X.ᵉ

*Page* 144. Nous entrâmes sur le sol marécageux des Bataves.

« Terra non est... Aquis subjacentibus innatat et suspensa alate vacillat. » (EUM., *Paneg. Const. Cæs.*)

XIe.

*Page* 144. Les trompettes... venoient à sonner l'air de Diane.

*La Diane* est restée à nos armées. On sonnoit de la trompe à tous les changements de garde, le jour et la nuit.

XIIe.

*Page* 145. Le centurion qui se promenoit... en balançant son cep de vigne.

La marque du grade de centurion étoit un bâton de sarment de vigne qui lui servoit à ranger ou à frapper les soldats. Le centurion commanda d'abord cent hommes, quand la légion étoit de trois mille hommes; il n'eut plus sous ses ordres que cinquante hommes, quand la légion fut portée à quatre mille hommes : il y avoit deux compagnies chacune de soixante hommes dans chaque manipule. Le premier centurion de l'armée siégeoit au conseil de guerre, et ne recevoit d'ordre que du général ou des tribuns.

XIIIe.

*Page* 145. La sentinelle... tenoit un doigt levé dans l'attitude du silence.

Montfaucon, dans *les Antiquités romaines*, explique ainsi la pose de quelques soldats.

XIVe.

*Page* 145. Le victimaire qui puisoit l'eau du sacrifice.

Le victimaire préparoit les couteaux, l'eau, les gâteaux du sacrifice; il étoit à demi nu, et portoit une couronne de laurier. Il y avoit, dans chaque camp romain, un autel auprès du tribunal de gazon où siégeoit le général. Les tentes étoient de peau : de là l'expression *sub pellibus habitare*. Elles étoient disposées parallèlement, formant des rues régulières, et se croisant à angle droit. Les camps romains étoient de forme carrée; les Grecs, et surtout les Lacédémoniens, faisoient les leurs de forme ronde.

## XV<sup>e</sup>.

*Page* 146... redisoient autrefois les vers d'Euripide.

Après la défaite et la mort de Nicias, devant Syracuse, plusieurs Athéniens, devenus esclaves, obtinrent la liberté pour prix des vers d'Euripide, qu'ils répétoient à leurs maîtres : la réputation de ce grand tragique commençoit à percer en Sicile.

## XVI<sup>e</sup>.

*Page* 147. La légion de Fer, et la Foudroyante.

La légion romaine fut successivement de trois, quatre, cinq et six mille hommes, y compris les différentes espèces de soldats armés, comme je le marque ici : les Hastati, les Princes et les Triarii ; les Vexillaires n'étoient que les porte-étendards. L'ordre de ces soldats dans la ligne ne fut pas toujours le même : la légion se divisoit en deux cohortes, chaque cohorte en trois manipules, et chaque manipule en deux centuries. Outre le numéro de son rang, la légion portoit encore un nom tiré de ses divinités, de son pays ou de ses exploits. (Polyb., lib. VI ; Veg., lib. II.)

## XVII<sup>e</sup>.

*Page* 147. Les signes militaires des cohortes... étoient parfumés.

Les aigles distinguoient la légion ; les signes particuliers marquoient les cohortes ; on les ornoit de verdure le jour du combat, et quelquefois on les parfumoit : c'est ce qui a fourni à Pline une belle déclamation : « Aquilæ certe ac « signa, pulverulenta illa, et custodibus horrida, inungun-

« tur festis diebus : utinamque dicere possemus, quis pri-
« mus instituisset. Ita est, nimirum hac mercede corruptæ
« terrarum orbem devicere aquilæ. Ista patrocinia quæri-
« mus vitiis, ut per hoc jus sumantur sub casside un-
« guenta. » (PLIN., *Hist. Nat.*, lib. XIII, cap. IV, 3.)

### XVIII<sup>e</sup>.

*Page* 147. Les Hastati.

Voyez, pour ces soldats, la note XVI<sup>e</sup>.

### XIX<sup>e</sup>.

*Page* 148... étoient remplis par des machines de guerre.

La catapulte, la baliste, la grue, les béliers, les tours roulantes; et sur les vaisseaux, les corbeaux, les becs d'airain, les ongles de fer. On ne se servoit guère, dans les batailles, que des catapultes et des balistes; les autres machines étoient pour les siéges.

### XX<sup>e</sup>.

*Page* 148. A l'aile gauche de ces légions, la cavalerie des alliés déployoit son rideau mobile.

L'ordre, le nombre, l'armure de la cavalerie, varièrent chez les Romains selon les temps. Tantôt jointe à la légion, tantôt formant un corps à part, la cavalerie, vers la fin de la république, prit le nom général d'*ala* ou d'aile, parce qu'elle servoit sur les flancs. La plus nombreuse cavalerie des Romains étoit celle des alliés, et elle différoit nécessairement d'armes offensives et défensives, selon le peuple à qui elle appartenoit : c'est ce qu'on a exprimé ici avec le plus d'exactitude possible.

## XXIe.

*Page* 148. Sur des coursiers tachetés comme des tigres, et prompts comme des aigles, etc.

Selon Strabon, les chevaux des Celtibères (les Espagnols) égaloient la vitesse des chevaux des Parthes : ils étoient généralement d'un poil gris ou tigré. (Strab., lib. III.) Diodore vante également la cavalerie des Espagnols (lib. v). Au rapport de ces deux auteurs, les Celtibères étoient presque tous vêtus d'un sayon ou d'un manteau de laine noire (*id., ib.*). Ils portoient un casque ou une espèce de chapeau tissu de nerf, et surmonté de trois aigrettes, d'après Strabon (*loc. cit.*). Diodore veut que ces aigrettes fussent teintes en pourpre (*loc. cit.*). Strabon donne aux Celtibères de courts javelots. L'épée ibérienne étoit fameuse par sa trempe; il n'y avoit, d'après le témoignage de Strabon, ni casque ni bouclier qui fût à l'épreuve du tranchant d'une pareille épée.

## XXIIe.

*Page* 148. Des Germains d'une taille gigantesque.

Jules César et Tacite ne parlent point du bonnet et de la massue que je donne ici aux cavaliers germains. (Cæs., *de Bell. Gall.*, lib. VI; Tacit., *de Mor. Germ.*) Je ne puis retrouver l'autorité originale où j'ai pris ces détails; mais dans *l'Histoire de France* avant Clovis, par Mézeray, on trouvera, page 37 (1692; in-12), la circonstance de la massue. Mézeray donne à cette massue le nom de *cateies*.

## XXIIIe.

*Page* 148. Auprès d'eux, quelques cavaliers numides.

Une foule de pierres gravées, et les monnoies anciennes de l'Afrique, soit puniques, soit romaines, représentent ainsi le cavalier numide.

XXIV$^e$.

*Page* 148. Sous leurs selles ornées d'ivoire.

Il ne faut pas entendre ce mot de *selles* comme nous l'entendons aujourd'hui. La selle proprement dite étoit inconnue aux Romains, au IV$^e$ siècle : ils n'avoient qu'un petit siége retenu sur le dos du cheval par un poitrail et par une croupière. Ces selles n'avoient point d'étriers. Quoiqu'il soit question de mors ou de frein dans Virgile, il est douteux que la bride fût en usage dans la cavalerie romaine. Quant aux gants ou gantelets, ils remontent à la plus haute antiquité : Homère en donne à Laërte, dans l'Odyssée; les Perses en portoient comme nous pour la propreté.

XXV$^e$.

*Page* 149. L'instinct de la guerre est si naturel chez ces derniers (les Gaulois), etc.

Ces Gaulois ressembloient beaucoup aux François d'aujourd'hui.

XXVI$^e$.

*Page* 149. Tous ces Barbares avoient la tête élevée, les couleurs vives.

Consultez César, lib. I, IV et VI; Diodore, lib. V, Strabon, IV et VII.

XXVII$^e$.

*Page* 149. Les yeux bleus, le regard farouche et menaçant.

« Luminum torvitate terribiles, » dit Ammien-Marcellin. (Voyez aussi Diodore, *loc. cit.*)

XXVIII$^e$.

*Page* 149. Ils portoient de larges brayes, et leur tunique étoit chamarrée.

La Gaule Narbonnoise s'appela d'abord *Braccata*, du nom de ce vêtement gaulois. «Les Gaulois, dit Diodore, portent « des habits très singuliers : ce sont des tuniques peintes de « toutes sortes de couleurs; ils mettent dessus la tunique un « sayon rayé et divisé par bandes.» (DIODORE, lib. v. Voyez aussi STRABON, lib. III.) Le nom de saye ou sayon vient de *sagum*, un sac. Le *sarrau* de nos paysans est le véritable *sagum* des Gaulois.

XXIX$^e$.

*Page* 149. L'épée du Gaulois ne le quitte jamais, etc.

L'épée étoit l'arme distinctive des Gaulois, comme la francisque, ou la hache à deux tranchants, étoit l'arme particulière du Franc. Les Gaulois portoient l'épée sur la cuisse droite, suspendue par une chaîne de fer, ou pressée par un ceinturon. (Voyez DIOD., lib. v; STRAB., lib. IV.) On juroit sur son épée; on la plantoit au milieu du *mallus* ou du conseil; on ne pouvoit pas prendre en gage l'épée d'un guerrier; enfin c'étoit la coutume chez les Gaulois et chez les Germains, de brûler les armes du mort sur son bûcher funèbre. (Voyez CÉSAR, lib. VI; TACITE; *de Mor. Germ.*, et *Leg. Longob.*, lib. II.) Selon César, on brûloit aussi aux funérailles les personnes que le mort avoit chéries, *quos dilectos esse constabat,* et quelquefois son épouse.

XXX$^e$.

*Page* 149. Une légion chrétienne.

Voilà les chrétiens ramenés sur la scène. Il paroît pour cette fois qu'on ne les y a pas trouvés déplacés. Ils sont commandés pour ainsi dire par un François. Nous avons des droits à la gloire de saint Victor martyr. Il étoit de

Marseille; et après avoir été battu de verges, suspendu à une croix pour la religion de Jésus-Christ, il fut broyé sous la roue d'un moulin, *ainsi qu'un pur froment*, disent les actes de son martyre.

### XXXI^e.

*Page* 150. Nous Crétois... nous prenions nos rangs au son de la lyre.

Ceci n'est point un tour poétique, c'est la pure vérité: les Crétois régloient la marche de leurs guerriers au son d'une lyre.

### XXXII^e.

*Page* 150. Parés de la dépouille des ours, etc.

Ce n'étoit pas l'habillement des Francs, mais c'étoit leur parure. Tous les Barbares de la Germanie, et même avant eux les Gaulois, se couvroient de peaux de bêtes, ainsi que le racontent CÉSAR, *de Bell. Gall.*, lib. VI; TACITE, *de Mor. Germ.*, 6, 7, etc. L'uroch dont il est ici question, et que les auteurs latins appellent *urus*, étoit une espèce de bœuf sauvage; on en parlera ailleurs.

### XXXIII^e.

*Page* 151. Une tunique courte et serrée, etc., jusqu'à l'alinéa.

Tout ce paragraphe est tiré de Sidoine Apollinaire dans son *Panégyrique de Majorien;* c'est le plus ancien document que nous ayons touchant les costumes de nos pères: je l'ai traduit presque littéralement dans le texte. Peloutier demande où Mézeray a pris que les Francs avoient les yeux verts; il cite un mot grec qui veut dire bleu, et que Mézeray, dit-il, a mal interprété. Peloutier se trompe; Mézeray n'a traduit ici ni Strabon ni Diodore, qui n'ont pu parler des Francs, ni Agathias, ni Anne Comnène; il avoit sans doute en vue le passage de Sidoine dont je me suis

20.

servi. J'ai donc pu dire poétiquement, *des yeux couleur d'une mer orageuse*, autorisé d'un côté par les vers de Sidoine, qui donnent aux Francs des yeux verdâtres, et de l'autre par le témoignage de toute l'antiquité, qui parle du regard terrible des Barbares. Remarquons que les perruques à la Louis XIV, dont on ramenoit les cheveux en devant sur les épaules, ressembloient parfaitement à la chevelure des Francs. Je parlerai plus bas du javelot appelé *angon :* ce mot est d'ailleurs dans le *Dictionnaire de l'Académie*. Anne Comnène nous a laissé la description d'un Franc ou François, assez curieuse pour être rapportée ; on y voit la physionomie d'un Barbare à travers l'imagination d'une Grecque. « La présence de Boëmond éblouissoit au-
« tant les yeux que sa réputation étonnoit l'esprit. Sa taille
« étoit si avantageuse, qu'il surpassoit d'une coudée les
« plus grands. Il étoit menu par le ventre et par les côtés,
« et gros par le dos et par l'estomac ; il avoit les bras forts
« et robustes. Il n'étoit ni maigre ni gras, mais dans une
« juste température, et telle que Polyclète l'exprimoit or-
« dinairement dans ses ouvrages, qui étoient une imitation
« fidèle de la perfection de la nature. Il avoit les mains
« grandes et pleines, les pieds fermes et solides. Il étoit un
« peu courbé, non par aucun défaut de l'épine du dos, mais
« par une accoutumance de jeunesse, qui étoit une marque
« de modestie. Il étoit blanc par tout le corps ; mais il avoit
« sur le visage un juste tempérament et un agréable mé-
« lange de blanc et de rouge. Il avoit des cheveux blonds
« qui lui couvroient les oreilles, sans lui battre sur les
« épaules à la façon des Barbares. Je ne sais si sa barbe
« étoit rousse ou d'une autre couleur, parce qu'il étoit rasé
« fort près. Ses yeux étoient bleus et paroissoient pleins de
« colère et de fierté. Son nez étoit fort ouvert ; car, comme
« il avoit l'estomac large, il falloit que son poumon attirât
« une grande quantité d'air pour en modérer la chaleur. Sa
« bonne mine avoit quelque chose de doux et de charmant ;
« mais la grandeur de sa taille et la fierté de ses regards
« avoient quelque chose de farouche et de terrible. Son ris

« n'exprimoit pas moins la terreur que la colère des autres
« en exprime. » (Ann. Comn., liv. xiii, chap. vi, trad. du prés.
Cousin.)

### XXXIV°.

*Page* 151. Ces Barbares... s'étoient formés en coin.

« Acies per cuneos componitur. »(Tacit., *de Mor. Germ.*, vi.)

### XXXV°.

*Page* 151. A la pointe de ce triangle étoient placés
des braves qui, etc.

« Et aliis Germanorum populis usurpatum rara et privata
« cujusque audentia, apud Cattos in consensum vertit, ut
« primum adoleverint, crinem barbamque summittere, nec,
« nisi hoste cæso, exuere votivum obligatumque virtute oris
« habitum... Fortissimus quisque ferreum insuper annulum
« (ignominiosum id genti) velut vinculum gestat, donec se
« cæde hostis absolvat. » (Tacit., *de Mor. Germ.*, xxxi.)

### XXXVI°.

*Page* 152. Chaque chef, dans ce vaste corps, étoit
environné des guerriers de sa famille.

« Quodque præcipuum fortitudinis incitamentum est, non
« casus, nec fortuita conglobatio turmam aut cuneum facit,
« sed familiæ et propinquitates : et in proximo pignora, unde
« feminarum ululatus audiri, unde vagitus infantium. »
(Tacit., *de Mor. Germ.*, vii.)

### XXXVII°.

*Page* 152. Chaque tribu se rallioit sous un symbole.

« Effigiesque et signa quædam detracta lucis in prælium
« ferunt. » (*Id.*) Je place ici l'origine des armes de la monarchie.

XXXVIII<sup>e</sup>.

*Page* 152. Le vieux roi des Sicambres.

Il y aura ici anachronisme, si l'on veut, ou l'on dira que c'est un Pharamond, un Mérovée, un Clodion, ancêtre des princes de ce nom que nous voyons dans l'histoire. On sait d'ailleurs qu'il y a eu plusieurs Pharamond, et peut-être ce nom n'étoit-il que celui de la dignité (Montfaucon, *Antiq.*) Je ne puis m'empêcher de remarquer la justice et la bonne foi de la critique. On a tout approuvé dans ce livre, jusqu'aux anachronismes, qu'on n'a point relevés; et l'on m'a chicané sur le nom de Velléda, qui n'est point la Velléda de Tacite.

XXXIX<sup>e</sup>.

*Page* 152. A leurs casques en forme de gueules ouvertes ombragées, etc.

«Tous les cavaliers cimbres avoient des casques en forme «de gueules ouvertes et de mufles de toutes sortes de bêtes «étranges et épouvantables; et les rehaussant par des pa- «naches faits comme des ailes et d'une hauteur prodi- «gieuse, ils paroissoient encore plus grands. Ils étoient «armés de cuirasses de fer très brillantes, et couverts de «boucliers tout blancs.» (Plutarque, *in Vit. Mar.*) J'attribue aux Francs ce que Plutarque raconte des Cimbres; mais les Cimbres avoient habité les bords de l'Océan septentrional, comme les Francs; et tous les Barbares qui envahirent l'empire romain avoient, les Huns exceptés, une foule de coutumes semblables.

XL<sup>e</sup>.

*Page* 152. Il étoit.... retranché avec des bateaux de cuir et des chariots attelés de grands bœufs.

Tacite parle des légers bateaux à deux proues d'une nation germanique qui habitoit les bords de l'Océan. Sidoine

Apollinaire, dans le *Panégyrique d'Avitus,* dit que les bâtiments des Saxons étoient recouverts de peaux. Quant aux chariots, une autorité suffira : Sidoine raconte que Majorien ayant vaincu les Francs, on trouva dans des chariots tous les préparatifs d'une noce : le repas, les ornements et des vases couronnés de fleurs. On s'empara de ces chariots et de la nouvelle épouse : c'étoit vraisemblablement une reine des Francs, à en juger par cette magnificence.

Que les camps étoient retranchés avec des chariots, on va le voir : « Omnemque aciem suam (Germanorum) circum « rhedis et carris circumdederunt... eo mulieres imposue- « runt. » (Cæs.)

XLI$^e$.

*Page* 152. Trois sorcières en lambeaux faisoient sortir de jeunes poulains d'un bois sacré.

Il y a ici une réunion de plusieurs choses. Selon Tacite, les Germains accordoient l'esprit de divination aux femmes ; les Gaulois, comme nous le verrons par la suite, avoient leurs druidesses : ces druidesses se changèrent ensuite en fées (*fatidicæ*), en sorcières, etc. : de là les sorcières de Macbeth. Quant aux augures tirés de la course des chevaux, Tacite est mon garant : « Proprium gentis, equorum « quoque præsagia ac monitus experiri. Publice aluntur « iisdem nemoribus ac lucis, candidi, et nullo mortali opere « contacti, quos pressos sacro curru sacerdos ac rex vel « princeps civitatis comitantur, hinnitusque ac fremitus ob- « servant. » (Tacit., *de Mor. Germ.*, x.) Pour le dieu Tuiston, c'est encore Tacite. « Celebrant carminibus antiquis Tuisto- « nem deum. » (*Id.*, ii.)

XLII$^e$.

*Page* 153. Quand nous aurions vaincu mille guerriers francs.

Mille francos, mille Sarmatas semel occidimus ;
Mille, mille, mille mille, mille Persas quærimus.
(Flav. Vopisc., *in Vit. Aurel,* 7.)

### XLIIIe.

*Page* 153. Les Grecs répètent en cœur le Pœan.

Le Pœan, chez les Grecs, étoit à proprement parler un chant ou un hymne quelconque. Il est pris ici pour le chant du combat; on le trouve comme tel dans la *Retraite des Dix Mille* et ailleurs.

### XLIVe.

*Page* 153. L'hymne des druides.

C'est le chant des bardes. Tout ce qu'on a dit sur les bardes de notre temps est un roman qu'une phrase de Strabon, copiée par Ammien Marcellin, et deux où trois phrases de Diodore, ont produit. «Bardi qui de laudationi-«bus rebusque poeticis student.» (STRAB., lib IV.)

### XLVe.

*Page* 153. Ils serrent leurs boucliers contre leur bouche.

«Nec tam voces illæ quam virtutis concentus videntur. «Adfectatur præcipue asperitas soni, et fractum murmur, «objectis ad os scutis, quo planior et gravior vox reper-«cussu intumescat.» (TACIT., *de Mor. Germ.*, III.)

### XLVIe.

*Page* 153. Ils entonnent le bardit.

«Sunt illis hæc quoque carmina, quorum relatu quem «*barditum* vocant, accendunt animos, futuræque pugnæ «fortunam ipso cantu augurantur. Terrent enim trepidantve, «prout sonnit acies.» (*Id., ibid.*)

Saxo Grammaticus, l'historien de la Suède, Olaüs Wormius, dans sa *Litteratura runica,* nous ont conservé plusieurs fragments de ces chants des peuples du Nord, dont Charlemagne avoit fait faire un recueil. J'ai imité ici le chant de Lodbrog, en y ajoutant un refrain et quelques détails sur les armes, appropriés à mon sujet :

> Pugnavimus ensibus..., etc., etc.
> Virgo deploravit matutinam lanienam,
> Multa præda dabatur feris.
> . . . . . . . . . . . . . . . . . . .
> . . . . . . . . . . . . . . . . . . .
> . . . . . . . . . . . . . . . . . . .
> Quid est viro forti morte certius, etc.
> . . . . . . . . . . . . . . . . . . .
> . . . . . . . . . . . . . . . . . . .
> Vitæ elapsæ sunt horæ ;
> Ridens moriar. . . . . .

Il y a bien loin de ces vers à ceux d'Homère et de Virgile, rappelés dans *les Martyrs*.

### XLVII<sup>e</sup>.

*Page* 154. Victoire à l'empereur !

Le cri du soldat romain en commençant la bataille s'appeloit *barritus* ; il étoit soumis à de certaines règles, et il y avoit des maîtres pour l'enseigner, comme parmi nous des maîtres d'armes.

### XLVIII<sup>e</sup>.

*Page* 155. Le roi chevelu.

Grégoire de Tours parle à tout moment de la chevelure des rois de la première race. Saint-Foix ayant rassemblé les autorités, je les donne ici sous son nom.

« Les Francs, dit l'auteur des *Gestes de nos Rois,* élurent « un roi chevelu, Pharamond, fils de Marcomir. » — « Les « Francs, dit Grégoire de Tours, ayant passé le Rhin, s'é- « tablirent d'abord dans la Tongrie, où ils créèrent par « cantons et par cités des rois chevelus. Il raconte dans un « autre endroit que le jeune Clovis, fils de Chilpéric, ayant « été poignardé et jeté dans la Marne par l'ordre de Fré- « dégonde sa belle-mère, son corps s'arrêta dans les filets

«d'un pêcheur, qui ne put pas douter, à sa longue cheve-
«lure, que ce ne fût le fils du roi. Agathias, historien con-
«temporain, rapporte que Clodomir, fils de Clovis, ayant
«été tué dans une bataille contre les Bourguignons, ils re-
«connurent ce prince parmi les morts à sa longue cheve-
«lure; car c'est un usage constant parmi les rois des Francs,
«ajoute-t-il, de laisser croitre leurs cheveux dès l'enfance,
«et de ne jamais les couper... Il n'est pas permis à leurs
«sujets de porter la chevelure longue et flottante; c'est une
«prérogative attribuée à la famille royale.»

### XLIX$^e$.

*Page* 155. Elle étoit de la race de Rinfax.

Consultez les Edda, l'Introduction à l'Histoire du Dane-marck, et Saxo Grammaticus, sur la mythologie des Scandinaves.

### L$^e$.

*Page* 155. Sur un char d'écorce sans essieu.

C'est le traîneau.

### LI$^e$.

*Page* 156. Le souffle épais des chevaux.

Ceci est ajouté depuis les deux premières éditions, et explique mieux l'effet singulier dont je parle, et qu'on a pu observer sur un champ de bataille.

### LII$^e$.

*Page* 157. Ses douze pairs... Une enseigne guerrière surnommée l'oriflamme.

Institution françoise; mœurs et coutumes de nos aïeux, dont on aimera peut-être à trouver ici l'origine.

Dulces reminiscitur Argos.

### LIII${}^\text{e}$.

*Page* 157. Le fruit merveilleux... de l'épouse de Clodion et d'un monstre marin.

« Clodion demeurant pendant l'été sur le rivage de la mer,
« sa femme voulut se baigner. Un monstre sortit de l'eau
« sous la forme d'un Minotaure, et conçut de l'amour pour
« la reine.... Elle devint grosse, et elle accoucha d'un fils.
« Ce fils, nommé Mérovée, donna son nom à la première
« race de nos rois. » (*Epit. Hist. franc.*, cap. IX, *in* D. Bouq.)

### LIV${}^\text{e}$.

*Page* 157. A la quenouille d'une reine des Barbares.

Quand on ouvrit à Saint-Denis le tombeau de Jeanne de Bourbon, épouse de Charles V, on y trouva un reste de couronne, un anneau d'or, des débris de bracelets ou chaînons, un fuseau ou quenouille de bois doré à demi pourri, des souliers de forme très pointue, en partie consumés, brodés en or et en argent.

### LV${}^\text{e}$.

*Page* 157. Comme les Gaulois suspendent des reliques aux rameaux du plus beau rejeton d'un bois sacré.

Les anciens non-seulement suspendoient des offrandes aux arbres, mais ils y attachoient des colliers, comme fit Xerxès, qui mit un collier d'or à un beau platane. Florus raconte qu'Arioviste le Gaulois promit à Mars un collier fait de la dépouille des Romains. Peloutier observe très ingénieusement que Mars étoit le même que le Jupiter gaulois, dont le simulacre étoit un grand chêne, selon Maxime de Tyr. (PELOUTIER, livre IV, chap. II, page 213, et livre III, chap. IV, page 22.)

### LVIe.

*Page* 158. D'Hercule le Gaulois.

Les premières éditions portent *Mars* : j'ai mis *Hercule*, comme plus caractéristique du culte des Gaulois. (Voy. Lucain, *in Hercul. gallic.*)

### LVIIe.

*Page* 158. Jeune brave, tu mérites d'emporter, etc.

Teutatès étoit un dieu des Gaulois. Les blessures étoient une marque de gloire. Quant à la dernière partie de la phrase, il paroîtroit par les Edda, par un passage de Procope sur les Goths, par le témoignage de Solin, que les Barbares du nord se tuoient ou se faisoient tuer lorsqu'ils étoient arrivés à la vieillesse; mais on n'a pas là-dessus d'assez bonnes autorités. Il est certain que César, Tacite, Strabon, Diodore, gardent le silence à ce sujet : ainsi, je suis plutôt une tradition qu'un fait historique.

### LVIIIe.

*Page* 158. Je ne crains qu'une chose, etc.

C'est la réponse des députés gaulois à Alexandre. (Arrien, lib. I, cap. I.)

### LIXe.

*Page* 159. La terre que je te cèderai.

C'est la réponse de Marius aux Cimbres. (Plut., *in Vit. Mar.*)

### LXe.

*Page* 159. ... qui, par ses deux fers recourbés...

« Ils se servent principalement de haches qui coupent « des deux côtés, et de javelots qui, n'étant ni fort grands, « ni aussi trop petits, mais médiocres, sont propres et à

«jeter de loin dans le besoin, et à combattre de près. Ils
«sont tout garnis de lames de fer, de sorte qu'on n'en voit
«pas le bois. Au-dessous de la pointe, il y a des crochets
«fort aigus et recourbés en bas en forme d'hameçon. Quand
«le François est dans une bataille, il jette ce javelot... Si le
«javelot ne perce que le bouclier, il y demeure attaché, et
«traîne à terre par le bout d'en bas. Il est impossible à celui
«qui en est frappé de l'arracher à cause des crochets qui
«le retiennent; il ne peut non plus le couper, à cause des
«lames qui le couvrent. Quand le François voit cela, il
«met le pied sur le bout du javelot, et pèse de toute sa
«force sur le bouclier; tellement que le bras de celui qui
«le soutient venant à se lasser, il découvre la tête et l'es-
«tomac; ainsi il est aisé au François de le tuer, en lui
«fendant la tête avec sa hache, ou le perçant d'un autre
«javelot.» (AGATH., lib. II, cap. III; traduction du président
Cousin.)

## LXIe.

*Page* 159....... étoit le dernier descendant de ce Vercingétorix, etc.

Vercingétorix étoit d'Auvergne et fils de Celtillus. Il fit
révolter toutes les Gaules contre César, et le força d'abandonner le siége de Clermont. Après avoir défendu long-
temps Alise, il se remit enfin entre les bras du vainqueur.
César ne nous dit pas s'il fut généreux envers le héros
gaulois.

## LXIIe.

*Page* 160. L'élèvent sur un bouclier.

«Sitôt qu'ils (les rois ou ducs des François) étoient élus,
«ils les élevoient sur un pavois ou large bouclier, et les
«portoient sur leurs épaules, les faisant doucement sauter
«pour les montrer au peuple.» (MÉZERAI, *av. Clovis*, p. 55.)

### LXIII<sup>e</sup>.

*Page* 160. Une croix entourée de ces mots...

Cet anachronisme, qui n'est que de quelques années, est là pour rappeler la fameuse inscription du Labarum.

### LXIV<sup>e</sup>.

*Page* 160. Ils ont conté qu'ils voyoient... une colonne de feu... et un cavalier vêtu de blanc.

On retrouve ce miracle dans les *Machabées*, dans les *Actes des Martyrs*, dans les historiens de cette époque, et jusque dans ceux des *Croisades*. L'original de ce miracle est dans les *Machabées*.

### LXV<sup>e</sup>.

*Page* 162. Là un soldat chrétien meurt isolé, etc.

Ceci est fondé sur un fait connu de l'auteur.

### LXVI<sup>e</sup>.

*Page* 162. Conservoient dans la mort un air si farouche, etc.

C'est Sidoine Appollinaire qui le dit dans le *Panégyrique de Majorien*.

### LXVII<sup>e</sup>.

*Page* 162..... s'étoient attachés ensemble par une chaîne de fer.

Circonstance empruntée de la bataille des Cimbres contre Marius. Plutarque raconte que tous les soldats de la première ligne de ces Barbares étoient attachés ensemble par une corde, afin qu'ils ne pussent rompre leurs rangs.

### LXVIII<sup>e</sup>.

*Page* 163. Les Barbares jetoient des cris.

« Tous ceux qui étoient échappés de la défaite des Am-
« brons s'étant mêlés avec eux, ils jetoient toute la nuit
« des cris affreux qui ne ressemblent point à des clameurs
« et à des gémissements d'hommes, mais qui étoient comme
« des hurlements et des mugissements de bêtes féroces,
« mêlés de menaces et de lamentations, et qui, poussés
« en même temps par cette quantité innombrable de Bar-
« bares, faisoient retentir les montagnes des environs et
« de tout le canal du fleuve. Toute la plaine mugissoit de ce
« bruit épouvantable ; le cœur des Romains étoit saisi de
« crainte, et Marius lui-même frappé d'étonnement. »
(PLUTARQUE, *in Vit. Mar.*)

### LXIX<sup>e</sup>.

*Page* 164. Les Francs, pendant la nuit, avoient coupé les têtes des cadavres romains.

On voit un exemple remarquable de cette coutume des Barbares dans la description du camp de Varus, par Tacite. Salvien (*de Gubernatione Dei*), Idace (dans sa *Chronique in Biblioth. Patr.*, vol. VII, page 1233), Isidore de Séville, Victor (*de Persecutione africana*), etc., font tous des descriptions horribles de la cruauté des peuples qui renversèrent l'empire romain. Ils allèrent jusqu'à égorger des prisonniers autour d'une ville assiégée, afin de répandre la peste dans la ville par la corruption des cadavres. (VICTOR, *loc. cit.*)

### LXX<sup>e</sup>.

*Page* 164. Un énorme bûcher, composé de selles de chevaux.

Ceci rappelle vaguement la résolution d'Attila après la perte de la bataille de Châlons. (JORNANDÈS, *de Reb. Goth.*)

LXXI^e.

*Page* 165. Les femmes des Barbares, vêtues de robes noires.

«Stabat pro littore diversa acies, densa armis virisque, «intercursantibus feminis, in modum furiarum, quæ veste «ferali, crinibus dejectis, faces præferebant. Druidæque «circum, preces diras sublatis ad cœlum manibus fun-«dentes, novitate aspectus, perculere militem.» (TACIT., *Ann.*, XIV, 30.) Les femmes venant contre eux avec des épées et des haches, grinçant les dents de rage et de douleur, et jetant des cris horribles, frappent également sur ceux qui fuient et sur ceux qui poursuivent; sur les premiers, comme traîtres, et sur les autres comme ennemis; se jettent dans la mêlée, saisissent avec les mains nues les épées des Romains, leur arrachent leurs boucliers, reçoivent des blessures, se voient mettre en pièces sans se rebuter, et témoignent jusqu'à la mort un courage véritablement invincible. (PLUTARQUE, *in Vit. Mar.*). Là, on vit les choses du monde les plus tragiques et les plus épouvantables. Les femmes, vêtues de robes noires, étoient sur les chariots, et tuant les fuyards; les unes leurs maris, les autres leurs frères, celles-là leurs pères, celles-ci leurs fils; et prenant leurs petits enfants, elles les étouffoient de leurs propres mains, et les jetoient sous les roues des chariots et sous les pieds des chevaux, et se tuoient ensuite elles-mêmes; on dit qu'il y en eut une qui se pendit au bout de son timon, après avoir attaché par le cou à ces deux talons deux de ses enfants, l'un deçà, l'autre delà. Les hommes, faute d'arbres pour se pendre, se mettoient au cou un nœud coulant qu'ils attachoient aux cornes ou aux jambes des bœufs, et piquant ces bêtes pour les faire marcher, ils périssoient misérablement ou étranglés ou foulés aux pieds. (*Id., ibid.*)

### LXXII<sup>e</sup>.

*Page* 166. Mérovée s'étoit fait une nacelle d'un large bouclier d'osier.

Les boucliers des Barbares servoient quelquefois à cet usage; on en voit un exemple remarquable dans Grégoire de Tours. Attale, Gaulois d'une naissance illustre, se trouvant esclave chez un Barbare, dans le pays de Trèves, se sauva de chez son maître en traversant la Moselle sur un bouclier. (Grec. Turon, lib. III.)

### LXXIII<sup>e</sup>.

*Page* 168. Dans une espèce de souterrain où les Barbares ont coutume de cacher leur blé.

« Solent et subterraneos specus aperire, eosque multo « insuper fimo onerant, suffugium hiemi et receptaculum « frugibus. » (Tacit., *de Mor. Germ.*, XVI.)

Le lecteur peut se rendre compte maintenant du plaisir que peut lui avoir fait ce combat des Francs et des Romains. Ceux qui parcourent en quelques heures un ouvrage en apparence de pure imagination, ne se doutent pas du temps et de la peine qu'il a coûté à l'auteur, quand il est fait comme il doit l'être, c'est-à-dire en conscience. Virgile employa un grand nombre d'années à rassembler les matériaux de l'*Énéide*, et il trouvoit encore qu'il n'avoit pas assez lu. (Voyez Macrobe.) Aujourd'hui on écrit lorsqu'on sait à peine sa langue et qu'on ignore presque tout. Je me serois bien gardé de montrer le fond de mon travail, si je n'y avois été forcé par la dérision de la critique. Dans ce combat des Francs, où l'on n'a vu qu'une description brillante, on saura maintenant qu'il n'y a pas un seul mot qu'on ne puisse retenir comme un fait historique.

# REMARQUES
## SUR LE SEPTIÈME LIVRE.

#### PREMIÈRE REMARQUE.

*Page* 169. Le roi d'Ithaque fut réduit à sentir un mouvement de joie en se couchant sur un lit de feuilles séchées.

Τὴν μὲν ἰδὼν γήθησε πολύτλας δῖος Ὀδυσσεύς.
Ἐν δ' ἄρα μέσσῃ λέκτο, χύσιν δ' ἐπεχεύατο φύλλων.
(*Odyss.*, liv. v, v. 486.)

II<sup>e</sup>.

*Page* 170. Il étoit accompagné d'une femme vêtue d'une robe, etc.

«Nec alius feminis quam viris habitus, nisi quod feminæ «sæpius lineis amictibus velantur, eosque purpura variant, «partemque vestitus superioris in manicas non extendant, «nudæ brachia ac lacertos : sed et proxima pars pectoris «patet.» (TACIT., *de Mor. Germ.*, XVII.)

III<sup>e</sup>.

*Page* 170. Je ne sais quelle habitude étrangère, etc.

Est-il nécessaire d'avertir que cette habitude étrangère avoit été produite par la religion chrétienne?

IV<sup>e</sup>.

*Page* 170. Remerciez Clothilde.

Encore un nom historique emprunté, ou un anachronisme d'accord avec les anachronismes précédents.

V<sup>e</sup>.

*Page* 171. Dans une hutte qu'entouroit... un cercle de jeunes arbres.

«Colunt discreti ac diversi, ut fons, ut campus, ut ne-«mus placuit..... Suam quisque domum spatio circumdat.» (TACIT., *de Mor. Germ.*, XVI. Voyez aussi *Hérodien*, liv. VII.) Dans quelques cantons de la Normandie, les paysans bâtissent encore leurs maisons isolées au milieu d'un champ qu'environne une haie vive plantée d'arbres.

VI<sup>e</sup>.

*Page* 171. Une boisson grossière faite de froment.

C'est la bière : Strabon, Ammien-Marcellin, Dion-Cassius, Jornandès, Athénée, sont unanimes sur ce point. Au rapport de Pline, la bière étoit appelée *cervisia* par les Gaulois. Les femmes se frottoient le visage avec la levure de cette boisson. (PLINE, liv. XXII.)

VII<sup>e</sup>.

*Page* 171. L'odeur des graisses mêlées de cendres de frêne, dont ils frottent leurs cheveux.

C'étoit pour leur donner une couleur rousse. On peut voir là-dessus DIODORE DE SICILE, liv. V; AMMIEN-MARCELLIN, liv. XVII; SAINT-JÉROME, *Vit. Hilar.*, etc.

VIII<sup>e</sup>.

*Page* 171. Le peu d'air de la hutte, etc.

«Je suis, dit Sidoine, au milieu des peuples chevelus, «forcé d'entendre le langage barbare des Germains, et «obligé d'applaudir aux chants d'un Bourguignon ivre, qui «se frotte les cheveux avec du beurre... Dix fois le matin, «je suis obligé de sentir l'ail et l'ognon, et cette odeur em-

«pestée ne fait que croître avec le jour.» (Sid. Apoll., *Cam.* 22, *ad Cat.*) Voilà nos pères.

### IX<sup>e</sup>.

*Page* 172. Une corne de bœuf pour puiser de l'eau.

C'est la corne de l'uroch ; on y reviendra.

### X<sup>e</sup>.

*Page* 174. Voilà, me dit l'esclave... Le camp de Varus.

L'emplacement de ce camp porte encore le nom de bois de Teuteberg. Voici l'admirable morceau de Tacite, dont mon texte est la traduction abrégée : «Prima Vari castra : lato
«ambitu et dimensis principiis trium legionum manus os-
«tentabant; dein semiruto vallo, humili fossa, accisæ jam
«reliquiæ consedisse intelligebantur. Medio campi albentia
«ossa, ut fugerant, ut restiterant, disjecta vel aggerata.
«Adjacebant fragmina telorum, equorumque artus, simul
«truncis arborum antefixa ora ; lucis propinquis barbaræ
«aræ, apud quas tribunos, ac primorum ordinum centu-
«riones mactaverant : et cladis ejus superstites pugnam aut
«vincula elapsi, referebant, hic cecidisse legatos, illic
«raptas aquilas; primum ubi vulnus Varo adactum ; ubi
«infelici dextra et suo ictu mortem invenerit; quo tribu-
«nali concionatus Arminius; quot patibula captivis, quæ
«scrobes ; utque signis et aquilis per superbiam illuserit.»
(*Ann.*, I, 61.)

### XI<sup>e</sup>.

*Page* 175. On n'osa même plus porter leurs images aux funérailles.

«Et junia sexagesimo quarto post Philippensem aciem
«anno supremum diem explevit, Catone avunculo genita,
«C. Cassii uxor, M. Bruti soror... Viginti clarissimarum
«familiarum imagines antelatæ sunt, Manlii, Quinctii, alia-
«que ejusdem nobilitatis nomina : sed præfulgebant Cas-

« sius atque Brutus, eo ipso quod effigies eorum non vise-
« bantur. » (Tacit., *Ann.* II, 76.)

### XIIe.

*Page* 175. La légion thébaine.

Tout ce qui suit dans le texte est tiré d'une lettre de saint Euchère, évêque de Lyon, à l'évêque Salvius. On trouve aussi cette lettre dans les *Actes des Martyrs*.

### XIIIe.

*Page* 176. Les corps de mes compagnons sembloient jeter une vive lumière.

L'autorité pour ce miracle se trouve dans le martyre de saint Taraque. (*Act. Mart.*)

Le Tasse a aussi imité ce passage dans l'épisode de Suénon.

### XIVe.

*Page* 176. Vers Denis, premier évêque de Lutèce.

Je place, avec Fleury, Tillemont et Crevier, le martyre de saint Denis, premier évêque de Paris, sous Maximien, l'an 286 de notre ère.

### XVe.

*Page* 177. Cette colline s'appeloit le Mont-de-Mars.

On voit que j'ai choisi entre les deux sentiments qui font de Montmartre, ou le Mont-de-Mars, ou le Mont-des-Martyrs.

### XVIe.

*Page* 178. Depuis ce temps je suis demeuré esclave ici.

Notre religion, féconde en miracles, offre plusieurs exemples de chrétiens qui se sont faits esclaves pour délivrer d'autres chrétiens, surtout quand ils craignoient que ceux-ci perdissent la foi dans le malheur. Il suffira de rappeler à la mémoire du lecteur saint Vincent de Paul, et saint Pierre Pascal, évêque de Jaën en Espagne. (Voyez *Génie du Christianisme,* tom. II, édit. de 1830.)

## XVIIe.

*Page* 178. De les exposer aux flots sur un bouclier.

«On lit, dit Mézeray, en deux ou trois poëtes, dans le «scoliaste *Eustathius,* et même dans les écrits de l'empe-«reur Julien, que ceux qui habitoient proche du Rhin les «exposoient (les enfants) sur les ondes de ce fleuve, et ne «tenoient pour légitimes que ceux qui n'alloient point au «fond. Quelques auteurs modernes se sont récriés contre «cette coutume, et ont maintenu que c'étoit une fable in-«ventée par les poëtes ; mais ils ne se fussent pas tant mis «en peine de la réfuter, s'ils eussent pris garde qu'une épi-«gramme grecque dit que le père mettoit ses enfants sur «un bouclier.» (*Av. Clov.,* pag. 34.)

## XVIIIe.

*Page* 179. Ma plus belle conquête est la jeune femme, etc.

Le christianisme, à cause de son esprit de douceur et d'humanité, s'est surtout répandu dans le monde par les femmes. Clothilde, femme de Clovis, amena ce chef des François à la connoissance du vrai Dieu. (Voy. Greg. Tur.)

## XIXe.

*Page* 179. Vous êtes né dans ce doux climat, voisin, etc.

La Grèce étoit voisine de la Judée, comparativement au pays des Francs.

## XXᵉ.

*Page* 181. Sécovia.

Le nom de cette prophétesse germaine se trouve dans Tacite.

## XXIᵉ.

*Page* 182. D'un Romain esclave, etc.

On voit ici un grand exemple de la difficulté de contenter tous les esprits. Un critique plein de goût, que j'ai souvent cité dans ces notes, trouve cet épisode de Zacharie peu intéressant. La reine des Francs, à genoux sous un vieux chêne, ne lui présente qu'une copie affoiblie de la scène de Prisca et de Valérie. D'autres personnes, également faites pour bien juger, aiment beaucoup au contraire l'opposition du christianisme naissant au milieu des forêts, chez des Barbares, et du christianisme au berceau, dans les catacombes, chez un peuple civilisé.

## XXIIᵉ.

*Page* 182. Déclare que la vertu n'est qu'un fantôme.

«Brutus s'arrêta dans un endroit creux, s'assit sur une «grande roche, n'ayant avec lui qu'un petit nombre de ses «amis et de ses principaux officiers; et là, regardant d'a-«bord le ciel, qui étoit fort étoilé, il prononça deux vers «grecs. Volumnius en a rapporté un qui dit: Grand Jupiter, «que l'auteur de tous ces maux ne se dérobe point à votre «vue! Il dit que l'autre lui étoit échappé. Le sens de cet «autre vers étoit: O vertu! tu n'es qu'un vain nom!»

## XXIIIᵉ.

*Page* 183. Un nouvel Hérodote.

«Hérodote se rendit aux jeux olympiques. Voulant s'im-«mortaliser, et faire sentir en même temps à ses concitoyens

« quel étoit l'homme qu'ils avoient forcé de s'expatrier, il
« lut dans cette assemblée, la plus illustre de la nation, la
« plus éclairée qui fut jamais, le commencement de son
« *Histoire*, ou peut-être les morceaux de cette même *Histoire*
« les plus propres à flatter l'orgueil d'un peuple qui avoit
« tant de sujet de se croire supérieur aux autres. » (LAR-
CHER, *Vie d'Hérodote*.)

### XXIV<sup>e</sup>.

*Page* 183. Un peuple qui prétend descendre des Troyens.

Dans le second chapitre de l'*Epitome de l'Histoire des Francs*, on lit toute une fable racontée, dit l'auteur, par un certain poëte appelé Virgile. Priam, selon ce poëte inconnu, fut le premier roi des Francs; Friga fut le successeur de Priam. Après la chute de Troie, les Francs se séparèrent en deux bandes; l'une, commandée par le roi Francio, s'avança en Europe, et s'établit sur les bords du Rhin, etc. (*Epit. Hist. Franc.*, cap II, *in* D. Bouq. Coll.)

Les *Gestes des rois des Francs* racontent une fable à peu près semblable ( cap. I et II ). C'est sur ces vieilles chroniques qu'Annius de Viterbe a composé la généalogie des rois des Gaules et des rois des Francs. Dans ces deux livres supposés, il donne vingt-deux rois aux Gaulois avant la guerre de Troie : Dis ou Samothès; Sarron, fondateur des écoles druidiques; Boardus, inventeur de la poésie et de la musique; Celtès, Galatès, Belgicus, Lugdne, Allobrox, Paris, Remus. Sous ce dernier roi arriva la prise de Troie; et Francus, fils d'Hector, s'échappa de la ruine de sa patrie, se réfugia dans les Gaules et épousa la fille de Remus.

### XXV<sup>e</sup>.

*Page* 183. Que ce peuple, formé de diverses tribus des Germains...

Véritable origine des François. J'ai expliqué le mot *Franc* d'après le génie de notre langue, et non d'après l'étymologie que veut lui donner Libanius, et qui signifieroit habile à se fortifier. (*In Basilico.*)

XXVIe.

*Page* 183. Le pouvoir... se réunit.

Ceci n'est exprimé formellement par aucun auteur, mais se déduit de toute la suite de l'histoire. On voit dans Tacite (*de Mor. Germ.*) que l'on élisoit des *chefs* dans les assemblées générales, et l'on trouve dans le même auteur (*Ann.* et *Hist.*) des Germains conduits par un seul chef. On remarque la même chose dans les *Commentaires* de César. Enfin, sous Pharamond, Clodion, Mérovée et Clovis, les Francs paroissoient marcher sous les ordres d'un seul roi.

XXVIIe.

*Page* 183. La tribu des Saliens.

Il y a des auteurs qui ne veulent faire des Saliens que des grands ou des seigneurs attachés au service des salles de nos rois. Il est vrai que le mot *sala* remonte très haut dans la basse latinité. Dans un édit de Lothaire, roi des Lombards, on lit : *Si quis bovolam de sala occiderit, componat* (sol. 20).

« Qui en la *sale* Baudouin Lagernie,
« Avoit de Foise envoyé une espie. »
(Du Cange, *Gloss.*, voce *Sala*.)

Mais il est plus naturel de considérer les Saliens comme une tribu des Francs, puisqu'on les trouve comme tels dans l'histoire. Les Francs appelés les Saliens, dit Ammien-Marcellin, s'étoient cantonnés près de Toxandrie. Sidoine leur donne aussi ce nom. Au rapport de Libanius, Julien prit les Saliens au service de l'empire, et leur donna des terres. Au reste, on trouve des Saliens gaulois sur le territoire desquels les Phocéens fondèrent Marseille. Il y avoit chez les Romains des prêtres de Mars et des prêtres d'Hercule appelés Saliens; comme si tout ce qui s'appeloit Salien devoit annoncer les armes et la victoire.

## XXVIII<sup>e</sup>.

*Page* 183. Elle doit cette renommée...

Je place ici l'origine de la fameuse loi salique. L'histoire la fait remonter jusqu'à Pharamond. Les meilleurs critiques font venir comme moi la loi salique de la tribu des Saliens. La loi salique, telle que nous l'avons, ne parle point de la succession à la couronne; elle embrasse toutes sortes de sujets. Du Cange distingue deux lois saliques : l'une plus ancienne, et du temps que les François étoient encore idolâtres; l'autre, plus nouvelle, et que l'on suppose rédigée par Clovis après sa conversion. ( Voyez PITTION, JÉROME BIGNON, DU CANGE et DANIEL. )

## XXIX<sup>e</sup>.

*Page* 138. Les Francs s'assemblent.

Les premières éditions portoient : «Les Francs s'assem-«blent *deux fois* l'année *aux mois* de mars *et de mai.*» J'avois voulu indiquer par-là le changement survenu dans l'époque de l'assemblée générale des Francs; mais cela étoit inexact, et ne disoit pas ce que je voulois dire : j'ai corrigé, comme on le voit ici. Le premier exemple d'une assemblée générale des Francs remonte à Clovis : ce roi y tua de sa main un soldat qui l'avoit insulté l'année précédente. (GRÉGOIRE DE TOURS.)

Tacite dit que les Germains tenoient leurs assemblées à des jours fixes, au commencement de la nouvelle et de la pleine lune ( *de Mor. Germ.*) Nos états-généraux, que l'on croit être nés des assemblées du Champ-de-Mars, me paroissent plutôt avoir une origine gauloise. ( Voyez *les Commentaires de César.*)

xxxe.

*Page* 183. Ils viennent au rendez-vous tout armés.

C'est ce que disent tous les auteurs.

xxxie.

*Page* 183. Le roi s'assied sous un chêne.

«Maintes fois ay veu que le bon saint, après qu'il avoit «ouy messe en esté, il se alloit esbattre au bois de Vi- «cennes, et se seoit au pié d'un chesne, et nous faisoit seoir «tous emprès lui : et tous ceulx qui avoient affaire à lui «venoient à lui parler, sans ce qu'aucun huissier ne autre «leur donnast empeschement. Et demandoit haultement «de sa bouche, s'il y avoit nul qui eust partie. Et quand il «y en avoit aucuns, il leur disoit : Amis, taisez-vous, et «on vous délivrera l'un après l'autre... Aussi plusieurs foiz «ay veu que audit temps d'esté, le bon roy venoit au jar- «din de Paris, une cotte de camelot vestuë, ung surcot de «tiretaine sans manches, et un mantel par-dessus de san- «dal noir : et faisoit estendre des tappiz pour nous seoir «emprès lui, et là faisoit despescher son peuple diligem- «ment, comme vous ay devant dit du bois de Vicennes.» (Joinville, *Hist. du Roy saint Loys.*) L'usage de faire des présents au chef des peuples germaniques remonte jusqu'au temps de Tacite. «Mos est civitatibus ultro ac viritim con- «ferre principibus vel armentorum, vel frugum, quod «pro honore acceptum, etiam necessitatibus subvenit. «Gaudent præcipue finitimarum gentium donis, quæ non «modo a singulis, sed publice mittuntur.» (Tacit., *de Mor. Germ.*, xv.)

xxxiie.

*Page* 183. Les propriétés sont annuelles.

«Arva per annos mutant. (Tacit., *de Mor. Germ.*, xxvi.) «Neque quisquam agri modum certum aut fines proprios

« habet : sed magistratus ac principes in annos singulos, « gentibus cognationibusque hominum qui una coierint, « quantum et quo loco visum est, agri attribuunt, atque « anno post alio transire cogunt. » ( CÆSAR, *de Bell. Gall.*, lib. VI.)

### XXXIII<sup>e</sup>.

*Page* 184. Le lait, le fromage, etc.

(Voyez CÆSAR *de Bell. Gall.*, lib. IV; PLINE, lib. II; STRABON, lib. VII. Tacite dit *Lac concretum*.)

### XXXIV<sup>e</sup>.

*Page* 184. Un bouclier... un cheval bridé.

« Munera non ad delicias muliebres quæsita, nec quibus « nova nupta comatur, sed boves et frenatum equum, « et scutum cum framea gladioque. » ( TACIT., *de Mor. Germ.*, XVIII.)

### XXXV<sup>e</sup>.

*Page* 184. Il saute... au milieu... des épées nues.

« Nudi juvenes, quibus id ludicrum est, inter gladios se « atque in festas frameas saltu jaciunt. » ( TACIT., *de Mor. Germ.*, XXIV.)

### XXXVI<sup>e</sup>.

*Page* 184. Une pyramide de gazon.

« Funerum nulla ambitio... sepulcrum cespes erigit. » ( TACIT., *de Mor. Germ.*, XXVII.)

### XXXVII<sup>e</sup>.

*Page* 184. Chasser l'uroch et les ours.

César, Tacite et tous les auteurs parlent de la passion des Barbares pour la chasse. Quant à l'uroch ou bœuf sauvage, en voici la description : « Tertium est genus

«eorum qui Uri appellantur. Ii sunt magnitudine paulo
«infra elephantos; specie et colore et figura tauri. Magna
«vis est eorum et magna velocitas; neque homini neque
«feræ quam conspexerint parcunt. Hos studiose foveis cap-
«tos interficiunt... Amplitudo cornuum et figura et species
«multum a nostrorum boum cornibus differt. Hæc studiose
«conquisita ab labris argento circumcludunt atque in am-
«plissimis epulis pro poculis utuntur.» ( Cæsar, *de Bell.
Gall.*, lib. vi.)

### XXXVIIIe.

*Page* 185. Nous eûmes le bonheur de ne rencontrer
aucune de ces grandes migrations, etc.; jusqu'à l'alinéa.

Tout ce passage est nouveau. Je l'avois supprimé dans
les épreuves de la première édition. Les personnes qui le
connoissoient l'ont réclamé; j'ai cru devoir le rétablir.

### XXXIXe.

*Page* 186. Mon livre, vous irez à Rome.

Parve, nec invideo, sine me, liber, ibis in Urbem.

Ovide mourut dans son exil à Tomes : on a prétendu
avoir retrouvé son tombeau en 1508, près de Stain, en Au-
triche, avec ces vers :

> Hic situs est vates quem divi Cæsaris ira
>   Augusti patria cedere jussit humo.
> Sæpe miser voluit patriis occumbere terris;
>   Sed frustra! hunc illi fata dedere locum.

Ces vers sont modernes. Le poëte avoit fait lui-même
l'épitaphe que l'on connoît :

> Hic ego qui jaceo tenerorum lusor amorum,
>   Ingenio perii Naso poeta meo, etc.

Je ne sais si le vers que j'ai choisi pour l'épitaphe d'un
poëte mort exilé dans un désert n'est pas plus touchant.

## XL$^e$.

*Page* 186. Qui s'accusoit d'être le Barbare.

Barbarus hic ego sum, quia non intelligor illis.

## XLI$^e$.

*Page* 187. Ces tribus avoient disparu.

Elles s'étoient embarquées. «Une petite tribu de Francs, «sous Probus, dit Eumène, se signala par son audace. «Embarquée sur le Pont-Euxin, elle attaqua la Grèce et «l'Asie, prit Syracuse, désola les côtes de l'Afrique, et «rentra victorieuse dans l'Océan.» (EUMÈNE, *Panég. Const.*)

## XLII$^e$.

*Page* 187. La Providence avoit ordonné que je retrouverois la liberté au tombeau d'Ovide.

Ainsi ce livre est motivé, et il y a une raison péremptoire pour la description des mœurs et de la chasse des Francs. Cet incident, fort naturel d'ailleurs, et employé par plus d'un poëte, va faire changer la scène.

## XLIII$^e$.

*Page* 187. La hutte royale étoit déserte.

«Quemcumque mortalium arcere tecto nefas habetur. «Pro fortuna quisque apparatis epulis excipit. Cum defe-«cere, qui modo hospes fuerat, monstrator hospitii et co-«mes proximam domum non invitati adeunt: nec interest; «pari humanitate accipiuntur. Notum ignotumque, quan-«tum ad jus hospitii, nemo discernit.» (TACIT., *de Mor. Germ.*, XXI.)

## XLIV$^e$.

*Page* 188. Une île... consacrée à la déesse Hertha.

(Voyez TACITE, *Mœurs des Germains*, ch. XL.) Mon texte est la traduction abrégée de tout le morceau.

XLV<sup>e</sup>.

*Page* 188. Ils étoient rangés en demi-cercle, etc.;
jusqu'à l'alinéa.

« Ils ne prennent point leurs repas assis sur des chaises,
« mais ils se couchent par terre sur des couvertures de
« peaux de loups et de chiens, et ils sont servis par leurs
« enfants de l'un et de l'autre sexe qui sont encore dans la
« première jeunesse. A côté d'eux sont de grands feux gar-
« nis de chaudières et de broches, où ils font cuire de
« gros quartiers de viande. On a coutume d'en offrir les
« meilleurs morceaux à ceux qui se sont distingués par leur
« bravoure... Souvent leurs propos de table font naître des
« sujets de querelles, et le mépris qu'ils ont pour la vie est
« cause qu'ils ne font point une affaire de s'appeler en
« duel. » ( Diod., liv. v, traduction de Terrasson.) Toutes
ces coutumes, attribuées aux Gaulois par Diodore, se re-
trouvoient chez les Germains. Quant à la circonstance de
la table séparée que chaque convive avoit devant soi, elle
est prise dans Tacite, *de Mor. Germ.* Voici un passage curieux d'Athénée : « Celtæ, inquit ( Posidonius ), fœno sub-
« strato, cibos proponunt super ligneis mensis a terra pa-
« rum extantibus. Panis, et is paucus, cibus est : caro multa
« elixa in aqua, vel super prunis aut in verutis assa. Mensæ
« quidem hæc pura et munda inferuntur, verùm leonum
« modo ambabus manibus artus integros tollunt, morsuque
« dilaniant; et si quid ægrius divellatur, exiguo id cultello
« præcidunt, qui vagina tectus et loco peculiari conditus
« in propinquo est.. Convivæ plures ad cœnam si conve-
« niant, in orbem consident. In medio præstantissima sedes
« est, veluti cœtus principis ejus nimirum qui cœteros vel
« bellica dexteritate, vel nobilitate generis anteit, vel di-
« vitiis. Assidet huic convivator : ac utrinque deinceps pro
« dignitate splendoris qua excellunt. Adstant a tergo cœnan-
« tibus, qui pendentes clypeos pro armis gestent, hastati
« vero ex adverso in orbem sedent ac utrique cibum cum

«dominis capiunt. Qui sunt a poculis, potum ferunt in vasis
«ollæ similibus, aut fictilibus, aut argenteis.» (ATHEN., l. IV,
c. XIII.) Il y auroit bien quelque chose à dire sur cette version
du texte grec; mais, après tout, elle est assez fidèle; elle ne
manque pas d'une certaine élégance, et elle a été revue par
Casaubon, très habile homme, quoi qu'on en dise. Le texte
par lui-même n'ayant aucune beauté, j'ai préféré citer
cette version de Dalechamp, accessible à plus de lecteurs.

XLVI<sup>e</sup>.

*Page* 189. Camulogènes.

Souvenir historique. (Voyez *les Commentaires de César*.)
Tout le monde sait que Lutèce est Paris.

XLVII<sup>e</sup>.

*Page* 189. Les quarante mille disciples des écoles
d'Augustodunum.

Les écoles d'Autun étoient très florissantes. Eumène les
avoit rétablies. Lors de la révolte de Sacrovir, il y avoit
quarante mille jeunes gens de la noblesse des Gaules rassemblés à Autun. (TACIT., *Ann.* III, 43.) On sait que Marseille, du temps de Cicéron et d'Agricola, étoit appelée
l'Athènes des Gaules. Sur Bordeaux, on peut consulter Au-
sone, qui nomme les professeurs célèbres de cette ville.

XLVIII<sup>e</sup>.

*Page* 189. La révolte des Bagaudes.

Il y a plusieurs opinions sur les Bagaudes. J'ai adopté
celle qui fait de ces Gaulois des paysans révoltés contre les
Romains.

XLIX<sup>e</sup>.

*Page* 189. Les prêtres du banquet... ayant fait faire
silence.

## SUR LE LIVRE VII.

« Silentium per sacerdotes quibus tum et coercendi jus
« est, imperatur. » (TACIT., de Mor. Germ., XI.)

### L<sup>e</sup>.

*Page* 190. Ces avides possesseurs de tant de palais,
qui sont assez à plaindre, etc.

C'est le mot du Breton Caractacus, prisonnier à Rome.
(Voyez ZONARE.)

### LI<sup>e</sup>.

*Page* 190. Il sent en lui quelque chose qui le porte
à brûler le Capitole.

C'est un roi des Barbares; je ne sais plus si c'est Alaric,
Genseric ou un autre, qui a dit un mot à peu près semblable.

### LII<sup>e</sup>.

*Page* 190. L'assemblée applaudit à ce discours, en
agitant les lances.

« Si displicuit sententia, fremitu aspernantur : sin placuit,
« frameas concutiunt. » (TACIT., de Mor. Germ., XI.)

### LIII<sup>e</sup>.

*Page* 190. Ignorez-vous que l'épée de fer d'un
Gaulois...

Allusion à l'histoire de ce Gaulois qui mit son épée dans
la balance où l'on pesoit l'or qui devoit racheter les Romains après la prise de leur ville par Brennus.

### LIV<sup>e</sup>.

*Page* 190. Les Gaulois seuls ne furent point étonnés
à la vue d'Alexandre.

Voyez la note LVIII du livre VI. Pour le reste de ce paragraphe, jusqu'à l'alinéa, on peut avoir recours à l'*Histoire*

*romaine* de Rollin, tome VII, pag. 330, où l'auteur a tracé toutes les conquêtes des Gaulois. On peut remarquer que j'ai sauvé l'invraisemblance du discours de Camulogènes, en faisant étudier ce Gaulois aux écoles d'Autun, de Marseille et de Bordeaux.

LV<sup>e</sup>.

*Page* 191. Nous défendons à nos enfants d'apprendre à lire.

Selon Procope, les Goths ne vouloient point qu'on instruisît leurs enfants dans les lettres; car, disoient-ils, celui qui est accoutumé à trembler sous la verge d'un maître ne regardera jamais une épée sans frayeur. (*De Bello Goth.*, lib. I.)

LVI<sup>e</sup>.

*Page* 192. Je ne me donnerai pas la peine de recueillir l'œuf du serpent à la lune nouvelle.

« Angues innumeri æstate convoluti, salivis faucium cor-
« porumque spumis artifici complexu glomerantur, angui-
« num appellatur. Druidæ sibilis id dicunt in sublime jac-
« tari, sagoque oportere intercipi, ne tellurem attingat.
« Profugere raptorem equo : serpentes enim insequi, do-
« nec arceantur amnis alicujus interventu. Experimentum
« ejus esse, si contra aquas fluitet vel auro vinctum. Atque
« ut est magnorum solertia occultandis fraudibus sagax,
« certa luna capiendum censent... Ad victorias litium ac re-
« gum aditus, mire laudatur. » (PLIN., lib. XXIX, cap. 3, 12.)

LVII<sup>e</sup>.

*Page* 192. Tu mens.

C'est le démenti des Barbares qui mène encore aujourd'hui deux hommes à se couper la gorge. La vérité des mœurs dans tout ce livre, et surtout dans la scène qui le termine, m'a toujours paru faire plaisir aux juges instruits et faits pour être écoutés.

### LVIII<sup>e</sup>.

*Page* 192. Le lendemain, jour où la lune avoit acquis toute sa splendeur, on décida dans le calme ce qu'on avoit discuté dans l'ivresse.

« Coeunt, nisi quid fortuitum et subitum inciderit, certis
« diebus, cum aut incohatur luna aut impletur. ( TACIT., *de*
« *Mor. Germ.*, XI. ) De reconciliandis invicem inimicis, et
« jungendis affinitatibus, et adsciscendis principibus, de
« pace denique ac bello, plerumque in conviviis consul-
« tant... Gens non astuta nec callida, aperit adhuc secreta
« pectoris licentia joci. Ergo detecta et nuda omnium mens
« postera die retractatur : et salva utriusque temporis, ratio
« est. Deliberant, dum fingere nesciunt; constituunt, dum
« errare non possunt. » ( TACIT., *de Mor. Germ.*, XXII. )

# REMARQUES

## SUR LE HUITIÈME LIVRE.

Ce livre, qui coupe le récit, qui sert à délasser le lecteur et à faire marcher l'action, offre en cela même, comme on l'a déjà dit, une innovation dans l'art qui n'a été remarquée de personne. S'il étoit difficile de représenter un ciel chrétien, parce que tous les poëtes ont échoué dans cette peinture, il étoit difficile de décrire un enfer, parce que tous les poëtes ont réussi dans ce sujet. Il a donc fallu essayer de trouver quelque chose de nouveau après Homère, Virgile, Fénelon, le Dante, le Tasse et Milton. Je méritois l'indulgence de la critique, je l'ai en effet obtenue pour ce livre.

### PREMIÈRE REMARQUE.

*Page* 194. Il admiroit la peinture de l'état de l'Église, etc.; jusqu'au troisième alinéa.

*Festinat ad eventum.* L'objet du récit est rappelé, l'action marche; les nouvelles arrivées de Rome, le commencement de l'amour d'Eudore pour Cymodocée et de Cymodocée pour Eudore, promettent déjà des événements dans l'avenir. Ce sont là de très petites choses, mais des choses qui tiennent à l'art et qui intéressent la critique. Si cela ne fait pas voir le génie, du moins cela montre le bon sens d'un auteur, et prouve que son ouvrage est le fruit d'un travail médité.

### II<sup>e</sup>.

*Page* 195. Combien le fils de Lasthénès est grand par le cœur et par les armes, etc.

> Quam forti pectore et armis!
> Heu quibus ille
> Jactatus fatis! quæ bella exhausta canebat!
> (*Æneid.*, liv. IV, v. 11.)

IIIe.

*Page* 196. Quelle est cette religion dont parle Eudore?

Premier mouvement de Cymodocée vers la religion.

IVe.

*Page* 196. Comme un voisin généreux, sans se donner le temps de prendre sa ceinture.

Εἰ γάρ τοι καὶ χρῆμ' ἐγχώριον ἄλλο γένηται,
Γείτονες ἄζωστοι ἔικον, ζώσαντο δὲ πηοί.
(HÉSIOD., *Opera et Dies*, v. 342.)

V[e].

*Page* 196. Allons dans les temples immoler des brebis à Cérès, etc.

Principio delubra adeunt, pacemque per aras
Exquirunt : mactant lectas de more bidentes
Legiferæ Cereri, Phœboque, patrique Lyæo,
Junoni ante omnes, cui vincla jugalia curæ,
Ipsa, tenens dextra pateram, pulcherrima Dido,
Candentis vaccæ media inter cornua fundit,
Aut ante ora Deum pingues spatiatur ad aras.
(*Æneid.*, IV, 56.)

Ai-je un peu trouvé le moyen de rajeunir ces tableaux, et de détourner à mon profit ces richesses?

VIe.

*Page* 196. Cymodocée remplit son sein de larmes.

Sinum lacrymis implevit obortis.

VIIe.

*Page* 196. Ainsi le ciel rapprochoit deux cœurs... Satan alloit profiter de l'amour du peuple prédestiné...

tout marchoit à l'accomplissement des décrets de l'Éternel. Le prince des ténèbres achevoit dans ce moment même, etc.

Transition qui amène la scène de l'enfer.

### VIIIe.

*Page* 198. Tombe et berceau de la mort.

> This wild abyss,
> The womb of nature, and perhaps her grave.
> (*Parad. lost*, II, 910.)

### IXe.

*Page* 198. Quand l'univers aura été enlevé ainsi qu'une tente.

« Terra... auferetur quasi tabernaculum unius noctis. » (Isa., xxiv, 20.)

### X[e].

*Page* 198. Entraîné par le poids de ses crimes, il descend.

Satan, dans Milton, retourne aux enfers sur un pont bâti par le péché et la mort. Je ne sais si j'ai fait mieux ou plus mal que le poëte anglois.

### XIe.

*Page* 198. L'enfer étonne encore son monarque.

Je n'ai pris cela à personne ; mais le mouvement de remords et de pitié qui suit est une imitation détournée du mouvement de pitié qui saisit le Satan de Milton à la vue de l'homme.

### XIIe.

*Page* 198. Un fantôme s'élance sur le seuil des portes inexorables : c'est la Mort.

Si l'on n'approuve pas cette peinture de la mort, du moins elle a pour elle la nouveauté. Le portrait de la mort, dans Milton, est mêlé de sublime et d'horrible, et ne ressemble en rien à celui-ci.

> The other shape,
> If shape it might be call'd that shape had none
> Distinguishable in member, joint, or limb,
> Or substance might be call'd that shadow seem'd,
> For each seem'd either; black it stood as night,
> Fierce as ten Furies, terrible as hell,
> And shook a dreadful dart; what seem'd his head,
> The likeness of a kingly crown had on.
> (*Parad. lost*, ii, 666.)

### XIII<sup>e</sup>.

*Page* 199. C'est le crime qui ouvre les portes.

Dans le *Paradis perdu*, le péché et la mort veillent aux portes de l'enfer, qu'ils ont ouvertes; mais ces portes ne se referment plus.

### XIV<sup>e</sup>.

*Page* 200. Des nuées arides.

Nubes arida.  (Virg.)

### XV<sup>e</sup>.

*Page* 200. Qui pourroit peindre l'horreur.

Je ne me suis point appesanti sur les tourments trop bien et trop longuement décrits par le Dante. On n'a pas remarqué ce qui distingue essentiellement l'enfer du Dante de celui de Milton : l'enfer de Milton est un enfer avant la chute de l'homme, il ne s'y trouve encore que les anges rebelles; l'enfer du Dante engloutit la postérité malheureuse de l'homme tombé.

### XVI<sup>e</sup>.

*Page* 200. Il rit des lamentations du pauvre.

Je suis, je crois, le premier auteur qui ait osé mettre le

pauvre aux enfers. Avant la révolution, je n'aurois pas eu cette idée. Au reste, on a loué cette justice. Si Satan prêche ici une très bonne morale, rien ne blesse la convenance et la réalité même des choses. Les démons connoissent le bien et font le mal ; c'est ce qui les rend coupables. Ils applaudissent à la justice qui leur donne des victimes. D'après ce principe, admis par l'Église, on suppose dans les canonisations qu'un orateur plaide la cause de l'enfer, et montre pourquoi le saint, loin d'être récompensé, devroit être puni.

XVII<sup>e</sup>...

*Page* 201. Tu m'as préféré au Christ.

Même principe. Satan sait qu'il n'est pas le fils de Dieu, et pourtant il veut être son égal aux yeux de l'homme. L'homme une fois tombé, Satan rit de la crédulité de sa victime.

XVIII<sup>e</sup>.

*Page* 201. La peine du sang.

Aucun poëte, avant moi, n'avoit songé à mêler la peine du *dam* à la peine du sang, et les douleurs morales aux angoisses physiques. Les réprouvés, chez le Dante, sentent, il est vrai, quelque mal de cette espèce ; mais l'idée de ces tourments est à peine indiquée. Quant aux grands coupables qui sortent du sépulcre, quelques personnes sont fâchées que j'aie employé ces traditions populaires. Je pense, au contraire, qu'il est permis d'en faire usage, à l'exemple d'Homère et de Virgile, et qu'elles sont en elles-mêmes fort poétiques, quand on les ennoblit par l'expression. On en voit un bel exemple dans le serment des Seize (*Henriade*). Pourquoi la poésie seroit-elle plus scrupuleuse que la peinture ? Et ne pouvois-je pas offrir un tableau qui a du moins le mérite de rappeler un chef-d'œuvre de Lesueur ?

## XIXᵉ.

*Page* 202. Au centre de l'abîme... s'élève... un noir château, etc.; jusqu'à l'alinéa.

Ceci ne ressemble point au Pandémonium du *Paradis perdu*.

> Anon out of the earth a fabric huge
> Rose like an exhalation, with the sound
> Of dulcet symphonies and voices sweet,
> Built like a temple, where pilasters round
> Were set, and Doric pillars overlaid
> With golden architrave; nor did there want
> Cornice or freeze, with bossy sculptures graven;
> The roof was fretted gold.

Le Dante a une cité infernale un peu plus ressemblante à mon palais de Satan; mais à peine reconnoît-on quelques traits de ma description.

> Omai figliuolo,
> S' appressa la città ch' ha nome Dite. . . . . .
> . . . . . . . . . . . . . Già le sue meschite
> Là entro certo nella valle cerno
> Vermiglie come se di fuoco uscite. . .
> (*Inf.*, cant. VIII.)

> . . . . . . . . . . . . . . . . . .
> L'occhio m' avea tutto tratto
> Ver l' alta torre alla cima rovente,
> Ove in un punto vidi dritte ratto
> Tre Furie infernal di sangue tinte. . . .

Le Tasse n'a point décrit de palais infernal. Les amateurs de l'antiquité verront comment j'ai dérobé au Tartare, pour les placer dans un enfer chrétien, l'ombre stérile des songes, les furies, les parques et les neuf replis du Cocyte. Le Dante, comme on le voit, a mis les furies sur le donjon de *la città dolente*.

## XXᵉ.

*Page* 203. L'éternité des douleurs, etc.

C'est la fiction la plus hardie des *Martyrs,* et la seule de cette espèce que l'on rencontre dans tout l'ouvrage.

### XXIe.

*Page* 203. Il ordonne aux quatre chefs, etc.

C'est ainsi que le Satan de Milton et celui du Tasse convoquent le sénat des enfers.

Chiama gli abitator, etc.

Vers magnifiques, dont je parlerai au XVIIe livre.

### XXIIe.

*Page* 203. Ils viennent tels que les adorent.

C'est l'Olympe dans l'enfer, et c'est ce qui fait que cet enfer ne ressemble à aucun de ceux des poëtes mes devanciers. L'idée d'ailleurs est peut-être assez heureuse, puisqu'il s'agit de la lutte des dieux du paganisme contre le véritable Dieu : enfin ce merveilleux est selon ma foi; tous les Pères ont cru que les dieux du paganisme étoient de véritables démons.

### XXIIIe.

*Page* 204. Filles du ciel, etc.

Tout ceci est à moi, et le fond de cette doctrine est conforme aux dogmes chrétiens.

### XXIVe.

*Page* 204. Non plus comme cet astre du matin, etc.

Le Tasse compare Satan au mont Athos, et Milton à un soleil éclipsé.

### XXVe.

*Page* 204. Dieu des nations.

L'exposition du côté *heureux* de l'action, et la désignation des *bons* personnages, se sont faites dans le ciel; dans l'enfer on va voir l'exposition du côté *infortuné* de la même action, et la désignation des personnages *méchants*.

### XXVI<sup>e</sup>.

*Page* 206. Moi je l'aurai couronnée en exterminant les chrétiens.

Ce démon propose un des avis qui seront adoptés par Satan, c'est-à-dire la persécution sanglante; et Satan ne sait pas que Dieu a décrété cette persécution pour éprouver les chrétiens. L'enfer obéit à Dieu en croyant lui résister.

### XXVII<sup>e</sup>.

*Page* 207. Alors le démon de la fausse sagesse.

Ce démon n'avoit point été peint avant moi. Il est vrai qu'il a été mieux connu de notre temps que par le passé, et qu'il n'avoit jamais fait tant de mal aux hommes. On a paru trouver bien que le démon de la fausse sagesse fût le père de l'athéisme. Il semble aussi qu'on ait applaudi à cette expression: *Née après les temps,* par opposition à la vraie sagesse, *née avant les temps.*

### XXVIII<sup>e</sup>.

*Page* 208. Déjà Hiéroclès...

Voilà, comme je l'ai dit, la désignation du personnage vicieux, et la peinture de la fausse philosophie, second moyen qui doit servir à perdre les chrétiens.

### XXIX<sup>e</sup>.

*Page* 208. A ce discours de l'esprit le plus profondément corrompu de l'abîme, les démons, etc.

La peinture du tumulte aux enfers est absolument nouvelle. Le suaire embrasé, la chape de plomb, les glaçons qui pendent aux yeux remplis de larmes des malheureux habitants de l'abime, sont des supplices consacrés par le Dante.

XXX<sup>e</sup>.

*Page* 209. Le démon de la volupté.

Ce portrait est encore tout entier de l'imagination de l'auteur. Il y a dans la *Messiade* un démon repentant, Abadonis ; mais c'est une tout autre conception. Au reste, le démon des voluptés sera en opposition avec l'ange des saintes amours.

XXXI<sup>e</sup>.

*Page* 212. Le chaos, unique et sombre voisin de l'enfer.

C'est Milton qui met le chaos aux portes de l'enfer, et c'est Virgile qui, embellissant Homère, fait pénétrer la lumière au séjour des mânes par un coup du trident de Neptune.

XXXII<sup>e</sup>.

*Page* 212. Ces oiseaux douteux...

Il étoit assez difficile de peindre noblement une chauve-souris.

XXXIII<sup>e</sup>.

*Page* 212. Sous le vestibule, etc. ; jusqu'à la fin du livre.

Tout ce passage est nouveau, et ne rappelle aucune imitation. Les mots qui terminent le livre font voir l'action prête à commencer.

Il y a une chose peut-être digne d'être observée : on a pu voir, par les notes de ce livre, que les imitations y sont moins nombreuses que dans les livres mythologiques ; la raison en est simple : il faut beaucoup imiter les anciens et fort peu les modernes ; on peut suivre les premiers en aveugle, mais on ne doit marcher sur les pas des seconds qu'avec précaution.

# TABLE.

Préface de l'édition de 1826................ Page    j
Préface de la première et de la seconde édition....... iij

## LES MARTYRS,
ou
### LE TRIOMPHE DE LA RELIGION CHRÉTIENNE.

Livre premier............................. 19
Livre deuxième............................ 43
Livre troisième........................... 67
Livre quatrième........................... 84
Livre cinquième........................... 114
Livre sixième............................. 143
Livre septième............................ 169
Livre huitième............................ 194

Remarques sur le premier livre............. 215
Remarques sur le deuxième livre............ 241
Remarques sur le troisième livre........... 256
Remarques sur le quatrième livre........... 271
Remarques sur le cinquième livre........... 289
Remarques sur le sixième livre............. 298
Remarques sur le septième livre............ 322
Remarques sur le huitième livre............ 340

FIN DE LA TABLE.